KB252895

해, 우리에게 밝음의 소중함과 삶의 고귀함을 일깨워 준다. 따라서 그 자체로 자연의 순환(循環)을 알려주는 회전축의 역할을 한다. 새벽 닭 울음소리는 인간에게 온갖 희비를 엇갈리게 하면서, 우리의 민속과 문학 속에서 형상화되고 있다.

이 글에서는 12간지의 하나인 닭에 대하여 민속을 중심으로 살펴보고, 이를 통해서 닭에 대한 한국인의 인식의 근간을 알아보았다. 따라서 생물학적 속성, 민속신앙, 설화와 민요, 닭 관련 언어생활, 놀이와 세시풍속 등을 주요 대상으로 고찰하였다. 한편 음양오행과 관련지어 닭띠의 속성도 아울러 살펴보았다.

이번에 닭의 민속을 정리하면서 동물민속을 총체적으로 접근한다는 것이 결코 쉬운 일이 아님을 확인했다. 민속에 대한 폭넓은 이해와 깊이 있는 연구 성과가 있어야 가능하다는 것을 깨달았다.

우리 민족이 지닌 닭에 대한 다양한 문화현상과 의식을 이 한 권이 충분히 만족시켜주지는 못할 것이다. 그러나 이 방면의 다양한 연구자료를 제시하고, 앞으로 연구의 물꼬를 틀 수 있는 계기가 되리라 생각한다.

끝으로 12띠의 민속과 상징을 기획하신 중앙대학교 한국민속학연구소 김선풍 교수님과 어려운 출판 사정에도 출간을 맡은 국학자료원 정찬용 사장님께 감사드린다. 아울러 교정을 본 탁평곤 군에게도 감사의 말을 전한다.

1998년 11월

정 형 호

차 례

Ⅰ. 닭에 대한 인식과 접근 방법

1. 동물에 대한 기본적 인식

인간은 동물에 여러가지 성격을 부여했다. 곧 인간과의 관계를 중심으로 선과 악을 부여하기도 하고, 동물의 지적 능력과 형태적 특징에 따라 어리석음과 영리함을 부여하기도 하였다. 그리고 실제 필요성에 의해 현실적 유용성을 따지기도 한다.

한편 동물의 형태를 그려내는 방법도, 동물 자체의 모습으로 등장시키기도 하고, 다른 동물이나 이물(異物)로 변신시키는 경우도 있다. 또한 신의 속성을 부여해서 신격화시키는 경우도 있고, 인간의 속성을 부여해서 의인화시키기도 한다.

인간이 동물을 인식하는 몇 가지 방법을 살펴보면 다음과 같다.

첫째, 동물을 선악의 기준으로 받아들이는 경우가 있다. 이때 동물 자체의 생태적 속성이 판단의 기준으로 작용된다. 몸체의 크기와 특징, 움직임, 먹이, 인간에게 주는 영향 등에 따라 달라진다.

이런 과정에서 동물이 인간에게 우호적이냐, 적대적이냐가 구별되며 이에 따라 호(好)·불호(不好)가 갈리게 된다.

결국 동물과 인간의 관계를 통해 구분되지만, 어느 동물은 인간의 삶과 무관한 경우도 있다. 따라서 근본적으로 인간이 동물을 어떻게 인식하느냐에 따라서 달라진다.

예를 들면 뱀이나 지네는 주로 인간에게 해를 끼치는 동물로, 용이나 소는 인간에게 도움을 주는 동물로 그려진다. 인간에게 끼치는 도움과 해악에 따라 여러 형태로 형상화된다.

개의 경우는 설화에서 충직한 동물로 그려지지만, 언어생활(속담, 욕설 등)에서는 인간과 비교의 대상이 되면서 비하의 대상이 된다. 따라서 선악의 이중성을 지니고 나타난다. 길조(吉兆)나 흉조(凶兆)에 따라 동물을 인식하는 경우도 이에 해당된다.

둘째, 동물을 인간과 비교해서 우월·동등·비하 등 다양한 대상으로 인식하는 경우가 있다. 이것은 동물을 인간의 비교 대상으로 끌어들이거나, 인간과 동일한 인성(人性)을 부여하여 변신시키거나 의인화시키는 경우이다.

이때 동물의 지적 능력, 체격 조건, 호의성 여부, 신앙성에 따라 달라진다. 이를 통해 인간은 교훈성이나 도덕성을 확보하거나, 신앙적 대상으로 인식하기도 한다.

인간보다 우월한 존재로 인식하는 경우는 주로 용맹스럽거나 하늘과 관련있는 동물에 나타난다. 따라서 신격을 부여하기도 하는데, 용·호랑이·말과 새 종류에서 이런 점을 찾을 수 있다.

인간의 속성을 가진 존재로 변신시키거나 의인화시키는 경우도 있다. 따라서 인간사회의 여러 전형적인 인물형을 부여하기도 한다. 곧 동물의 속성을 토대로 인간적 속성을 부여한 것이다.

한편 인간보다 열등한 존재로 파악하는 경우도 있다. 이 때에는 동물에 대한 적대감을 심화시키는 경우도 있고, 미소(微小)한 존재에 대한 인간의 우월감도 나타난다. 특히 인간의 우월성을 확보하기 위해 의도적으로 개나 닭을 비하시키는 경우도 있다.

호랑이의 경우는 신적인 존재에서부터 우매한 존재까지 다양한 성질을 지닌다. 결국 호랑이에 나타나는 다면성의 바탕은 호환(虎患)의 두려움에 연유한 것으로 볼 수 있다.

셋째, 인간에 대한 현실적 공리성(功利性)에 따라 유용한 존재에서부터 무익한 존재까지 나타난다. 특히 가축의 경우는 식용 여부, 생업 속에서 효용성의 문제, 생식 능력의 문제 등이 이를 좌우한다. 민속 현상의 경우, 이런 현실적 공리성이 동물의 속성을 좌우하는 경우가 많다.

그러나 식용이 가능한 동물이 긍정적이고, 그렇지 못한 동물이 부정적으로 받아들이지는 않는다. 말은 민간신앙적 성격에 의해 식용으로 사용되지 않는다.

넷째, 동물 자체의 형태적 특징이나 생태적 성격에 따라 일정한 의미를 부여하기도 한다. 몸집의 크기, 민첩성, 육식과 초식의 여부, 인간과의 친화력, 생식력, 다른 동물과의 관계에 따라 동물의 속성이 달라진다. 따라서 이런 특성에 따라 민속상의 동물이 형상화되기도 한다.[1]

동물에 대한 인식은 이런 다양한 방향에서 접근이 가능하다. 우리 민속에 반영된 동물은 우리 민족의 동물상의 반영이며, 또한 의식의 소산이라고 할 수 있다.

닭도 이런 동물에 대한 인식을 토대로 여러가지 형태로 그려진다. 닭의 민속에는 계성(鷄聲)을 통한 시보(時報)의 성격, 작고 재빠르면서 분주한 모습, 알을 많이 낳는 다산 능력 등의 생태적 특성이 크게 반영되어 있다.

2. 접근 방법

닭에 대한 연구는 다양한 방법에 의해 이루어진다. 따라서 생태적, 수용적, 상징적, 비교민속학적, 사상적 접근 방법이 모색될 수 있을 것이다.

첫째, 동물 자체의 생물학적 속성을 중심으로, 공리성을 따지는 현실 효용론적 접근 방식이 있다. 이것은 생업에 어떤 역할을 하느냐, 식용이 가능한가, 집안에서의 역할이 무엇인가

---

1) 정형호, <동물민속>, ≪한국민속학의 새로운 인식과 과제≫, 집문당, 1996, 385~388쪽.

등을 따지는 것이다.

따라서 소나 말처럼 생산활동에 직접 활용되는 경우도 있다. 한편 체형적 특징과 행위적 특성에 따라 인간에게 어떤 역할을 하느냐도 아울러 고찰할 필요가 있을 것이다.

둘째, 인간이 동물을 어떻게 인식하느냐를 중심으로 한 수용론적 접근 방법이 있다. 수용의 양상은 이미 앞에서 언급한 대로, 동물을 어떻게 인식하느냐에 따라 달라진다. 따라서 인간에게 미치는 선악의 관계, 인간과 비교의 우열 관계, 변신 관계 등으로 구분해서 접근할 수 있다.

셋째, 동물에 나타나는 상징성을 종합적으로 규명하는 일이다. 이것은 동물민속을 전반적으로 검토한 후에 이끌어 낼 수 있다. 상징은 민족의 오랜 역사속에서 원초적으로 형성되는 것이다. 따라서 그 민족의 집단 무의식이 나타나 있다.

따라서 한국문화의 전반적인 상징성을 규명하는 작업의 일환으로 의미가 있다. 상징에 대한 올바른 규명은 자료의 충실도와 해석 여하에 따라 달라질 수 있다. 한편 상징성의 종합적 접근은 동물에 나타난 한국인의 사상을 연구하는데 중요하다고 할 수 있다.

넷째, 우리 동물민속을 외국 민속과 비교하여 문화적인 상호 관련성을 밝히는 비교민속의 방법이 있다. 각 민족에 나타난 동물민속의 특징과 상징성을 중심으로 상호 비교할 필요성이 있다. 특히 같은 한자문화권인 중국의 한족·소수민족, 몽골, 일본과의 비교연구가 필요하다.

전파론적인 입장에서 문화의 수수관계를 따질 수도 있다.

그러나 이것은 고고학적 유물이나, 민족의 이동 경로, 역사적 교류, 문화의 영향관계 등을 종합적으로 따진 후에 전파의 문제를 제기할 수 있다. 그리고 공통적으로 드러나는 민속 현상은 전파 이전에 인식의 공통성에 의해 나타날 수도 있다. 동물민속은 어느 민족이나 나타나며, 동물민속을 상호 비교함으로써, 민족성의 공통점과 차이점을 추출해 낼 수 있을 것이다.

다섯째, 동물민속에 나타난 내용을 종합적으로 분석하여, 동물에 반영된 한국인의 사상을 뽑아내는 일이다. 이것은 종합적 접근을 통해 민족의 의식을 추출해 내는 일이다. 동물이 어떻게 인간에게 인식되며, 그것이 한국인의 사상에 어떻게 반영되어 나타나는가를 따지는 것이다.[2]

이를 통해 자연친화성의 문제나 자연 이용의 방식을 찾아낼 수 있을 것이다. 곧 자연의 일부로서 어떻게 동물을 인식하고 다루었는가를 알 수 있다.

닭에 대한 접근은 위에서 제시한 여러 각도에서 접근할 수 있다. 우선 닭의 생물학적 특성을 중심으로 생태를 살필 수 있다. 야생 상태의 야계(野鷄)에서 가축화되면서, 닭에 대한 인식의 바탕은 생태적 특성에서 출발한다. 계성(鷄聲)에 중요한 의미를 부여하는 것도 새벽이라는 시간적 특성에 있다. 한편 닭의 식용과 다산으로서의 효용성이 긍정적 민속을 형성하는 요인이 된다. 그리고 외형적 모습이나 행위의 특징에 따라 성격이 좌우되는데, 이런 접근은 자연과학적인 연구 성과를 바탕으로 한다. 현실 수용론적 접근은 민속 자체가 기층민중의

---

2) 정형호, <동물민속>, 앞의 책, 388~389쪽.

문화를 바탕으로 전승되기 때문에, 설화·민요·생활언어·세시풍속·풍수·예조(豫兆) 등에 다양하게 반영되어 있다. 따라서 닭에 대한 인식의 다양한 면모가 드러날 것이다.

한편 닭의 상징성은 각 장에서 단편적으로 언급하겠지만, 특히 계성(鷄聲)의 상징성을 중심으로 나타난다.

비교민속적인 접근은 앞으로의 연구 과제이다. 이 책에서는 중국 소수민족의 닭점과 닭 관련 설화를 단편적으로 제시하며 비교했을 뿐이다. 그리고 닭에 반영된 한국인의 사상의 문제는 상징성과 관련지어 종합적으로 제시될 것이다. 이것은 다른 동물에 대한 인식과 상호 관련성을 지닌다.

Ⅱ. 닭의 생태적 특징

1. 닭의 유래와 종류

닭은 조류 중에서 가장 먼저 가축화된 동물이다. 지금으로 부터 약 5000년전에 인도, 말레이시아, 버마 등 동남아 지역에 널리 분포되어 있던 야계(野鷄)를 축화한 것이다.

아직도 그 지역에 현존하고 있는 야계로는 적색야계(赤色野 鷄), 세일혼야계(野鷄), 회색야계(灰色野鷄), 녹색야계(綠色野 鷄)가 있다. 여기에서 지중해와 유럽 여러나라와 아시아 및 극 동 지역으로 퍼져 나갔다.

특히 적색야계는 다른 닭에 비해 가장 널리 분포되어 있는 데, 인도 대륙 북부지역에서부터 중국 대륙의 남부, 동남아 지 역에까지 서식하고 있다. 이 닭은 우리의 닭과 외형상 매우 유 사하다.

우리나라에 닭이 전래된 시기는 확실하지 않다. 그러나 중국에 전하는 ≪삼국지≫의 삼한 관련 기록을 보면, "꼬리가 가는 닭이 있었는데, 그 꼬리의 길이가 5척 이상이 되었다."3)고 하였다. 또한 ≪후한서≫의 마한 관련 기록을 보면, "꼬리가 긴 닭이 있었는데, 꼬리가 5척에 이른다."4)하여 동일한 기록이 나온다. 이로 보건대, 우리는 일찌기 닭을 길렀으며, 특히 꼬리가 긴 닭이 중부 이남지방에 일찌기 사육되었음을 알 수 있다.

한편 고구려 무용총(舞踊塚) 천장에는 해·달·별·청룡·백호·비천·신선·기린, 기이한 동물, 구름무늬, 연꽃무늬, 불꽃무늬 등이 다양하게 그려져 있다. 여기에 그려져 있는 주작도(朱雀圖)에 보면 꼬리가 긴 닭 2마리가 마주 보고 있다.

• 무용총(舞踊塚) 벽화의 꼬리 긴 닭

---

3) ≪삼국지≫, 위서, 동이전, 한(韓)전. "又出細尾鷄 其尾 皆長五尺餘"
4) ≪후한서≫, 동이전, 마한전. "有長尾鷄 尾長五尺"

한편 ≪수서≫의 백제 관련 기록을 보면, "오곡과 소·돼지·닭이 있었으며, 대부분 날것으로 먹었다."5)고 한다. 따라서 백제에서도 농사와 함께 닭·노래·돼지 등 가축이 사육되었음을 알 수 있다.

닭은 한자어로는 주로 계(鷄 또는 雞)로 표기되었고, 그 외에 촉야(燭夜)·벽치(鷿鶙)·추후자(秋候子)·대관랑(戴冠郎)으로도 쓰였다. 촉야(燭夜)는 중국 진나라의 최표(崔豹)가 지은 고금주(古今注)에 나타나는 닭의 별명으로, 의미상 밤을 밝힌다는 뜻을 지닌다. 한편 벽치(鷿鶙)는 중국 후한서(後漢書)에 보면, 야부(野鳧)라 하여 들오리 종류로 보이나, 벽(鷿)이 농병아리란 뜻으로 사용되어, 이것도 닭의 종류로 볼 수 있다. 한편 대관랑(戴冠郎)은 머리에 관을 쓴 낭군이란 뜻으로 수탉의 볏을 지칭한다고 볼 수 있다.

그 외에 한자에 나타난 닭의 종류를 보면, 요(鷂)는 장끼, 한(鷴)은 붉은 닭 또는 살찐 닭이란 뜻이다. 그리고 구(鷇)·여(雓)·추(雛)는 병아리(鷄子), 류(鷚)는 큰병아리, 역(鷁)은 진주(眞珠)닭, 약(鸒)은 당닭(小鷄), 곤계(鶤鷄)는 큰 닭, 칙(鸐)은 물닭을 지칭한다. 따라서 중국에는 닭을 지칭하는 다양한 어휘가 있었다.

닭의 종류를 사육목적에 따라 나누면, 알을 주로 낳는 난용종(卵用種), 고기를 주로 사용하는 육용종(肉用種), 알과 고기를 아울러 쓰는 난육 겸용종(卵肉兼用種), 애완용품으로 기르

---

5) ≪수서≫, 동이전, 백제전. "有五穀牛猪雞 多不火食"

는 애완용종, 싸움닭으로 기르는 투계용 등으로 분류한다.

한편 성립된 지역에 따라 분류하기도 한다. 따라서 동양종, 미국종, 영국종, 지중해연안종 등으로 구분한다.

동양종에는 브라마·코우친·랑샨·말레이종 등이 있고, 오골계(烏骨鷄)와 장미계(長尾鷄)도 여기에 속한다. 특히 오골계(烏骨鷄)는 오계(烏鷄)라고도 하는데, 동남아시아 원산으로, 깃털·가죽·살·뼈가 모두 검은 빛깔을 띤 닭이다. 민간에서는 풍병, 습증, 허약증 등에 좋다고 하여 약재로 쓴다.

미국종으로는 플리머스록·로드아일랜드레드·뉴햄프셔·와이안도트 종이 있다. 한편 영국종으로는 오스트랄로프·코니시·도킹·오핑톤·서섹스·햄버그·잉글리시게임종 등이 있다. 지중해연안종으로는 레그혼·미노르카·안달루시안·안코나·스페니시종 등이 있다.6)

현재 우리나라에서 가장 많이 사육되는 종류는 이탈리아 원산인 난육겸종의 백색 레그혼이다. 이것은 영국과 미국에서 조숙·다산의 난용(卵用)으로 개량하여 전 세계적으로 퍼진 품종으로, 체형은 경쾌하고 부드러우며, 체질은 강건하고 민첩하다. 보통 연 평균 220~240개의 달걀을 낳는다. 그밖에 우리나라에는 난육겸종인 플리머스록·로드아일랜드레드·뉴햄프셔를 비롯하여, 난용종인 미노르카·안달루시안 등이 사육되고 있다.

---

6) 오봉국 외, ≪축산학 1≫, 한국방송통신대학, 1991, 25~30쪽.

2. 닭의 생물학적 특징

(1) 닭의 생태적 특징

닭은 원래 야생 조류였으나, 일찌기 가축화되어 조류와 다른 몇 가지 신체 구조를 지니고 있다. 닭의 생태적 특징은 다음 몇 가지로 나눌 수 있다.

첫째, 닭은 잡식성이고 질병에 강하며, 소화력이 좋아서 사람의 손길이 닿지 않아도 잘 자라는 가축이다. 예전에는 일반적으로 놓아 먹이기 때문에 집 안팎으로 다니면서 모이를 찾아 먹는다. 닭은 옥수수·피·조·밀·쌀과 같은 식물성 먹이를 주로 먹는다. 한편 겨울에는 보리싹과 겨·어분·조개껍질 등을 빻은 것을 먹는다. 한편 돌아 다니면서 각종 해충을 잡아 먹기도 해서 잡식성을 띤다. 따라서 각종 질병에도 강한 편이다.

• 우리의 토종닭

• 장승업의 민화에 나타난 닭

저녁이면 닭장으로 돌아와 높은 곳에 위치한 홰에 앉아 잠을 잔다. 이런 점은 닭이 원래 야계(野鷄)에서 출발했기 때문이다. 그리고 닭은 소화기관의 길이가 육식동물처럼 짧고, 소화기간이 짧기 때문에 소화가 빠르다.

어린 병아리는 주위에 움직이는 것을 따라가는 본능이 있기 때문에, 어미닭을 따라다닌다. 따라서 알에서 깨어난 지 하루만 지나도 돌아다니며 혼자서 먹이를 잘 쪼아 먹을 수 있다. 이런 점에서 닭은 매우 생명력이 강하다고 할 수 있다

둘째, 닭은 다산성(多産性)을 지니고 있다. 산란 간격은 대략 24시간이며, 며칠 산란을 계속한 다음에 1일, 혹은 2～3일간 쉬고 다시 산란을 한다. 따라서 종자에 따라 다르나, 일년

에 보통 150~250개의 알을 낳는다. 특히 달걀은 식용으로서 효용성이 매우 높다.

셋째, 닭은 더위에는 약하나 추위에는 매우 강하다. 몸 전체가 깃털로 덮여 있고, 높은 대사율과 체온의 변화가 많은 온혈(溫血) 척추동물이기 때문이다.

닭의 피부는 한선(汗腺)이 없기 때문에, 증산 작용을 통한 체온발산을 할 수 없어서 여름철 고온일 경우에는 견디는 힘이 약하나, 반면 추위에는 강하다. 심지어는 하루 중에서도 체온의 변화가 이루어져, 정오 직후가 가장 높고 자정에 이르러 가장 낮다.[7] 한편 닭이 알을 품을 무렵에는 특히 배(복부)의 체온이 높아진다. 이 점은 다른 동물과 동일하다.

셋째, 닭의 뼈는 공기 구멍이 있어 가볍지만, 매우 단단하다. 뼈는 호흡기 계통과 연결되어, 기공(氣孔)을 통하여 공기가 왕래한다. 곧 뼈에는 기실(氣室)이 있고, 몸속에는 기낭(氣囊)이 있다. 기낭은 조류 특유한 엷은 주머니 모양으로 되어 있다. 이것은 내장 근육 사이, 뼈 속에 들어가서 몸을 가볍게 한다. 따라서 닭의 뼈는 대부분 가볍지만, 반대로 매우 단단한 것이 특징이다.

특히 닭은 조류로서 야생상태에서는 날 수 있었으나, 가축화되면서 날개가 퇴화되고 지상의 동물이 되었다. 그런 점에서 닭은 원래 가벼운 새의 일종이다.

넷째, 닭의 근육은 경부(頸部;목), 날개, 다리 및 꼬리가 잘 발달되어 있다. 특히 날개 부분은 모든 근육의 절반에 해당할

---

7) 오봉국, 앞의 책, 16쪽.

정도로 특히 잘 발달되어 있다. 그런데 배 부위의 근육은 퇴화되어 있다. 닭의 근육은 전체 체중의 절반에 해당될 정도로 많은 양이 있다.

다섯째, 닭은 다른 조류와 비교해서 청각이 잘 발달되어 있다. 따라서 어미닭과 병아리 사이에 의사표현을 한다. 곧 어미닭은 음성에 의해서 병아리의 위치를 확인하고 이끌어간다.

여섯째, 닭은 물을 먹을 경우, 머리를 쳐들고 하늘을 보면서 마신다. 이것은 물을 섭취할 수 있는 구강이 형성되지 못했기 때문이다. 따라서 물을 마실 때에는 물을 떠올린 다음에 머리를 쳐들어서, 물의 중력에 의하여 자연스럽게 식도로 흘러들어가게 한다.

일곱째, 닭은 호흡기에 있는 명관(鳴管)을 진동시켜 힘차게 우는 동물이다. 호흡기의 여러 부분 중에는 기관(氣管)이 있는데, 흉강 입구에서 기관지(氣管支)로 나누어지는 곳에 명관(鳴管)이 있다. 닭은 이것을 진동하여 우는 소리를 낸다. 이 기관지는 좌우의 폐로 들어가서 기낭(氣囊)으로 통한다.

여덟째, 닭에는 머리에 볏[冠]이 있다. 볏의 모양과 크기는 유전적인데, 모양에 따라 위가 굴곡이 있는 홑볏(單冠), 완두콩 모양의 완두볏(豌豆冠), 털이 많은 털볏(毛冠), 그 외에 장미볏(薔薇冠) 등이 있다.8) 이 볏은 옛부터 계관이라 해서 머리에 쓴 모자와 비슷해서 벼슬로 상징된다.

아홉째, 닭은 모래를 몸에 비벼서 해충을 떨어뜨린다. 닭이 모래 위에서 뒹굴면서 온 몸에 모래를 묻히고, 몸을 흔들어 털

---

8) 오봉국, 앞의 책, 15쪽.

어버리는 것은 피를 빠는 이와 진드기를 떨어뜨리려는 데에 목적이 있다.

그 외에, 닭은 머리가 작고, 이(齒)가 없다. 그리고 앞다리는 날개로 변해 있으며, 방광이 없고, 항문은 총배설강으로 되어 있다.

결국 닭의 특성은, 잡식성에 빠른 소화력을 지녀 다른 가축에 비해 잘 자라며, 다산성을 지니고, 깃털이 있어 추위에 강하다. 또한 날개 근육과 청각이 발달해 있고, 명관을 이용해 주기적으로 울며, 머리에는 볏이 있다.

(2) 닭의 효용성

닭은 인간에게 고기와 계란을 제공하며, 약재의 효용성도 높다. 또한 시보(時報)의 성격과 해충 제거의 역할도 한다.

첫째, 다른 가축에 비해 식용으로서의 효용성이 매우 크다고 할 수 있다. 닭고기는 흰색 내지 회홍색이며, 육질이 섬세하고 연하다. 닭고기는 쇠고기나 돼지고기와 비교하면 일반적으로 지방이 적기 때문에 고기맛이 담백하고, 적색 색소인 미오글모빈의 함량이 낮아서 고기색이 엷으며, 소화 흡수가 잘 된다. 수탉고기는 암탉고기보다 수분과 단백질이 많으나 지방은 상당히 적다.9)

따라서 유아나 위장이 약한 사람에게 좋은 단백질원이 될 수 있다. 특히 닭고기는 가열하면 소화율이 한결 높아진다. 이러한 여러가지 특성으로 인하여 우리나라에서는 소·돼지와 함께 널리 식용되고 있으며, 백숙·찜·불고기·회 등 다양한

---

9) 오봉국, 앞의 책, 287쪽.

조리법이 개발되었으며, 심지어 창자·간·모래주머니·발도 요리하여 먹는다.

한편 계란도 식용으로서 매우 중요하다. 칼슘·단백질·지방이 많고, 특히 노란자에는 비타민 A가 풍부하다. 옛부터 난탕, 알찜, 난적, 팽란, 알쌈 등의 다양한 달걀 요리법이 전해진다.

둘째, 닭은 약용으로서 매우 다양하게 사용되었다. 우리나라의 닭은 특히 약용으로서 효험이 뛰어났다. 따라서 조선의 꼬리가 긴 장미계(長尾鷄)는 맛이 좋고 기름진 것으로 중국에 소문이 나 있다.

인삼을 넣은 삼계탕(蔘鷄湯)은 여름철 보신 식품으로 널리 애용되었으며, 지네를 넣은 오공계(蜈蚣鷄)는 경풍·임파선염·늑막염에 효험이 있었다. 그리고 옛부터 붉은 수탉〔丹雄鷄〕은 보신·여성 대하·독 제거 등에, 검은 암탉은 하혈·부스럼·중풍에, 흰닭은 난산, 검은 닭인 오골계(烏骨鷄)는 야맹·피부병·젖 분비에 사용한다.

셋째, 닭은 시보(時報)의 기능을 지니고 있다. 원래 닭은 숲속에서 다른 새들과 함께 야생 상태에서 날며 생활하다가, 사람들이 잡아다 기르면서 날지 못하게 되었다. 이런 이유로 인해 참새와 같은 다른 새와 마찬가지로 새벽이면 잠을 깨서 우는 성질이 남아 있다. 수탉이 우는 까닭은 자신의 영역에 대한 확인이며, 다른 짐승의 침범을 막으려는데 있다. 이런 속성으로 인해 민속이나 문학 속에서 계성은 어둠을 멀리하고 밝은 세상을 가져다 주는 기능으로 다양한 상징성을 지니게 되었다.

넷째, 닭은 해로운 각종 해충도 잘 잡아 먹어, 인간을 돕기도 한다. 닭은 먹이로 곡물·야채·겨·조개껍질 등을 먹으나, 원래 잡식성이다. 특히 야생 조류에서 축화되었기 때문에, 방생하면 돌아다니면서 인간에게 해로운 각종 해충도 잡아 먹는다. 특히 닭은 지네를 매우 좋아해서, 독성으로 인간을 위협하는 지네를 제거하기도 한다.

Ⅲ. 닭 관련 신화와 신앙

1. 닭 관련 신화

(1) 창세(創世)신화

㈎ 우리의 창세신화

　우리의 신화(神話)는 문헌에 주로 나타나는 건국신화(建國神話)와 무당에 의해 구연되는 창세신화(創世神話)로 크게 나눌 수 있다. 천지창조(天地創造) 신화는 제주도 무가(巫歌)에 주로 나타나는데, 그 중 '천지왕 본풀이'에 다음과 같은 닭 관련 내용이 나온다.

　　"태초에 천지는 혼돈으로 있었다. 하늘과 땅이 금이 없어 서로 맞붙고, 암흑과 혼합으로 휩싸여 한 덩어리가 되어 있는 상태였다." 이런 혼돈의 천지에 개벽의 기운이 감돌면서 하늘과 땅 사이에 경계가 생기게 된다. 또한 하늘에서 청(靑)이슬이 내리고, 땅에서는 흑(黑)이슬이 솟아나 서로 합수(合水)되어 음양 상통이 되면서 만물이 형성된다. 우선 별이 형성되었으나 아직 암흑은 계속되면서 오색구름만이 오락가락하게 된다.

이때 "천황닭(天皇鷄)이 목을 들고, 지황닭(地皇鷄)이 날개를 치고, 인황닭(人皇鷄)이 꼬리를 쳐 크게 우니, 갑을동방에서 먼동이 트기 시작했다. 이때 하늘의 옥황상제 천지왕이 해도 둘, 달도 둘을 내보내어 천지는 활짝 개벽이 되었다."10)

여기서 천지인(天地人)을 관할하는 3마리의 닭이 신격(神格)으로 등장한다. 그리고 태초의 혼돈 상태를 물리치고 개벽을 주도한다. 여명을 밝히는 닭이 신화에 수용되어 천지창조의 주도적인 역할을 담당한다.

만물의 형성 근원인 천지인(天地人)의 삼신(三神)사상은 이미 건국신화에도 나타난다. 단군신화(檀君神話)에서 환인(桓因)은 천부신격(天父神格)이고, 웅녀(熊女)는 지모신격(地母神格)으로 둘의 결합은 천지의 신성한 신적 결합(神的 結合)이다. 여기에서 인간 세상의 통치자인 단군(檀君)이 탄생하게 된다. 이런 삼신사상은 건국신화나 무가의 바탕을 이루고 있다. 따라서 제주도 창세무가(創世巫歌)에서도 닭이 천지인(天地人)과 관련을 지니고 창조신격으로 나타나고 있다.

---

10) 현용준, ≪제주도 신화≫, 서문당, 1976, 11~12쪽.

• 민화에 나타난 천계(天鷄)

한편 닭 숭배사상이 창세(創世) 및 홍수설화와 결합되어 산제(山祭)로 구체화된 곳도 있다. 충남 예산군과 홍성군 사이에 있는 닭재산(鷄峯)에는 산제(山祭)와 함께 관련 설화가 전승된다.

"옛날 세상이 천지개벽할 때에 온 세상이 물에 잠겼으나, 닭 한 마리만이 이 산에 올라가 살게 되어, 계봉(鷄峯)이란 명칭이 붙여졌다." 현재 이곳은 금계포란형(金鷄抱卵形)의 명당으로 알려져 있다. 이곳의 닭재산 산신령(山神

霝)이 최영장군이나 탐라국을 정복한 최일장군 등을 도와
주었다는 설화도 함께 전한다.[11]

이곳은 닭의 모습을 지닌 봉우리의 지명유래 성격을 지닌
다. 그러나 단순 지명유래가 아니라 천지창조와 관련되어 있
고, 대홍수의 혼란기에 닭만이 유일한 생존자로 등장한다는
점이 특이한다. 제주도 창세신화가 천지인(天地人)을 담당한
닭의 울음으로 개벽이 되지만, 이곳의 닭은 혼돈의 시기에 하
늘이 선택한 유일한 생명체로서, 강한 생명력을 지닌 존재로
등장한다. 여기서 계성은 나타나지 않지만, 천지개벽에서 살아
남은 닭은 새로운 세상을 여는 고고한 소리로 새롭게 탄생한
것이다.

㈏ 닭 관련 중국의 창세신화

중국에서는 옛부터 닭이 새벽을 알리는 천하의 영물로 받아
들였다. ≪현중기(玄中記)≫에 의하면, "동남쪽에 도도산(桃都
山)이 있다. 그 위에 큰 복숭아 나무가 있는데, 가지가 천리(千
里)에 이른다. 이 나무 위에 한 마리의 천계(天鷄)가 있어, 해
가 떠서 햇빛이 나무에 비치면 곧 천계가 울고, 이를 신호로
다른 닭들이 따라 운다."고 하였다.

한편 ≪회남자(淮南子)≫에서, "천계(天鷄)가 있어 해가 뜰

---

11) 안종범, <鷄峯山祭考>, ≪평사 민제교수 화갑기념논문집≫, 1990,
262쪽.

때 울면 천하의 모든 닭들이 따라 운다.”고 하였다.

닭은 하늘과 가깝고, 하늘의 뜻을 이어받은 신성한 존재이다. 곧 닭은 공명을 상징하며, 어두움과 사악함을 물리치는 신과 가까운 존재라 할 수 있다.

한편 중국 소수민족 설화에도 닭 관련 천지창조신화가 있다. 중국 남방 귀주성에 사는 묘족(苗族, 미아오족)에게는 '해와 달을 만든 양작이' 신화가 전한다. 그 내용을 요약하면 다음과 같다.

㉠ 먼 옛날에 해와 달이 없어서 어두움과 추위가 계속되었다.

㉡ 양작은 빛과 열을 얻기 위해 해를 9개, 달을 8개 만들었다.

㉢ 뜨거운 빛과 열로 나무가 다 타 죽고, 오직 마앙나무 1그루만 남았다.

㉣ 양작은 이 나무를 베어 활과 화살을 만들어, 해와 달을 하나씩만 남기고 모두 쏘아 떨어뜨렸다.

㉤ 하나 남은 해와 달은 두려움에 먹구름 속에 숨자, 다시 하늘과 땅이 어두워지게 되었다.

㉥ 양작은 얼룩암소를 보내 해와 달을 나오도록 설득하게 하였다.

㉦ 얼룩암소가 3번 길게 울자, 해와 달은 심술과 살기를 느껴 나오지 않았다.

㉧ 비룡마가 3번 울자, 흉측하게 생긴 모습을 보고 다시 숨었다.

㉨ 수탉이 가서 우아한 목청으로 달콤하게 울자, 해는 열정적이고 겸손한 모습에 감동하였다.

㉩ 해는 달이 망설이자, 먼저 하늘 위로 올라갔으며, 하루 뒤

에 무사함을 본 달이 뒤따라 나오게 되었다.
  ㅋ 이로 인해 해가 걷는 시간은 낮이고, 달이 걷는 시간은 밤
    이 되었다.
  ㅌ 해와 달은 수탉의 은정에 보답하기 위해 금빛을 만들어 수
    탉에게 주었다.
  ㅍ 수탉은 지금까지 계속해서 이것을 머리 위에 꽂고 다니게
    되었다.
  ㅎ 이때부터 하늘과 땅 사이에 영원히 빛과 열이 넘치게 되었
    다.12)

  여기에 보면, 제주도 무가에 나오는 창세신화와 유사한 점
이 나타난다. 우리 창세신화에 보면, 해와 달이 둘이어서 너무
뜨겁기 때문에 활로 하나씩 떨어뜨린다. 묘족의 신화에서는
해와 달이 매우 많으나, 양작이라는 창조신이 역시 활을 이용
해 떨어뜨린다. 우리에게는 창조의 주체가 명확하지 않으나,
묘족은 양작이란 인물이 창조주로 나온다.

  한편 묘족의 설화에는 하나씩 남은 해와 달이 두려워 나타
나지 않아서, 다시 암흑의 상태가 된다. 이때 수탉이 해와 달
을 다시 제자리에 돌아오게 하는 중요한 역할을 맡는다. 수탉
이 혼돈 속에서 천지의 질서를 이끌어낸다. 이때 닭은 맑은 목
청과 부드럽고 친근한 행동으로 상대를 설득한다.

  따라서 혼돈 → 질서 → 2차 혼돈 → 2차 질서의 과정을 겪는
다. 그리고 천상의 존재인 해·달이 지상의 존재인 수탉과 조화
를 이룬다. 따라서 천지의 조화 속에서 창세가 이루어진다.

---

12) 박연옥 편, 《중국의 소수민족설화》, 학민사, 1994, 268~270쪽.

이것은 해와 달의 유래 및 조정이야기이면서, 수탉의 볏이 생긴 유래를 아울러 설명하고 있다. 창세기에 수탉이 암소 및 용마와 더불어 주요 동물로 등장하지만, 수탉이 천지의 질서를 되찾는 데에 중심 역할을 한다. 이것은 수탉에게 계성(鷄聲)을 통한 창조적 성격을 부여했기 때문이다.

한편 중국 남부에 살고 있는 푸랑족(布朗族)의 '고미아' 창세신화에도 수탉이 등장한다. 여기에서도 수탉은 해와 달을 어둠 속에서 나오게 하는 데 큰 공헌을 한다. 푸랑족은 운남성 서남쪽에 주로 거주하는데, 현재 약 5만 8천명 정도 파악되고 있는 소수민족이다.

㉠ 오랜 옛날에는 하늘과 땅, 초목과 인간이 없는 세상이었다.

㉡ 거인 신선인 '고미아'가 '서우'를 이용해 천지와 온갖 동물을 창조하였다.

㉢ 그는 하늘이 무너지지 않도록 큰 자라에게 떠받치게 하고, 금계(金鷄)로 하여금 감시하게 하였다.

㉣ 세상이 태평해지자, 고미아와 적수 관계인 9자매의 해와 10형제의 달이 시샘을 했다.

㉤ 해와 달은 불볕을 쏟아내어 식물을 시들게 하고, 온갖 것을 녹여버렸다.

㉥ 고미아는 물푸레나무로 활과 화살을 만들어 산꼭대기에서 하나씩 남기고 모두 떨어뜨렸다.

㉦ 달은 두려움에 식은땀을 너무 흘려 이후로 차갑게 되었다.

㉧ 하나씩 남은 해와 달은 고미아의 활을 피해 동굴속으로 도망가서, 부부가 되어 숨어 지냈다.

㉨ 해와 달이 없어지자, 세상은 다시 빛과 온기가 없는 암흑이

되었다.
  ㉭ 해와 달은 고미아가 보낸 여러 짐승이 굴 앞에서 간청했으나 나오지 않았다.
  ㉴ 그들은 수탉의 부드럽고 아름다운 소리에 감동해서, 마음을 열고 대화하기 시작했다.
  ㉵ 해와 달은 수탉이 부르면 나오기로 약속하고, 그 표시로 닭의 머리에 나무옹이로 만든 볏을 붙여주었다.
  ㉶ 해와 달이 나오자, 밤낮이 갈라지고 광명과 온기가 넘치게 되었다.
  ㉷ 만물이 생명을 얻어 자리를 잡게 되면서, 즐겁고 희망찬 세상이 되었다.[13]

이 설화는 앞에서 제시한 묘족의 설화와 유사하다. 창조주의 설정, 해와 달의 조정, 닭의 역할 등이 비슷하다:

우선 창조주를 보면, 묘족에는 '양작', 푸랑족에는 '고미아'가 나온다. 양작은 분명하지 않은데 비해, 고미아는 거인 신선으로 구체화된다. 신선신앙의 영향을 받은 것으로 보인다. 역시 양작과 마찬가지로 고미아는 일월(日月)을 조정하는 주체로 등장한다.

한편 묘족의 설화에는 양작이 해와 달을 창조하나, 푸랑족의 설화에는 이미 해와 달이 존재하고 있다. 그것도 고미아와 적대적인 관계로 나타나서, 고미아가 창조한 세상에 시샘을 해서 뜨거운 열로 혼란을 일으킨다.

여기에서 해는 9자매로, 달은 10형제로 설정된다. 성별에서

13) 리영숙·김광렬 편, 《일곱자매 -중국민간고사선-》, 북경 외국문출판사, 1985, 101~109쪽.

해는 여자로, 달은 남자로 나온다. 그리고 우리나라와 묘족의 창세신화와 마찬가지로 다수의 해와 달로 혼란이 생기게 된다.

한편 이것을 활과 화살로 떨어뜨리는 것도 같은 설정이다. 이렇게 해서 해와 달을 조정한다. 그러나 묘족과 마찬가지로, 하나 남은 해와 달이 두려움에 떨다가 숨어버린다. 묘족은 구름속에 숨었다고 했으나, 푸랑족은 동굴 속으로 설정하였다.

동굴 속에서 나와 해와 달이 제자리를 찾아간다는 점은 우리나라의 동굴 상징과 유사한 점이 있다. 단군신화에는 웅녀가 동굴에서 인간으로 탈바꿈한다. 따라서 동굴은 고통의 공간이 아니고, 새로운 생명이 탄생하는 성스런 공간이다. 따라서 동굴은 새로운 생명을 잉태하는 모태(母胎) 상징이다. 그리고 쑥과 마늘은 고통의 음식이 아니고, 인간화되는데 필수적인 신성한 음식이다. 한편 고구려에도 동쪽에 있는 동굴에서 제사지냈으며, 제주도의 시조인 3성도 삼성혈이라는 동굴에서 탄생한다.

이런 점에서 푸랑족 설화에서 해와 달이 동굴에서 부부가 된 후에, 새로운 존재로 탈바꿈하였다는 것도 우리 동굴 상징과 관련성이 있다.

그리고 수탉은 해와 달을 밝은 세상으로 나오게 해서 제자리를 찾는데 핵심적 역할을 한다. 곧 일월(日月)의 조정은 수탉의 계성에 의해 이루어진다.

한편 금계(金鷄)는 하늘을 떠받치는 자라를 감시하는 역할을 한다. 자라가 게으르면 지진이 일어난다 하여, 이것을 금계가 감시한다. 우리 설화나 신앙에는 금계가 나오면 새로운 세상이 도래한다고 여기거나, 금계 나오는 곳을 명당으로 보고 있다. 따라서 푸랑족의 신화에 나오는 금계와 맥을 같이 한다.

타이족(傣族, 남방 운남성에 83만 정도 거주)의 창세신화에도 닭이 일월을 조정하는데 중요한 역할을 한다. 여기에서는 닭이 해와 달을 직접 제거하는 구실을 한다.

> 궐초, 하늘에는 달 아홉개와 해 여덟개가 있었다. 몹시 더웠다. 새들은 천제에게 구원을 빌었다. 천제는 닭한테 명하여 각각 하나씩만 남기고 나머지 해와 달은 쪼아 먹으라고 했다. 그러나 닭은 헤엄칠 수가 없었다.(타이족은 태양은 물에서 뜨고 물로 진다고 생각한다.) 그래서 오리가 신의 명령을 완수했다. 그 후 닭은 오리의 새끼를 길러 주게 되었다.[14]

위의 신화를 보면, 앞에 제시한 묘족의 신화와 관련이 있다. 우선 달이 9개이고, 해가 8개는 묘족과 비교하면 해와 달이 바뀌었을 뿐, 숫자에 있어서 공통적이다. 묘족의 신화에서는 닭이 하나씩 남은 해와 달을 두려움에서 벗어나게 해서, 다시 제자리를 찾는데 중요한 역할을 한다. 곧 해와 달을 조정하는 간접적인 역할을 수행한다.

일반적으로 우리의 창세신화에 보면, 활을 쏘아서 일월을 조정하는 경우가 대부분이다. 그리고 묘족의 신화에서도 역시 활을 이용해 조정한다. 그런데 타이족은 직접 닭으로 하여금

---

14) 김헌선, ≪한국의 창세신화≫, 길벗, 1994, 211쪽.

해와 달을 직접 쪼게 만들어 조정한다. 따라서 닭은 천지창조의 주체로 나타난다. 그런 점에서 닭은 창세를 이끄는 신격으로 볼 수 있다.

결국 우리의 창세신화나 중국 소수민족의 신화에 등장하는 닭은 천지창조를 담당하는 신격(神格), 또는 혼돈을 극복하는 강인한 창조의 주체로 등장한다. 이것은 공통적으로 계성(鷄聲)이 어둠을 물리치고 광명을 가져오는 창조적 의미로 인식된 데에 연유한다고 볼 수 있다.

(2) 위인출생신화

닭의 울음은 한 국가 지도자의 탄생을 알리는 고고한 외침소리로도 나타난다. ≪삼국유사≫ 혁거세(赫居世)편에 보면, 왕이 계정(鷄井)에서 태어났기 때문에 나라 이름을 계림국(鷄林國)이라고 하였다는 기록15)이 있다. 곧 혁거세의 탄생은 닭숲속의 닭우물에서 이루어진다.

우물은 인간이 생존을 영위하는 생명수로서 신성시된다. 따라서 현존 마을굿에도 우물에서 행하는 우물굿은 필수적이다. 이곳 계정(鷄井)의 닭은 위인의 탄생을 알리는 개국의 주역이 된다. 이것은 계성에 의미를 부여한 데에서 연유하였다고 본다.

한편 김알지(金閼智) 탈해왕(脫解王)편에 보면,

---

15) ≪삼국유사≫ 기이 제 1, 신라시조 혁거세왕.

호공(瓠公)이 밤에 월성(月城) 서리(西里)를 가는데 크고 밝은 빛이 시림(始林) 하늘로부터 땅에 뻗치어 그 구름 속에 황금의 궤가 나무가지에 걸려 있는 것을 보았다. 그 큰 광명은 궤 속에서 나오고 있었는데, 흰 닭이 나무 밑에서 울고 있었다. 이 모양을 보고 호공이 그대로 왕에게 아뢰었다. 왕이 친히 숲에 나가서 그 궤를 열어 보니, 사내아이가 누워 있다가 곧 일어났다.(중략)

왕이 그 아이를 안고 궁으로 돌아오니 새와 짐승들이 서로 기뻐하면서 춤을 추고 뛰어 놀았다. 왕이 길일을 택하여 태자로 책봉했으나, 알지는 그 자리를 파사왕에게 물려주고 왕위에는 오르지 않았다. 금궤에서 나왔으므로 성을 김(金)씨라 하였다. 알지의 7대손이 신라의 13대왕인 미추(未鄒)이다.[16]

라는 기록이 있다. 김씨의 시조가 된 김알지(金閼智)는 천신(天神)계통으로, 그의 탄생은 흰 닭에 의해 세상에 알려진다. 옛부터 흰 닭은 일반 멧닭과 달리 신성한 존재로 인식되었다. 결국 계성(鷄聲)은 개국(開國)과 위대한 국가 지도자의 탄생을 알리는 신호가 되기도 한다.

---

16) ≪삼국유사≫ 기이 제 1, 김알지 탈해왕대.

2. 닭 관련 민간신앙

(1) 원혼(冤魂)풀이

민간신앙에서는 현세의 삶에 미진함을 지니고 죽은 귀신에 대한 원한을 풀어주는 해원(解冤)에 큰 의미를 부여한다. 따라서 비정상적으로 죽은 혼령(魂靈)이 생시의 인간에게 해를 끼칠 수도 있다고 믿었기 때문에, 사령제(死靈祭) - 진오귀굿, 오구굿, 씻김굿, 시왕제, 다리굿 등 - 를 통해 이를 달래 준다.

원혼을 위한 이런 굿에는 닭이 등장하여 그 혼령의 소리를 대신한다. 전북 부안군 위도(蝟島)에서는 초분(草墳)을 지낸 후에, 죽은 이의 자손(아들이나 며느리)이 이유없이 병이 들거나 정신이상이 되는 경우가 있다. 이럴 경우 시신이 중복(重復)에 걸렸다고 말하는데, 이 때는 중복풀이라는 굿을 통해 병을 치료한다.

중복풀이는 관 또는 묘지, 초분 위에 장닭(수탉)을 묶어 놓고 법사와 단골이 징과 장고, 꽹과리를 치면서 장닭이 울 때까지 경을 읽는다. 닭이 울지 않으면 하루고 이틀이고 계속한다. 닭이 울어야 중복이 풀렸다고 하여 경 읽는 것을 마친다. 장닭의 머리를 북쪽으로 두면 닭이 잘 운다고 한다.[17]

---

17) 하효길 외, ≪위도의 민속≫ -상·제례·장제 편-, 국립민속박물관, 1985, 31쪽.

이 굿은 초분(草墳)과 관련이 있다. 초분은 이중장(二重葬)의 형태로 1980년대까지 섬이나 해안가에 전해졌던 전통적인 장례풍속이다. 사람이 죽으면 일단 집 부근의 지상에 3년 정도 임시 안치한 다음에 살이 다 썩은 후에 날을 잡아 뼈를 추려서 상여에 매고 정식 매장을 한다.

이것은 이미 동옥저에 있었던 오래된 풍습으로,[18] 뼈의 영원성을 중요시하고 효(孝)를 표현하기 위한 장례 풍습이다. ≪수서(隨書)≫ 고구려전에는 이와 유사한 것이 고구려에도 있었다고 전한다. 중국의 소수민족인 장족(광서성 서부 거주)에도 유사한 풍습이 전하다. 그들은 사람이 죽으면 일단 매장하고 5~10년 후에 유골을 파내어 재매장[19]한다.

위도의 중복풀이의 과정을 보면, 제물을 차리고 닭을 초분 위에 묶어 놓은 후에, 법사나 단골이 닭이 울 때까지 계속해서 경을 읽는다. 만약 울지 않으면 밤새도록 하며, 심지어는 닭을 바꾸거나 장소를 집마당으로 옮기는 경우도 있다. 일반적으로 닭은 새벽녘이 되면 울게 되므로, 이를 신호로 중복풀이를 마치게 된다. 1985년에 조사한 부안군 위도면 진리에 거주하는 최진후(남, 51세)씨의 사례는 다음과 같다.

> 진리의 최진후·오순자(46세)씨 부부는 그의 부친이 1982
> 년에 돌아가셨는데, 부인의 꿈에 돌아가신 시아버지께서

---

18) ≪삼국지≫, 위서, 동이전, 동옥저. "新死者皆假埋之 才使覆形 皮肉盡乃取骨置槨中"
19) 강명상, ≪중국의 이색풍습≫, 을유문화사, 1995, 44쪽.

묘자리가 나쁘니 다른 데로 이장을 원하는 꿈을 수차 꾸자, 이 이야기를 남편에게 하였다. 그러나 장례를 치룬 지도 얼마되지 않았고 육탈(肉脫)도 안 된 상태에서 이장을 하려고 하니 몹시 걱정되었으나, 할 수 없이 1984년에 묘를 파 씻골을 하여 초분으로 해 두었다는 것이다.

부인이 장례를 치르고 정신적으로 이상이 생기자 주위에서 교회를 나가면 낫는다고 하여 교회 나갔으나 별다른 효과가 없고 점점 몸이 약화되어 아무런 가사일도 못하고 실성한 사람처럼 되어 군산병원에 한달간 입원을 하였다. 그러나 입원을 해도 별다른 효과가 없자, 동네에서는 부인이 귀신이 들려 그러니 굿을 해야 낫는다고 하면서 동네 부녀자들이 나서서 파장금·치도·벌금·진리에서 집집마다 쌀 1되을 내고, 쌀을 못 내는 집은 돈을 조금씩 걷어 굿을 하게 되었다.

곰소에서 법사 1명과 점을 치는 여자 1명을 10만원에 계약을 하고, 줄포에서 중복에 쓸 장닭을 1만 7천원에 사와 먼저 초분에 가서 장닭을 위에 묶어 놓고 제상을 그 앞에 차리고서 저녁 해 질 무렵에 경을 읽고 굿을 하기 시작하였다. 자정이 다 되어도 닭이 울지 않자, 그 밤에 돌아와 다시 마당에다 상을 차리고 장닭을 상 밑에 두고 경과 굿을 시작하였다. 새벽녘이 돼서야 닭이 울어 굿과 경읽기를 끝마치고 중복풀이를 끝냈다. 장닭은 무당이 가져가고 여기에 든 비용이 모두 25만원이라 한다.[20]

여기서 중복을 푸는 행위는 죽은 이의 원한을 풀어주는 행

---

20) 하효길 외, 앞의 책, 31~32쪽.

위이다. 이때 닭의 울음소리에 의해, 혼령은 이승의 미진함을 풀고 저승으로 되돌아 간다. 따라서 닭의 울음은 혼령의 소리를 대신한다고 할 수 있다.

한편 익사자의 시신을 찾기 위한 위령(慰靈)굿에서도, 닭의 소리로 자리를 잡아 굿을 한다. 여기서 닭의 울음소리는 육체와 분리된 혼령의 소리이며, 그 울음에 의해 원혼(寃魂)을 풀어주게 된다.

또한 신화적(神話的) 성격을 지닌 제주도 무가(巫歌) '허웅아기 이야기'를 보면, 닭은 저승과 이승을 넘나들게 해 주는 역할을 한다.

> 열 세살된 낭군님에
> 세 살된 아드님에
> 한 살된 딸 아기에
> 내가 가면 이승 일을
> 어느 누가 거렴하료?
> 보름달 같은 얼굴에
> 눈물이 방울방울 떨어지며
> 비새 울 듯 울어가네.
> 그럼 네가 내 말대로 하여라.
> 어떻게요?
> 저승닭 울면 이승 오고
> 이승닭 울면 저승 가며
> 낭군과 아이를 거렴해라.
> 그러면 그렇게 하옵지요.

　　이렇게 하여 허웅아기는 이승과 저승을 번갈아 다니며 살림을 하게 되었읍니다. 밤에는 이승에 와서 아이들을 돌보고, 닭이 울면 저승으로 갑니다.[21]

　이승과 저승은 절대 경계가 있는 것이 아니기 때문에, 영혼의 영원성을 보여준다. 여기서 닭은 이승과 저승을 구분해 주는 역할을 하지만, 서로 넘나들 수 있게 해 주는 역할도 수행한다.

　한편 무속에서 이루어지는 푸닥거리에 닭을 사용한다. 이것은 집안에 병자가 생기면 무당을 불러 병이 낫기를 비는 일종의 치병의례(治病儀禮)이다.

　　환자가 있는 방에다 술 3잔, 밥 3그릇, 삼색(三色) 과실(果實)과 과(果)를 갖추어 간단히 설상(設床)하여 놓고, 그 옆으로 환자의 머리맡에 닭의 두 발과 두 날개쭉지를 묶고, 그 날개쭉지 안에다 환자의 생(生)·시(時)·성명과 대수대명(代數代命)이라 쓴 백지를 넣어 놓고서, 무(巫)가 제상(祭床)을 향해 앉아서 고리짝을 20cm 길이의 나무채로 긁으면서 축원한다. 이 때 무당은 평복으로, 무복을 사용하지 않는다.

　　축원이 끝나면 닭이 환자를 보지 못하도록 체로 닭을 덮어서, 집으로부터 멀리 떨어져 보이지 않는 곳에다 땅을 파고 묻는다. 닭이 환자를 대신하여 대수대명(代數代命)으로 죽는다는 것을 상징한다. 닭 대신 계란을 사용하는 경우도 있다.[22]

---

21) 진성기, ≪탐라의 신화≫, 평범사, 1980, 151~152쪽.

닭이 환자의 병을 유발하는 잡귀를 지닌 것으로 여기고, 굿을 한 다음에 이것을 땅에 묻는 의식을 한다. 이를 통해 닭이 환자의 액운(厄運)을 대신 맡아 나간다고 생각했다.

이것은 정월 보름에 액운이 낀 아이들의 액을 떠나보내기 위해 짚으로 제웅을 만들어 태우는 풍속과 관련이 있다고 본다.

그리고 종묘에서 제사를 지낼 때에 술잔으로 쓰이는 계이(鷄彝)에도 닭이 그려져 있다. 따라서 닭 그림이 신이 강림하는 강신 의례에 쓰이게 된다. 곧 조상신의 도움으로 천하가 편안하기를 염원하는 뜻에서 사용한다. 이것도 닭에 조상신의 영혼이 깃들어 있다고 생각했기 때문이다.

• 종묘 제사때 쓰이는 제기(祭器)의 계이(鷄彝)

결국 닭소리는 이승에서 육체와 분리된 혼령의 소리 자체이거나, 이승과 저승을 서로 연결시켜 주는 역할을 한다.

---

22) 김태곤, ≪한국무속연구≫, 집문당, 1985, 52쪽.

(2) 우리나라와 중국의 닭점

(1) 정초 닭점과 닭의 주술성

정초에 닭이 우는 시기나 우는 상태에 따라 한 해의 운세를 점치기도 한다. 이런 풍습은 우리나라와 중국에 널리 퍼져 있다.

이런 닭울음점은 우리나라에서는 정월 대보름날에 그 해 농사의 풍흉을 점치는 농사점의 하나로 사용되었다. 이것을 문헌에는 '계명점(鷄鳴占)'이라 한다. 한 해 농사의 풍흉을 정초에 예견하려는 것은 오랜 풍습으로 전승되어 왔다. 농사점의 방법은 일반적으로 동식물을 이용하거나 자연 현상속에서 찾아내는 경우가 많다. 닭점은 동물을 이용한 점복의 한 형태라고 할 수 있다.

우리 닭점의 형태는 이미 19세기 중엽의 기록에 나타난다. 헌종때 홍석모가 지은 ≪동국세시기≫ 정월 보름의 기록에 의하면,

대보름날 꼭두새벽에 첫번째 우는 닭의 소리를 기다려서 그 우는 횟수를 센다. 열 번 이상 울면 그 해는 풍년이 든다고 하는데, 이것이 시골의 풍속이다. 황해도와 평안도 풍속에, 보름 전날 밤 닭이 울 때를 기다려 집집마다 바가지를 가지고 서로 앞을 다투어 정화수(井華水)를 길어온다. 이것을 노룡란(撈龍卵)이라 한다. 가장 먼저 긷는 사람이

그 해의 농사를 제일 잘 짓게 된다.[23)]

라 하였다. 닭울음소리의 횟수가 적으면 흉년이 들고, 열번 이상 울면 그 해에 풍년이 든다고 한다.

이와 유사한 형태가 강원도에도 전승되고 있다. 그런데 길흉을 점치는 시기가 정월 보름이 아니고, 설날에 이루어진다. 곧 설날 첫번째 울리는 닭울음소리로 점을 치는데, 두번째나 세번째 닭 울음소리는 의미를 두지 않는다.[24)]

한편 정월 12~13일에, 전국적으로 닭을 많이 치는 곳에서는 양계가 잘 되라고 비는 풍습이 있다. 곧 12일 저녁에 농가의 아이들은 솔방울을 계란이라 여기고, 쇠통을 암탉이라 생각해서 가슴에 품는다. 그리고 다음날 새벽에 쇠통 속에서 솔방울을 꺼내면서, 계란 수천 개라고 외친다. 이렇게 하면 양계가 잘 된다고 한다.[25)]

한편 사람에게 닥치는 재앙에 여러가지가 있는데, 이 중에서 삼재(三災)가 있다. 이것은 십이지(十二支)를 따져서 9년마다 들게 된다. 닭(酉)의 해에 태어난 사람은 돼지(亥), 쥐(子), 소(丑)의 해에 삼재가 든다. 각 띠에 따라 삼재가 드는 해를 제시하면 다음과 같다.

---

23) 홍석모 편, 《동국세시기》, 상원.
   "曉頭候鷄初鳴算其鳴數過十鳴則占歲豊卽鄕 里之俗也 兩西俗上元
   前夜待鷄鳴家持瓢爭先汲井華水謂之撈龍卵先汲者占其農功"
24) 장주근, <닭울음점>, 《한국민족문화대백과사전》 6권, 168쪽.
25) 임동권, 《한국세시풍속연구》, 집문당, 1985, 290쪽.

출생한 해	삼재가 드는 해
뱀(巳)·닭(酉)·소(丑)띠	돼지(亥)·쥐(子)·소(丑)가 되는 해
원숭이(申)·쥐(子)·용(辰)띠	호랑이(寅)·닭(卯)·용(辰)이 되는 해
돼지(亥)·토끼(卯)·양(未)띠	뱀(巳)·말(午)·양(未)이 드는 해
호랑이(寅)·말(午)·개(戌)	원숭이(申)·닭(酉)·개(戌)가 드는 해

삼재가 들면 3년동안 조심해야 한다. 삼재가 든 첫번째 해를 들삼재, 둘째 해를 누울삼재, 셋째 해를 날삼재라고 한다. 그 중에서 첫번째 해인 들삼재가 가장 불길한 해이다. 그리고 그 다음에 2번째 해인 누울삼재가 불길하고, 마지막으로 날삼재의 순이다.

삼재액에 대한 방지법에는 여러가지가 있다. ≪동국세시기≫에는 "남녀의 나이가 삼재(三才)를 당한 자는 3마리의 매를 그려 문설주에 붙인다. 이 삼재의 해에 해당하는 3년간에는 남을 범해도 안 되고 모든 일에 꺼리고 삼가는 일이 많았다"[26]고 한다.

현재는 머리가 셋이고 몸뚱이가 하나인 붉은 매를 그려 방문 위에 붙이는 경우가 일반적이다. 또한 삼재가 든 사람의 옷을 가지고 세가지 갈림길에 가서 태우며 빌기도 한다. 한편 첫 호랑이날(初寅日)과 첫 말날(初午日)에 역시 세가지 갈림길에 나가서 밥 3그릇과 과실을 차리고 촛불을 켜놓고 비는 경우도 있다. 그 외에 정월 보름에 삼재가 든 사람의 버선본을 종이로 오려 대나무에 끼워 지붕의 용마루에 꽂아 놓고, 동쪽을 향해 일곱번 절을 하는 경우도 있다. 또한 달집 태울 때에 자기 옷

---

26) 홍석모 편, 앞의 책, 정월, 元日.

의 동정을 태우기도 한다. 그리고 삼재 부적(符籍)을 무당이나 경문쟁이(經文匠)에게서 받아 몸에 지니는 경우도 있다.[27]

　결국 정월의 닭점은 계성의 상징적 의미를 받아들여, 많이 울수록 좋은 것으로 여겼음을 알 수 있다. 그리고 주술성과 음양오행을 이용해 풍요를 기원하고, 액귀를 쫓아내려고 시도하였다.

(2) 중국의 닭점과 달걀점

　중국 각 소수민족 사이에는 우리와 마찬가지로 닭점이 전하는데, 구체적인 방법은 차이가 있다. 우리와의 상호 관련성은 알 수 없으나, 일찌기 축화된 닭을 통해 앞날에 대한 다양한 점복이 형성되었을 것으로 여겨진다.

㈎ 이족(彝族)의 닭점과 달걀점

　이족(彝族)은 인구가 약 545만으로, 사천·운남·귀주·광서성 자치구에 살고 있다. 사천성에 사는 양산(凉山) 이족자치구는 가장 큰 이족 주거구역으로 알려져 있다.

　이족은 닭점을 매우 중시한다. 이족의 닭점에 관한 내용은 담광광 외 여러 사람이 지은 ≪중국 소수민족 종교신앙≫[28]에

---

27) 김승찬, <삼재>, ≪한국민족문화대백과사전≫ 11권, 388쪽.
28) 覃光廣 외, 許輝勳·申鉉圭 편역, ≪中國小數民族 宗敎信仰≫, 태학사, 1996, 264쪽.

서 추출하였다.

닭은 이족의 종교행사에서 빼놓을 수 없는 중요한 대상이다. 그러므로 이족 민간에는 "영혼을 보내는데 닭이 첫 자리를 차지하고, 싸움터로 떠나는 데도 닭이 첫 자리를 차지한다."는 말까지 있다.

이족의 점치는 방법은 여러가지가 있다. 닭머리의 색깔과 방향, 닭다리의 모양, 닭의 혀끝 모양을 통한 방법이 있다. 그리고 달걀을 깨서 모양에 따라 점치는 방법이 있다.

첫째, 닭머리의 색깔을 통해서 점치는 방법이 있다. 닭머리의 가죽을 벗겨서 그 뼈의 색깔이 희면 길하고, 붉은 점이 있으면 나쁘다. 특히 검은 점이 있으면 사람이 죽게 된다고 한다.

둘째, 닭머리가 가리키는 방향으로 길흉을 점치기도 한다. 닭을 죽인 다음에, 밖으로 내던지고 그 모양을 본다. 그래서 닭의 머리가 밖을 향하면 길하고, 안쪽을 향하면 불길하다고 여겼다. 한편 가로 놓이면, 길하지도 않고 불길하지도 않다고 여겼다.

셋째, 닭다리뼈의 모양과 닭의 혀끝을 보고 점치는 방법도 있다. 이족 속담에, "닭의 다리뼈를 볼 때 갈라진 곳을 보듯이, 말을 들을 때 관건적(중요한 것)을 들어야 한다. 닭의 혀를 볼 때는 그 끝을 보듯이, 말을 들을 때 관건적인 것을 들어야 한다."는 말이 있다. 여기에서는 닭다리뼈와 닭혀의 모양에 따른 구체적인 길흉 판단법이 나타나지 않는다. 다만 이족이 닭다리와 혀를 앞날을 점치는데 중요하게 다루었음을 알 수 있다.

한편 달걀을 이용해 점을 치는 방법도 있다. 병자가 있거나 가족 친지들이 외출하여 귀가치 않았을 때, 그 생사 여부를 알아보는 데에 이용한다.

그 방법은 달걀을 병자와 외출한 사람의 옷에 문지른 후, 맑은 물을 담은 대접 안에 깨어 놓고 그 달걀 속의 점들이 사람 모양인가, 귀신 모양인가에 의하여 길흉을 판단한다고 한다.

우리의 닭점이 닭울음소리에 의해 점치는 것에 비하면, 이족의 닭점은 매우 세분화되어 있다. 곧 닭의 여러 부위를 이용해 다양한 점복이 발달하였음을 알 수 있다. 이것은 이족이 신에게 바치는 제물로서 닭을 매우 귀중하게 여겼음을 알 수 있다.

㈐ 뤄바족(珞巴族)의 닭점과 달걀점

뤄바족(珞巴族)은 티베트 동남쪽, 곧 서장(西藏)자치구의 동남쪽 아노장포강(雅魯藏布江) 남안에 주로 살고 있다. 이곳은 부탄과 네팔의 접경지역에 해당된다. 이들은 주로 수렵생활을 하기 때문에 남자들은 오랜 시간 집을 떠나서 생활한다.

뤄바족의 닭점에 대한 내용, 역시 담광광 등이 지은 ≪중국소수민족 종교신앙≫[29]에서 추출하였다.

이들의 닭점은 닭간의 무늬를 통해 이루어진다. 즉 닭을 잡

---

29) 覃光廣 외, 許輝勳·申鉉圭 편역, 앞의 책, 242~244쪽.

은 뒤, 그 간을 꼬챙이로 꿰어들고 무늬를 살핀다. 일반적으로 닭의 간은 크고 작은 두 쪽으로 되어 있는데, 그 무늬를 뒤로부터 앞으로, 혹은 위로부터 아래로 보게 된다.

무늬의 여러 형태에 따라 길흉을 알아 보게 된다. 멀리 길을 떠날 때, 간의 무늬줄이 한 면에서 다른 면까지 뻗어 있으면 길하다고 여긴다. 한편 사냥을 나갈 때에는, 무늬가 왼쪽에서 오른쪽으로 돌아 있어야 성과가 있게 된다. 만일 간에 핏줄만 있으면 모든 일이 여의치 못하다고 여긴다.

한편 뢰바족은 사냥을 나갈 경우, 닭점 뿐만이 아니라 달걀점을 친다. 달걀을 삶아서 노란자 위를 꺼내어 입에 넣고 살짝 씹은 뒤에 뱉어내어 그 갈라진 조각을 보아 점을 친다. 조각이 5~6개로 나타나면 길하고, 짐승을 잡을 수 있다. 그러나 조각의 수가 적고 크기가 일정하지 않으면 불길하다 하여 사냥을 떠나지 않는다.

닭점에서 닭 한 마리를 잡아서 문제가 풀리지 않으면, 몇 마리, 또는 수십마리, 심지어 백마리씩 잡는 경우도 있다.

남녀가 약혼할 때에는 무당을 청해서 닭점을 본다. 곧 닭을 잡아 그 간을 보아서 평생동안 부부로 살 수 있는지를 점치게 된다. 무당의 닭점이 제대로 나오지 않으면, 혼인은 이루어지지 않게 된다.

결혼식에서도 신부가 시집에 들어선 뒤 가장 먼저 닭점을 본다. 곧 신부가 들어서면 신랑이 신부와 함께 칼을 들고 닭을 잡아서 그 간을 꺼낸다. 그래서 위에 제시한 대로, 간의 모양에 따라 길흉을 점치게 된다. 이때 닭의 수효는 무당이 사전에 정하게 된다.

병에 걸려도 닭점을 본다. 먼저 나무꼬챙이 3개를 땅에 꽂은 다음에, 곡식 몇 알을 뿌린다. 그리고 무당이 한 손에 칼을 들고 다른 한 손에는 닭을 들면서, "그 뉘가 병을 일으켰는지 간을 찾아 오시오."라고 말한다. 그 뒤 병자에게 닭을 잡게 하고, 그 닭을 가져다가 꼬챙이 위에 빙 돌린 후에 간을 꺼내어 살펴본다.

우리의 푸닥거리는 닭이 병자의 액을 가져가게 되는데, 뤄바족의 닭점에서도 환자가 닭을 통해 액을 보낸다는 점이 유사하다. 닭의 간에 나타난 질병의 액운을 무당의 도움으로 환자로부터 떠나 보낸다 다만 간을 통해 이를 내보낸다는 점이 색다르다.

한편 남과의 관계가 좋지 않거나, 남녀의 치정관계가 있어도 닭점을 본다. 또한 마을간, 또는 씨족이나 개인 사이의 싸움·복수·암살 등이 있을 때에도 무당을 청해서 닭점을 본다.

한편 집터를 정해 기둥을 세울 때에도 닭점을 보아서 위치를 정하는데, 좋지 않게 나오면 위치를 바꾸게 된다. 이 때에는 달걀점을 치기도 한다. 곧 집터에 꼬챙이 3개를 꽂은 다음에 위에 달걀을 놓는다. 달걀에 작은 구멍을 내고 송진을 넣어 불을 붙인다. 달걀이 갈라지면서 흰자가 흘러나오면 집을 지은 뒤에 사람이 죽게 된다고 하여 집을 짓지 않는다. 그리고 흰자가 흘러나오지 않으면 좋은 집터로 여긴다.

이족이 닭의 여러 부위를 통해 점을 치는데 ˙비해, 뤄바족은 여러 상황에 따라 다양한 점을 치는 점이 다르다. 곧 결혼을 할 때, 사냥이나 집을 떠날 때, 마을이나 개인간의 다툼이 있을 때, 병에 걸렸을 때, 집을 지을 때 등으로 매우 다양하다.

이런 점에서 뤄바족은 마을의 중요한 일이나 문제가 발생할 경우에는 항상 닭의 간을 이용해 점을 치는 풍습이 있음을 알 수 있다.

한편 뤄바족이 간을 중요시하는 것은 닭간이 닭의 중요한 내장으로 인식했기 때문이라고 본다. 간에 정화력을 부여했다고도 볼 수 있다.

㈐ 부이족의 닭점

부이족은 주로 중국 남부의 귀주성에 거주하고 있다. 인구는 약 212만명 정도이다. 이들은 원래 산이 높고 수풀이 무성한 삼림 속에서 생활의 터전을 마련해 살고 있었다.

부이족의 닭점[30]은 닭머리를 통해 이루어진다는 점에서 이족과 유사하다. 그러나 이족이 닭머리의 색깔을 통해 점을 치고, 닭의 다양한 부위를 활용하는데 비해, 부이족은 삶은 닭머리의 부위를 맞춰서 점을 친다는 점이 다르다.

우선 닭을 잡아 삶은 뒤에 껍질과 고기를 발라 낸다. 그리고 2개의 대퇴골을 맞춘다. 이때 뼈는 굽은 쪽을 함께 맞추되, 아래 위가 바뀌면 안 된다. 그리고 나뭇잎을 뼈에 난 구멍에 꽂아 넣는다. 그래서 구멍마다 서로 잘 들어 맞으면 길하고, 맞지 않으면 불길하다고 여긴다. 이를 통해 재앙을 피하려고

---

30) 覃光廣 외, 許輝勳·申鉉圭 편역, 앞의 책, 428~429쪽.

하였다.

한편 유사한 닭점은 운남성에 살고 있는 칭뽀족에게도 나타난다. 그들은 무당이 닭을 잡아 닭의 대퇴골로 길흉을 판단한다. 그리고 계란을 굴려서 계란의 뾰족한 부분이 어느 방향에 섰는가에 따라 길흉을 판정하는 난복(卵卜)을 한다.[31] 닭점에 대해 구체적인 내용은 제시되어 있지 않지만, 부이족의 닭점과 유사한 것으로 여겨진다.

달걀점은 각 종족마다 각각 다르다. 부이족은 달걀을 깨서 모양을 보고 점을 치고, 뤄바족은 삶은 달걀의 노란자 조각을 입으로 뱉어내서 모양을 보거나, 송진을 이용해 타는 모양을 보고 점을 친다. 그러나 칭뽀족은 굴려서 돌아간 방향에 따라 점을 친다는 점이 특이하다.

(3) 닭 관련 명당

명당은 풍수지리설에 의한 이상적인 길지(吉地)를 뜻한다. 이것은 2가지로 나뉘는데, 영원히 살기를 원하는 의미에서 시신이 직접 묻히는 음택법(陰宅法)이 있다. 그리고 생전에 좋은 환경에서 살기를 원하는 뜻에서 좋은 집터를 잡는 양기법(陽基法)이 있다. 이 음택과 양기에 의해 인간의 길흉이 정해진다고 여겼기 때문에 매우 중요시하였다.

풍수지리는 바람·물·땅과 이들이 서로 어울리는 이치에

---

31) 강명상, 《중국의 이색풍속》, 을유문화사, 1995, 181~182쪽.

관한 학문이다. 이들 요소는 일정한 법칙을 지니면서 인간에게 절대적 영향을 미친다. 여기에 음양오행(陰陽五行)과 주역팔괘(周易八卦)의 원리가 적용된다.

풍수지리는 중국의 역(易)에서 출발하여, 후한시대 청오선생이 지었다는 청오경(靑烏經)을 거쳐, 우리나라에는 통일신라시대에 당나라로부터 도선국사(道詵國師)가 전래하였다고 한다.[32]

명당은 일반적으로 묘판이나 주거지 앞뜰을 내명당, 이것의 앞쪽을 외명당으로 구분한다. 한편 지형은 일반적으로 사람이 주체인 인형(人形), 길짐승이 주체인 수형(獸形), 날짐승이 주체인 금형(禽形), 용과 뱀이 주체인 용사형(龍蛇形) 등으로 나뉜다.

혈(穴)을 취하는데 있어서, 사람은 심장과 배꼽과 음부, 날짐승은 날개와 둥우리와 볏, 길짐승은 여러 짐승의 모양, 용사형은 코·이마·귀·배·머리·꼬리에 의한다.

한편 주체를 보면, 사람이 주체인 인형(人形)은 여인, 장군, 선인, 중, 고기잡는 노인의 5가지로 구별된다. 그리고 길짐승이 주체인 수형(獸形)은 다양한데 물고기·게·지네·호랑이·소·거북·말·사자·개·나비 등이 등장하며, 날짐승이 주체인 금형(禽形)은 봉황새·닭·학·거위·기러기·비둘기 등이 등장한다. 한편 용사형은 용과 뱀이 등장하고 그 외에 꽃 종류, 나무 종류, 배, 달, 거문고 등이 등장한다. 그러나 그런 형상은 그에 알맞은 산천(山川)의 형세를 갖추어야 된다.[33]

---

32) 김대은 외, ≪풍수지리≫, 우성상사, 1993, 2~8쪽.
33) 최창조, ≪한국의 풍수사상≫, 민음사, 1984, 182~185쪽.

닭 관련 명당에는 금계가 알을 품은 형(金鷄抱卵形), 닭 둥우리형(鷄巢形), 닭 우는 형(鷄鳴形), 닭이 모이 먹는 형, 닭벗형 등이 있다.

• 금계포란형(金鷄抱卵形)의 산세(山勢)   • 금계포란형

금계가 알을 품은 형은 풍요, 닭 둥우리형은 무사태평, 닭이 모이 먹는 형은 행복을 나타낸다.[34]

알을 품은 형태는 닭 뿐만이 아니라, 봉황이 보금자리를 품고 있는 봉소포란형(鳳巢抱卵形), 학이 보금자리를 품고 있는 학소포란형(鶴巢抱卵形)도 명당으로 알려져 있다.

닭 관련 지명이나 명당은 매우 많으나, 대표적인 닭 관련 명당을 예를 들어 제시하면 다음과 같다.

충북 충주시에는 계명산(鷄鳴山)이라는 진산이 있다. 이 산

---

34) 김광언, ≪풍수지리≫, 대원사, 1993, 44쪽.

에는 지네가 많아서 주민들이 많은 해를 입었다. 그래서 큰 걱정을 하고 있을 때, 어떤 도사가 지네는 닭과 앙숙이니 산 이름을 계족산(鷄足山)으로 바꾸라고 충고하였다. 그래서 그대로 시행했더니, 과연 지네가 없어졌다고 한다.

그러나 그 후에 큰 인물이나 부자가 나지 않게 되자, 닭이 땅을 파헤치듯이 충주의 정기를 흩어 놓았기 때문이라는 의견이 제시되었다. 따라서 이런 여론에 따라 시의회에서는 예전 이름으로 바꿀 것을 결의해서, 다시 계명산(鷄鳴山)으로 바꿔 부르게 되었다.35)

• 금계포란형 형국도(충북 진천)

계명산은 닭이 우는 산으로, 천하의 명지이며 깨달음의 도

---

35) 김광언, 앞의 책, 44~45쪽.

장으로 알려져 있다. 이곳은 일종의 금계포란형의 명당이라고 볼 수 있다. 따라서 이 지방은 뛰어난 인물이 배출되는 곳으로 알려져 있다. 닭은 지네와 상극관계이다. 명칭을 바꿔서 지네는 줄었지만, 결국 뛰어난 인재를 배출하지 못하게 되었다는 생각을 한 것이다.

중국에도 계명산(鷄鳴山)에 관한 고사가 전한다. 이 산은 닭이 우는 명산으로 도를 깨우치는 도장이다. 이곳은 한나라의 일등 공신인 장자방(張子房, 본명이 張良)이 옥통소를 불어 팔천명의 제자를 떠나 보낸 곳이다. 그는 삼만호(三萬戶)를 다스리는 제후에 봉하여졌으나, 사양하고 계명산에서 옛 신선을 쫓아 도를 닦으며 깨우침을 얻게 된다.

따라서 닭이 우는 명산은 깨달음의 도장이며, 우리의 시조에도 계명산의 장자방을 부러워하는 내용을[36) 담은 시가가 나온다.

한편 경남 의령군 가례면에 있는 양성리 마을은 큰길에서 보면 마을이 닭벗 모양으로 들어앉아 있는 형상이다. 사람들은 마을 북쪽을 닭의 머리, 서쪽을 닭의 다리, 남쪽을 닭의 꼬리라고 생각한다.

또 닭벗 아래쪽에 해당하는 마을 중앙의 논에 집을 지으면, 불길한 일이 생겨 3년을 넘기지 못한다고 믿고 있다. 지형상, 마을의 샘이 닭의 눈에 해당하는데, 여기서 솟는 물이 마을 중앙의 논으로 흘러내리기 때문이다. 이것은 논을 보호하려는

---

36) 정병욱 편저, 《시조문학사전》 134번, 신구문화사, 1966, 35쪽.
　　(작가 미상, 《최남선본 청구영언》 500)

의도도 있지만, 실제로 물이 흐르는 곳에 집을 지으면 좋지 않기 때문에 생겼다고 볼 수 있다.[37]

닭의 형상을 지닌 마을도 역시 뛰어난 인재를 배출하는 명당지이다. 금기가 형성된 것은 지형을 변형시켜 지세를 약화시키지 않으려는 의도라고 볼 수 있다.

한편 계룡산(鷄龍山)도 닭과 관련있는 뛰어난 명산이다. 옛부터 계룡산은 중악(中岳)이라 하여, 뛰어난 명산으로 알려져 있다. 금강산은 동악(東岳), 구월산은 서악(西岳), 지리산은 남악(南岳), 묘향산은 북악(北岳), 계룡산은 중악(中岳)이라 불렀다.

예로부터 십승지지(十勝之地)는 병화가 들어오지 못하고 삼재(三災)의 난이 머물지 못하는 곳으로 알려져 있다. 특히 계룡산은 어느 명승지보다도 지기·지령이 뛰어난 곳으로 알려져 있다. 옛 삼한시대에는 계룡산을 천태산(天台山)이라 불렀으며, 고려조에는 옹산(翁山)이라 불렀다. 무학대사는 태조가 조선을 개국할 무렵, 이곳에 와서 보고는 "이 산은 한편으로 금계포란형(金鷄抱卵形)이고, 또 한편으로는 비룡승천형(飛龍昇天形)이니 두가지 모양을 모두 따서 계룡이라고 부르는 것이 좋을 것이다."라고 말하였다. 그 뒤로 이 산은 계룡산이라는 명칭으로 불리게 되었다.

---

37) 김광언, 앞의 책, 45쪽.

3. 닭 관련 불교와 유교

불교나 유교에서는 닭을 깨달음의 주체, 또는 덕성을 지닌

• 승가사 다리의 닭

동물로 여기고 있다. 불전(佛典)에 나오는 '수탉의 전생(前生)이야기'는 부처가 전생에 수탉으로 태어나 닭을 잡아먹는 매를 훈계한

다는 내용이다. 여기서 부처는 전생에 수탉의 왕으로 등장하며, 포악하고 살생을 즐기는 매를 꾸짖고 게송(偈頌)을 지어 상대를 뉘우치게 한다.

　　부처님은 전생에 수탉의 몸을 받아 살았다. 그때 숲에 매가 한 마리 있어서 매일 닭들을 잡아 먹었다. 많은 닭들이 모두 잡아 먹히고, 마지막으로 주인공 수탉만 남게 되었

다.

닭은 바른 시간에 먹이를 먹고 바른 시간에 대나무 숲으로 들어가는 등 단정한 생활을 했다. 따라서 매는 그 닭을 잡아 먹을 수가 없었다. 매는 생활에 빈틈이 없는 닭을 잡아 먹기 위해 대나무 끝에 앉아 닭을 회유했다.

"닭의 왕이여. 나는 당신을 사랑합니다. 왜 당신은 나를 미워합니까? 우리 함께 저 들판 먹이가 많은 곳으로 가서 지내지 않겠습니까?"

수탉은 단호히 거절했다.

"나는 그대와 같이 성질이 포악하고 살생을 즐기는 짐승과 친할 수 없네. 어서 다른 곳으로 가버리게-------."

이렇게 꾸짖고 게송을 지어 숲의 신들에게 널리 전했다. 게송을 간추려 보면 믿음이 없는 나쁜 사람을 믿지 말라는 내용이다.

"나는 나쁜 사람을 믿지 않는다.

나는 거짓에 쌓인 사람을 믿지 않는다.

나는 잔꾀 많은 사람을 믿지 않는다.

나는 약속을 깨는 경박한 사람을 믿지 않는다.

생명을 무작정 해치는 사람을 나는 믿지 않는다.

벗인듯 거짓으로 꾸며 달콤한 말로 다가오는 사람을 나는 믿지 않는다."

이런 노래로 매를 꾸짖었다. 이에 매는 스스로 느끼는 것이 있어서 어디론가 떠났다.[38]

여기에서 닭은 깨달음의 주체이다. 곧 수탉은 부처의 현신(現

---

38) ≪본생담≫ 448, <수탉의 전생이야기>. (안길모, ≪불교와 세시풍속≫, 명상, 1993, 102쪽).

身)이며, 닭소리는 무지한 인간에 대한 깨우침의 소리이다. 절의 문양이나 다리의 조각에 닭이 새겨져 있는 것도 깨달음과 관련이 있다.

• 조계사 법당문 문양의 닭

절의 문양이나 조각에 닭이 등장하는 것도 깨달음과 관련이 있다. 승가사의 돌다리 난간에도 닭이 새겨져 있으며, 조계사 법당문에도 닭의 문양이 그려져 있다.

한편 서산대사의 깨달음도 닭소리에 의해 이루어진다. 그는 깨달음을 얻지 못해 지리산 암자를 전전하며 우울증에 빠져 있었다. 어느 날 친구를 만나기 위해 마을로 내려 갔다가 한낮에 닭의 울음 소리를 듣게 된다. 그 순간에 모든 의문이 풀리면서 마음의 본자리를 확인하는 오도(悟道)의 경지를 깨닫게 된다. 따라서 다음과 같은 시를 남겼다.

머리칼은 희어도 마음은 안 희다고
옛 사람은 누설한 바 있거니와

이제 외마디 닭울음소리 들을작시면
장부의 할 일 모두 마쳤어라.

　서산대사는 낮닭의 울음소리를 듣는 순간에 일체의 분별이 떨어져 나가고, 주관(의문)과 객관(도)의 경계도 없어져, 외부 현상(닭 울음소리)이 그대로 마음 자체(진성심)임을 깨달을 수 있었다. 그래서 닭 울음소리는 오도의 기연(機緣)이 되었다.[39]

　한편 유교에서는 닭을 모든 덕을 갖춘 동물로 인식하였다. 중국 노(魯)나라의 전요(田饒)는 애공(哀公)이 간신들에게 둘러싸여 국사를 그르치자, 참지 못하고 벼슬을 내던지면서 자기 자리에 닭을 천거했다.

　애공이 어찌 벼슬자리에 사람 대신 닭을 천거하느냐고 물었다. 이에 전요는 대답했다.

　"닭은 머리에 관을 썼으니 문(文)이요, 다리에 발톱이 있으니 무(武)요, 적 앞에서는 물러나지 않고 싸우니 용(勇)이요, 모이를 서로 나눠 먹으니 인(仁)이요, 밤을 지키며 때를 어기지 않고 알리니 신(信)이라. 그리하여 오덕을 두루 갖춘 닭을 천거하는 바입니다."라고 대답했다.[40]

　닭의 외형적 특징과 속성을 미화시켜, 완벽한 인물형으로

---

39) 최박광, <닭>, 《한국문화상징사전》 1권, 동아출판사, 1992, 199
　～200쪽.
40) 漢書外傳, 《古事成語辭典》, 학원사, 1982.
　"田饒謂魯哀公曰, 君不見夫雞乎, 頭戴冠者文也, 足搏距者武也, 敵在
前敢鬪者勇也, 見食相呼者仁也, 守夜不失時者信也, 夫是謂之五德"

• 염(廉)자 문자도

그려냈다. 곧 머리의 벼슬모양에서 문(文), 날카로운 발톱으로 상대를 공격하는 모습에서 무(武), 적을 향해 돌진하는 모습에서 용(勇), 먹이를 보고 동료를 부르는 모습에서 인(仁), 밤에 보금자리를 지키고 새벽을 알리는 점에서 신(信)을 각각 부여하여, 5덕(德)을 갖춘 동물로 묘사하였다. 이것을 계오덕(鷄五德)이라고 한다. 곧 인간은 닭의 모습에서 완벽한 인간상을 찾아내어, 그 행실을 본받으려고 하였다.

한편 닭은 유교의 핵심사상과 윤리관을 나타내는 문자회(文字繪)에 등장한다. 곧 중국의 문자회 병풍에는 유교사상의 효

(孝), 제(弟), 충(忠), 신(信), 예(禮), 의(義), 염(廉), 치(恥)의 8글자를 변형시켜, 그림과 배합하였다.[41] 그림은 기물이나 고사(故事)를 인용하여 그리는데, 닭은 청렴하고 검소하다는 염(廉)의 문자풀이에 나온다.

결국 닭은 불교에서는 부처의 현신(現身)이고, 깨달음의 주체로 나온다. 따라서 닭소리는 무지한 인간에 대한 깨우침의 소리이다. 한편 유교에서는 5덕을 갖춘 군자로서, 인간 행실의 근본이 되는 대상으로 형상화된다.

---

41) 김영학, ≪민화≫, 대원사, 1993, 61쪽.

IV. 민속문학에 나타난 닭

1. 닭 관련 구전설화(口傳說話)의 유형과 의미

계성(鷄聲)과 관련된 문헌설화 — 특히 신화 속의 상징적 의미는, 이미 앞장에서 언급했으므로, 본장에서는 닭과 관련있는 전설과 민담을 대상으로 논의하겠다. 내용은 현전하는 설화집 중에서 ≪한국구비문학대계≫에서 주로 추출하였다. 편의상 ≪대계≫라고 표기한다. 그 외에 개인이 수집한 전설 및 설화집을 검토해서 내용을 첨가하였다.

(1) 명당 제시 인간 발복(發福) 이야기

구전설화의 경우 명당을 제시해 주는 동물로, 주로 호랑이와 닭이 등장하고, 그 외에 꿩·자라·노루 등도 나타난다. 닭 관련 설화에서는 닭의 울음소리가 들리는 곳, 닭이 뛰쳐 나오는 곳, 또는 닭벼슬의 형상을 지닌 지형 등이 명당임을 나타내고 있다. 이에 따라 인간의 운명이 바뀌게 된다.

한국의 풍수설화에 대해, 장장식은 명당획득담, 명당탈취담, 명당발복담, 명(名)풍수담, 가(假)풍수담, 명당파손담, 명당비보(裨補;도와서 모자라는 것을 채움)담의 유형으로 분류하였다.[1]

아래 유형은 명당 획득에 의한 발복이야기에 해당되나, 선점(先占)에 의한 탈취의 성격을 지닌 유형도 나타난다.

㉮ 계성(鷄聲)에 의한 명당 획득이야기

㉮-1 우연에 의한 명당 획득이야기

우연히 낮잠을 잔 곳에서 닭소리를 듣고 그 곳에 묘자리를 써서 부자가 된 이야기이다. 닭소리가 나는 곳이 명당이라는 면에서, 풍수설화의 성격을 지닌다. 이 곳은 일종의 금계포란형(金鷄咆卵型)에 해당된다. 전남 화순군 이서면 야사리에 전승되는 '닭소리 나는 명당' 이야기가 이 유형에 속한다.

㉠ 어떤 사람이 길을 가다가 잠이 와서, 길가의 밭에 누웠다.
㉡ 잠을 자려는데, 옆에 물이 나는 마른 땅에서 닭 우는 소리가 들렸다.
㉢ 의아하게 생각하고 집으로 돌아왔다.
㉣ 풍수를 아는 지관을 데리고 그 곳으로 갔다.

---

1) 장장식, ≪한국의 풍수설화연구≫, 집문당, 1995, 31~40쪽.

㉤ 땅을 파니 달걀(암수) 2개가 나왔다.
㉥ 그 곳에 부모의 묘자리를 잡고, 부자가 되었다.[2]

특별한 계기가 없이 단지 길 가다가 낮잠을 잔 곳에서 닭소리를 듣게 된다. 그로 인해 부자가 되었다는 점에서, 주인공은 가난한 서민 출신임을 알 수 있다.

일반적으로 풍수에 대한 설화를 보면, 선행에 대한 댓가로 명당을 보상받게 되는 경우가 많다. 곧 타인에게 우연히 선행을 해서 명당을 제시받는 경우가 있고, 동물의 보은에 의해 명당을 획득하는 경우도 있다. 경우에 따라서 명당을 탈취하는 경우도 있다.

이 유형은 우연에 의해 명당을 제시받는다. 아마 전승과정에서 인과관계의 앞부분이 생략된 것이 아닌가 여겨진다.

㈎-2 선점(先占)에 의한 명당 획득이야기

가난한 사람이 도사로부터 닭소리가 나는 곳을 염탐하여, 그곳에 먼저 묘자리를 써서 부자가 된 이야기이다. 따라서 선점(先占)에 의해 적극적으로 명당을 차지하는 형태이다. 전북 부안군 부안읍 선은리에 전승되는 '계란이 우는 묘자리'이야기가 이 유형에 속한다.

㉠ 어느 가난한 집에 도사가 방문하였다.
㉡ 도사는 3일을 굶고 있다가 계란을 구해 달라고 요청하였다.

---

2) ≪대계≫ 6-9, 전남 화순편, 한국정신문화연구원, 427~428쪽.

ⓒ 주인은 곯은 계란을 구해 주고, 몰래 뒤를 밟았다.

ⓓ 도사는 산에 가서 계란을 묻고, 아무 반응이 없자 그냥 하
산하였다.

ⓜ 주인은 도사가 다시 계란을 요청하자, 이번에는 성한 것을
갖다 주었다.

ⓑ 이번에는 묻은 곳에서 닭 울음 소리가 나자, 엿보던 주인은
미리 하산하였다.

ⓢ 도사가 10일간 외출한 사이, 주인은 그 곳에 부모의 묘를
잡아 장사지냈다.

ⓞ 도사가 돌아와서 묘자리의 방향을 잡아 주겠다고 제안했으
나, 거듭 사양하였다.

ⓩ 주인은 도사가 떠난 후에, 집안의 묘를 계속 써서 살림이
크게 일어나게 되었다.

ⓒ 주인은 후에 지관(도사)을 찾아 사례하였다.[3]

여기에서는 앞의 ㈎-1보다 적극적이다. 비록 도사의 뒤를
밟아 염탐해서 명당자리를 미리 차지한 점에서 도덕적으로 문
제가 있다. 그러나 명당을 차지하려는 욕구는 도덕성을 뛰어
넘는다.

여기서 주인은 가난한 집안의 서민이다. 집을 찾아온 도사
를 며칠씩 묵게 할 정도로 선한 심성을 지니고 있으나, 도사의
이상스런 행동에 뒤를 밟게 되며, 결국 명당을 차지하게 된다.
옛사람들의 명당에 대한 강한 집착을 엿보게 한다.

한편 계략에 의해 명당을 획득한 이야기는 동래 정씨의 씨
족 유래이야기에도 나타난다.

---

3) 최운식 편, 《한국의 민담》, 시인사, 1988, 169~171쪽.

ㄱ 풍수에 밝은 동래부사가 묘자리를 새로 잡았다.
ㄴ 부사는 이방에게 계란 2개를 가져 오라고 했으나, 이방은 삶은 계란을 가져다 주었다.
ㄷ 부사는 계란을 묻었는데도 닭 우는 소리가 들리지 않자, 크게 실망하였다.
ㄹ 부사는 그 곳이 명당이 아니라고 생각하고, 묘자리 쓰기를 포기하였다.
ㄹ 이방은 나중에 그 곳에 묘를 쓰고, 이로 인해 자식이 정승이 되었다.
ㅁ 이들이 동래 정씨의 시조가 되었다.4)

여기에 보면, 계략을 써서 상대로 하여금 오판하게 해서 명당을 획득하는 형태이다. 계략의 형태도 삶은 계란을 활용하고 있다. 풍수를 잘 아는 동래부사에게 삶은 계란을 이용해 포기하게 한 연후에 그 곳에 묘자리를 쓴다. 역시 염탐과 지략에 의한 적극적 명당 획득이야기이다.

그런데 두 사람의 관계가 부사와 이방으로 나타난다. 엄격한 신분사회이고, 상하가 분명한 양반관리와 중인의 관계에서 이방이 속임수를 쓴 것은, 신분을 초월한 명당 획득에의 집념을 반영한 것이다.

앞에 제시한 ㉎-1의 우연에 의한 명당 획득과 ㉎-2의 계략에 의한 적극적 명당 획득에는 공통적으로 계란이 명당을 제시해 준다. ㉎-1에는 이미 계란이 묻힌 곳을 찾은 경우이고,

---

4) ≪대계≫ 7-5, 경북 성주군편, 500쪽.

㈎-2의 2편은 명당을 찾아 계란으로 확인하는 형태이다.

결국 둘 다 계란을 통해 우는 소리를 듣고 명당을 확인하게 된다. 이것은 계성에 의해 지기(地氣)가 모이는 뛰어난 명당지역을 제시한다는 점에서, 닭에게 예지자로서의 능력을 부여했다고 할 수 있다.

㈏ 금계(金鷄)에 의한 명당 획득 후 몰락이야기

중으로부터 금계(金鷄)가 나오는 명당을 제시받아 집안이 잘 되었으나, 그 후 냉대받은 중으로부터 거짓 명당을 제시받아 다시 몰락한 이야기이다. 이 유형의 설화에는 황해도 금천군 고동면 달구물골(鷄井洞)에 전하는 '계정동'의 지명유래에 관한 이야기가 있다.

   ㉠ 고동면 구읍리의 이씨 집에 중이 와서 머물 것을 간청하였다.
   ㉡ 산수에 관한 대화를 하다, 중은 주인 부친의 묘자리를 잡아주겠다고 제안하였다.
   ㉢ 중은 이튿날 달구물골(鷄井洞) 뒷산을 8명의 무관을 배출할 터라며 잡아주었다.
   ㉣ 주인이 이장을 하자, 소문대로 집안에서 8명의 무관이 나오게 되었다.
   ㉤ 중은 나중에 이씨로부터 박대를 받자, 거짓으로 속여서 나쁜 터로 다시 이장하게 하였다.
   ㉥ 이장할 때에 금계가 튀어나와 우물로 들어 갔다.
   ㉦ 이로부터 이씨 집안은 가세가 기울어졌다.[5]

이 설화는 달구물골(鷄井洞)의 유래를 설명하는 지명설화이면서, 명당의 획득과 상실을 설명하는 명당설화이다.

㈏의 유형은 ㈎의 유형에 비해 8명의 무관 배출이라는 미래 예언이 훨씬 구체적이다. 여기서 8명의 무관을 배출한 터는 금계가 나온 금계포란형(金鷄抱卵形)의 명당이다. 특히 금계와 관련되는 명당은 무관을 배출하는 장소와 밀접한 관련이 있다.

충남 논산군 연무읍에 있는 논산훈련소 자리는 금계포란형의 명당으로 알려져 있다.

닭 중에서 수탉은 이웃의 닭을 만나면 목숨을 걸고 싸워서 물리치는 용감성과 책임감을 가지고 있다. 이런 이유로 투계(鬪鷄)로 사용되는 것도 수탉이다. 따라서 논산훈련소는 처자를 지키는 수탉의 기개를 이어받아, 국토방위의 역군을 기르는 산실이 된 것이다.

한편 ㈎-2에서는 도사가 와서 명당을 제시해 주는 데 비해, ㈏에서는 중이 와서 명당을 제시한다. 불교와 풍수사상과는 밀접한 관련성이 있다.

불교의 정토(淨土)사상은 특별한 장소를 불국토(佛國土)의 구현처로 간주한다. 이런 점에서 풍수설에서 지향하는 택지 관념과 맥을 같이 하게 된다. 따라서 사찰의 창건과 배치 원리도 이를 기반으로 한다.6) 그런 점에서 불교에서 풍수설을 수용하고, 중이 뛰어난 지관으로 나오는 것도 같은 맥락이라 할

---

5) 최상수 편, ≪한국민간전설집≫, 통문관, 1958, 340~341쪽.
6) 장장식, 앞의 책, 250쪽.

수 있다.

한편 ㈎는 명당 제시가 달걀에 의한 소리로 이루어 지는데 비해, ㈏에서는 지형을 통해 이루어 진다. ㈎도 지형에 의해 명당을 판별하게 되지만, 구체적인 지형을 계성에 의해 확인하게 된다.

㈏에서 특이한 것은 인과응보에 의한 업보를 받게 된다는 점이다. 곧 명당을 제시한 중을 박대해서 결국 몰락하게 된다.

㈎-2에서는 명당의 수혜자가 명당을 양보한 도사를 후히 대접하여 보답하였으나, ㈏에서는 은혜를 저버리고 박대해서 결국 집안의 몰락을 가져오게 된다. 결국 죄의 댓가를 받게 된다는 점에서 권선징악적인 교훈성을 지닌다. 이런 점에서 명당은 은혜를 갚는 심성의 소유자만이 획득할 수 있다는 점을 강조하고 있다.

㈐ 닭벼슬바위 유래이야기

닭벼슬바위가 있는 마을에 큰 인물이 많이 났으나, 관리가 이 바위를 깬 후에 마을이 몰락한 이야기이다. 이 유형의 설화에는 전남 화순군 춘양면 회송 1구에 전하는 '닭벼슬바위'이야기가 있다.

㉠ 회송리 마을에 닭의 벼슬이 2개 있는 닭쌍벼슬바위가 있었다.

㉡ 주민들은 마을의 바위를 1담안, 2담안, 3담안이라 일컬었다.

㉢ 이 바위로 인해 마을이 편안하고, 뛰어난 인물이 배출되었

다.
ⓔ 마을에 새로 물길이 생기면서, 관리들이 바위를 깨서 가져
갔다.
ⓜ 그 뒤로는 마을에 뛰어난 인물이 나지 않았다.[7]

닭벼슬(鷄冠)은 그 모양이 벼슬한 사람이 쓰는 관(冠)과 유
사하다. 따라서 ㈐의 이야기는 수혜 범위가 개인에서 마을로
확대된다.

곧 앞의 유형이 명당에 묘를 쓴 개인에게 혜택이 가는데 비
해, 이것은 마을 전체에 혜택이 주어진다. 그런 점에서 바위의
손상은 마을 전체에 영향을 주어 마을의 몰락을 가져온다. 곧
마을에 홍수가 생기자, 관리들이 바위의 중요성을 간과하고
벼슬바위를 깨서 물을 막는 데에 사용한 것이다.

여기에서 가해자(加害者)가 관리로 나타난다는 점은 관(官)
의 횡포를 드러낸 것이다. 표면적으로는 홍수로부터 마을을
지키려는 의도이나, 이면적으로는 지역민과 관(官)과의 갈등을
제시하고, 이로 인해 마을이 패배를 당한다.

닭벼슬은 말 그대로 벼슬을 상징한다. 따라서 이런 마을은
뛰어난 인물이 많이 나오는 명당지역이다. 이런 점에서 닭벼
슬바위는 지역적 힘의 상징이라고 할 수 있다. 더 구체적으로
지역 출신의 유생, 또는 관의 횡포에 도전하는 민중적 영웅이
라고 볼 수도 있다.

닭벼슬이 체제 비판적인 성격이 아니고 벼슬의 상징이기 때

---

7) 《대계》 6-10, 전남 화순편, 561~562쪽.

문에 후자로 보기에는 무리가 있다. 따라서 닭벼슬 바위는 지역 출신의 체제 옹호적인 뛰어난 인물을 상징한다. 개인적 인물로 볼 수도 있지만, 집단의 힘 자체로 볼 수도 있다.

결국 지역민과 적대적인 관계에 있는 양반관리가 간접적인 방법으로 마을을 몰락시켰다는 점에서 향촌 출신의 유생과 타지 출신의 양반관리간의 갈등을 노출시켰다고 할 수 있다. 그 과정에서 현실적 힘을 지닌 양반관리가 우위를 지닌다고 볼 수 있다.

(2) 변신에 의한 인간 가해(加害)이야기

변신이야기는 닭이 인간이나 다른 동물로 변신하거나, 역으로 인간이 닭으로 변신한 이야기로 대부분 부정적 성격을 지닌다. 변신은 현실적 결핍 상태를 탈피하기 위한 방편으로 사용된다. 그것이 신분의 차, 전쟁과 가난의 고통, 가정적 핍박, 불구, 질병과 죽음 등 다양하게 나타난다. 변신은 이것을 극복할 수 있으며, 그 자체로 듣는 사람에게 흥미를 불러 일으킨다.

그러나 동물의 변신은 일정한 한계를 지니며, 부정적인 변신으로 나타난다. 인간 중심의 사고에 의해 동물의 인간화에 일정한 제약을 가한 것으로 보인다.

닭이 나오는 변신설화를 그 유형에 따라 분류하면 다음과 같다.

㉮ 닭이 인간으로의 변신이야기

㉮-1 여자로의 변신이야기

오래된 닭이 예쁜 여자로 변신해 여우와 공모해 주인에게 해를 끼치려다 죽은 이야기이다. 이 설화의 유형에는 경기도 양주군에 전하는 '닭귀신'이야기가 있다.

> ㉠ 10년 묵은 닭이 주인에게 밤마다 인사하고, 예쁜 여인으로 변신하였다.
> ㉡ 주인이 둔갑한 닭을 쫓아내자, 산에 있는 여우굴로 도망을 갔다.
> ㉢ 주인은 둔갑한 닭이 여우와 공모해서 자기를 해치는 것을 엿듣게 되었다.
> ㉣ 그들의 약점인 붉은 팥잎을 절구에 넣고 찧어, 여우의 귀에 넣어 죽였다.
> ㉤ 그러자 닭은 몸을 털고 닭장 속으로 들어갔다.
> ㉥ 주인은 닭을 잡아 먹고, 이후로 무사하게 되었다.[8]

이 설화는 '닭은 3년 이상을 키우지 않는다(鷄不三年)'는 속담을 바탕으로 한다. 따라서 오래된 닭이 변신해서 주인을 해치려는 변신이야기의 전형적인 모습이다.

주인을 배반하고 여우와 결탁해서 해치려는 음모는 사전에 발각되어 실패로 돌아간다. 여우의 약점인 적두(赤豆) 팥잎은 붉은 색을 이용한 축귀적 성격을 나타낸다. 붉은 색이 귀신을

---

8) 임동권 편, ≪한국의 민담≫, 서문당, 1972, 105~106쪽.

쫓는 주술적 의미가 있기 때문이다.

음양오행에서 동·서·남·북·중앙은 청·백·적·흑·황색을 나타내며, 이것은 춘·하·추·동, 그리고 목·금·화·수·토에 대응된다. 한편 붉은 색은 음양으로 따질 경우, 양에 해당되므로 음의 존재인 잡귀를 쫓아 낼 수 있다. 따라서 붉은 글씨(赤書, 朱書, 赤符), 붉은 흙과 모래(赤土, 朱砂), 붉은 옷(紅衣), 붉은 팥(赤豆), 붉은 종이(紅紙), 그 외에 손톱 물들이기, 부적 붙이기, 복숭아로 잡기 퇴치 등도 결국 주술적으로 잡귀를 퇴치하기 위한 방편이다.9)

따라서 붉은 팥과 잎을 통한 축귀 풍습은 붉은 색 부적을 문 위에 달거나, 황토 흙으로 잡귀를 쫓는 것과 동일하다. 곧 색채를 이용해 액을 쫓는 주술적 방법이다.

㈎-2 젊은이로의 변신이야기

젊은이로 변한 닭이 영감으로 변한 지네와 서로 싸우다 모두 죽은 이야기이다. 이 유형의 설화에는 전남 함평군 엄다면 번등에 전승되는 '둔갑한 지네와 닭'이야기가 있다.

㉠ 시골 백정(下村)이 서울 가서 잡놈질로 살고 있었다.
㉡ 어느 날 한 모퉁이에 백발 노인과 젊은이가 싸움을 하는 것을 목격하고, 버릇없는 젊은이를 때려서 쫓았다.
㉢ 다시 만난 영감이 젊은이를 온양골 이방 집 뒤 고목 속의 수십년된 닭이 변신한 것이라 말했다.

---

9) 임동권, <민속상으로 본 색체관>, 《한국민속학논고》, 집문당, 1984, 87~96쪽.

ⓐ 영감은 둔갑한 닭이 매일 밤 이방의 큰딸을 범하고 새벽에 고목으로 돌아간다는 말을 듣고 고목에 불을 지를 계책을 세웠다.

ⓜ 우연히 만난 젊은이는, 영감이 온양골 동헌 대들보 밑에 사는 지네라고 밝히고, 지네 잡는 계책을 알려 주었다.

ⓑ 부임하는 온양군수마다 계속 죽자, 이 백정이 온양 군수로 지원하였다.

ⓢ 부임하자 동헌을 뜯어 대들보 밑의 지네를 잡아 기름솥에 넣어 죽여, 신임을 얻었다.

ⓞ 이방이 딸을 살려 달라고 애원을 하자, 이방의 집에 가서 지키게 되었다.

ⓩ 닭 터럭이 변한 병사가 몰려 와, 집에 들어가려고 ‘절구야’라고 불렀으나, 반응이 없자 결국 물러갔다.

ⓒ 군수가 그들처럼 ‘절구야’ 하고 불러서, 문 안에 있는 매미만한 절구를 붙잡았다.

ⓚ 주머니에 넣은 절구가 정사에 관련된 모든 것을 능숙하게 맡아 처리하였다.

ⓣ 이로 인해 군수가 정사를 잘 돌보게 되자, 능력을 크게 인정받았다.

ⓟ 갑갑하다는 절구를 내 놓았더니 멀리 떠나갔다.

ⓗ 절구는 천상에서 벌을 받고 지상에 내려와서 하촌 사람을 도와주고, 이후로 문을 튼튼히 지키게 되었다.[10]

이 이야기는 닭이 영감으로, 지네가 청년으로 변신한 이야기로 둘의 다툼에 의해 서로 파멸에 이르는 부정적 변신이다. 닭과 지네는 원래 상극으로 관련 설화는 많이 나온다. 둘의 단

---

10) ≪대계≫ 6-2, 전남 함평군, 194~198쪽.

순 다툼이야기가 아니고, 인간으로 변신해서 지역민들에게 큰 해를 주는 존재로 나타난다.

군수의 죽음과 지네·닭의 변신은 주민들을 두려움으로 몰아 넣게 되며, 여기에서 노인과 젊은이로 변신시켜 상하 질서를 강조하는 사회 윤리와 결부시킨다. 설화의 수용자들에게 인물의 성격에 대한 판단의 혼선을 일으켜 홍미를 높이게 된다.

한편 ㉠ 이하의 후반부에 나오는 절구 이야기는 앞의 내용과 매끄럽게 연결되지 않는다. 지네를 퇴치하고, 이방의 딸을 농락하는 변신한 젊은이를 물리치는 내용이다.

원래 절구는 곡식을 찧는 기구이다. 황해도 지방에서는 제기(祭器)라는 의미도 있으나, 이 내용과 직접적인 관련은 없다고 본다. 곡식을 찧는 절구는 대체로 크기가 크다. 절구 속의 곡식을 찧는 데에 사용하는 절구공이는 상대적으로 크기가 작다. 그러나 절구공이, 또는 절구대라 표현하지 않은 것으로 보아, 그 가능성은 희박하다.

절구는 수확한 농작물을 음식으로 만드는데 필수적인 도구이다. 따라서 농경사회에서 없어서는 안 될 중요한 농기구이다. 그런 점에서 절구의 상징적 의미는 농경사회에서 생존에 필요한 도구라고 할 수 있다.

여기서 터럭으로 변신한 닭이 도움을 받기 위해 찾는다는 점에서 절구를 닭의 변신으로 보기는 어렵다. 이것은 변신한 닭이 사용하는 효용있는 대상이며, 닭은 이것을 상실하면서 힘을 잃게 된다.

따라서 절구는 쓰는 사람에 따라 큰 힘을 발휘하는 대상이다. 이방의 딸을 농락하는 변신한 닭을 도와주기도 하고, 지네를 물리친 우직한 군수를 도와주는 긍정적 존재로도 등장한다.

한편 절구는 백정 출신 군수의 곁을 떠났다가 천상에서 벌을 받고 지상에 내려 와서 문을 지키게 된다. 후반부가 매우 비약이 심해 절구의 성격을 파악하는데 어려움이 있다. 그러나 절구는 지상에는 절대적으로 필요한 천상의 존재이며, 지상에 하강해서 인간이 사는 집의 대문을 지키는 문신(門神)으로 자리잡는다.

지네의 변신은 적극적 퇴치의 대상이지만, 닭의 변신은 소극적 퇴치의 대상이다. 지네의 폐해는 여러 고을 군수를 죽음으로 몰아가지만, 닭은 이방의 딸을 범하는 정도에 그친다. 한편 닭의 퇴치는 간단히 언급되고 이야기의 중심이 절구로 옮아가고 있다.

그러나 닭을 야래자설화처럼 이방인으로 밤마다 찾아와 여자를 잉태시키는 긍정적 존재로 볼 수는 없다. 닭은 부정적 변신을 하는 퇴치의 대상으로 보는 것이 타당할 것이다.

⑦-3 초립동이로의 변신이야기

닭이 초립동이로, 개가 중으로 변신해서, 구렁이와 공모해 주인을 해치려다 발각되어 죽는 이야기이다. 이 유형의 설화에는 인천시 남구 선학동에 전승되는 '개와 닭의 둔갑' 이야기가 있다.

㉠ 어느 집에서 오래 된 닭과 개를 기르고 있었다.

㉡ 말이 밤마다 땀을 흘리며 기진맥진하자, 마구간을 자물새로 잠그고 단속했으나 소용이 없었다.

㉢ 신통한 과객이 밤에 소변을 보다가 말을 타고 들어 오는 초립동이를 보았다.

㉣ 그는 초립동이가 닭으로, 같이 온 중이 말로 변신하는 것을 목격하였다.

㉤ 이튿날 주인에게 알려서 밤에 같이 감시하기로 하였다.

㉥ 밤이 되자, 변신한 중이 초립동이에게 놀러 가자고 제안하였다.

㉦ 그들은 말 위에 올라타고 들판을 한바퀴 달린 다음에, 산 밑 굴속에 있는 큰 구렁이에게 찾아갔다.

㉧ 둘은 구렁이에게 좋은 먹이로 유혹해서 주인을 죽여 달라고 요청을 하였다.

㉨ 주인과 과객은 음모를 염탐한 후에, 밤에 불을 켜 놓고 감시하며 때를 기다렸다.

㉩ 3일 후에 개와 닭을 죽이고, 다시 구렁이를 기다렸다.

㉪ 담력과 기운이 센 아들과 하인이 구렁이를 물과 바가지를 이용해 죽였다.

㉫ 보통 개는 10년, 닭은 3년을 넘으면 도술을 부리므로, 오래 키우지 않는다고 한다.[11]

이 내용도 앞의 유형과 마찬가지로 오래된 닭의 변신이야기이다. 여기서는 '닭은 삼년을 키우지 않고, 개는 십년 이상을 키우지 않는다'(鷄不三年 狗不十年)는 속담이 구체화되어 나타난다.

---

11) ≪대계≫ 1-8, 경기도 인천시, 128~133쪽.

개가 중으로, 닭이 초립동이로 변신하며 상호 협동해서 주인을 음해하려는 음모를 꾸민다. 지네와 닭이 등장해서 변신을 통해 상호 대립하는 ㈐의 유형과 차이가 있다.

특히 닭과 개가 구렁이와 함께 공조한다는 점에서 ㈑-1의 닭과 여우의 공모와 유사한 형태를 지닌다. 동물 연대의 양상이 다양하게 나타난다. 닭과 개는 오래된 가축의 부정적 변신이라는 공통점을 지닌다. 구렁이는 집안에서는 가정의 수호신인 업신으로 여겨 신성시된다.

여기에서의 구렁이는 집안의 업신이 아니고 산에 사는 구렁이로 나타난다. '구렁이 담 넘어가듯이 한다'거나, '능구렁이'라는 말이 있듯이, 외부의 구렁이는 음흉한 부정적 존재이다. 특히 조상들은 구렁이가 집 주변에 나타나면 큰 비가 오거나, 예기치 못한 변이 닥친다고 여겼다. 따라서 여기에 나오는 구렁이는 인간을 해치는 지하세계의 존재라고 볼 수 있다.

곧 내부적으로 기르던 가축이 변신하고, 외부적으로 부정적 동물이 가세해서 인간을 해치려는 음모를 꾸민다. 동물이 변신과 미변신의 상태로 연대한다.

이 과정에서 닭과 개는 또 다른 가축인 말을 이용한다. 말의 기진함이 해결의 단서를 제시해준다. 같은 가축이지만 닭과 개는 가해자이고, 말은 피해자로 나타난다. 이것은 말이 옛부터 천마사상에 의해 신성시되었고, 민간신앙에서 마을 수호신격으로 좌정되고 있다는 사실과 관련이 있다.

결국 이 설화는 닭과 개의 부정적 변신이 과객에게 노출되어 주인이 위기를 넘기는 이야기이다. 따라서 동물의 변신에 의한 주인 음해는 실패로 돌아간다는 공통점이 있다.

㈏ 괴물로의 변신이야기

젊은이가 괴물로 변신해 인간을 잡아먹는 오래된 닭을 퇴치한 이야기이다. 이 유형의 설화에는 경북 군위군 효령면 장군 3동에 전승되는 '고목 속의 묵은 닭의 퇴치'이야기가 있다.

㉠ 조실부모한 소년이 삼촌댁에서 구박을 받으며 자랐다.
㉡ 참을 수 없어, 도망을 치다가 밤에 산골의 오두막에 이르렀다.
㉢ 백발노인을 만나서 그곳에서 10년 동안 살며, 농사를 짓고 공부를 하였다.
㉣ 19세가 되자, 노인에게 부탁해서 쌀 1말을 받아가지고 다시 떠나게 되었다.
㉤ 밤에 어느 산골 기와집에 다다랐으나 인적이 없어 담을 뛰어 넘어 들어갔다.
㉥ 거듭 주인을 크게 부르자, 미모의 젊은 여자가 나타났다.
㉦ 그녀는 저녁 대접을 한 후에, 그에게 떠나라고 권유하였다.
㉧ 연유를 묻자, 처녀는 모든 식구가 귀신에게 죽었으며, 이제 자기 차례가 됐다고 고백하였다.
㉨ 젊은이는 여자를 벽장에 숨기고, 밤에 옷을 벗은 다음에 경을 읽으며 귀신을 기다렸다.
㉩ 밤 12시에 수백의 귀신이 다가왔다가, 경소리에 기가 죽어 되돌아 갔다.
㉪ 다음날 처녀의 조부가 양계를 많이 했다는 말을 듣고, 주변

을 전부 조사하였다.

ⓣ 인근 큰 고목 안에서 수백 마리의 닭소리를 듣고, 연유를 알게 되었다.

ⓟ 고추 2가마를 넣고 불을 피워 독한 연기로 닭을 전멸시켰다.

ⓗ 그날 저녁부터 귀신이 나오지 않게 되고, 두 사람은 결혼해서, 집안을 다시 일으켰다.12)

이 설화도 앞의 내용과 마찬가지로 '계불삼년(鷄不三年)'의 속담을 바탕으로 한 것이다. 닭이 악귀로 변신해서 한 집안을 패가시키려다, 결국 과객의 지혜로 퇴치된다는 설화이다.

이 설화는 결핍—충족, 가해자—피해자, 원인—결과, 시련—극복의 과정이 비교적 잘 교차되는 짜임새 있는 설화이다.

결핍된 가정의 어린 소년이 구출자인 노인을 만나 성장하고, 역시 곤경에 처한 처녀를 지혜로 구출해서 행복한 결말을 이루는 내용이다. 따라서 결핍·고난의 어린 시절 → 구출자의 구원 → 성장 후 고행의 유랑 → 곤경에 처한 처녀집 유숙 → 용기와 지혜로 귀신 퇴치 → 처녀와의 행복한 삶의 순서로 전개된다.

내용이 상당히 구체적이며, 구조적으로 영웅의 일생이란 구조를 지닌다. 어릴적 고난이 조실부모 이후의 삼촌의 구박으로 나타난다. 그리고 구출자가 흰 머리의 노인으로 나타나서, 외형적으로 영웅설화에 등장하는 뛰어난 능력을 지닌 도사 유형으로 볼 수 있다.

---

12) ≪대계≫ 7-11, 경북 군위군, 468~479쪽.

구출자는 홀로 사는 평범한 노인이지만, 이 노인의 역할은 크다. 곧 농사를 지으며 열심히 사는 성실한 삶의 자세를 보여 주며, 떠날 때 농사지은 곡식을 반분할 정도로 인간적이다. 그리고 곤경을 이겨낼 수 있는 지혜와 용기를 심어 주었으며, 또한 사사로운 정에 얽매이지 않고 소년에게 사회에 나가 뜻을 펼 수 있는 기회를 제공한다.

결국 어린 소년에게 지혜와 용기, 성실성, 인간미를 심어 준 은인으로 볼 수 있다.

한편 이 소년은 적극적으로 삶을 이끌어 나가는 진취적 능력을 지니고 있다. 삼촌집에서의 가출, 구출자로부터 다시 떠남, 귀신과의 맞대결과 승리, 여자와 결혼 후에 몰락한 집안 일으키기의 과정은 이 젊은이에게 부여된 적극적 삶의 자세이다.

고목 속의 닭은 오래된 닭을 의미하며, 이의 퇴치가 전개상 중요한 의미를 지닌다. 그렇지만, 젊은이의 성장과 귀신 퇴치 과정도 중요하게 다루어지고 있다. 따라서 닭의 부정적 변신 보다는 젊은이의 활약상이 두드러진다. 다만 닭의 변신은 젊은이의 활약을 부각시키기 위한 대립적 의미가 크다고 하겠다.

㈐ 뱀으로의 변신이야기

㈐-1 단순 변신이야기

오래된 닭이 뱀으로 변신한 이야기이다. 이 유형의 설화에는 경북 월성군 외동면 석계리에 전승되는 ‘계불삼년 구불십년(鷄不三年 狗不十年)’이야기가 있다.

㉠ 어느 가을에 고개 넘어 다리꼴에서 닭 한 마리가 없어졌다.
㉡ 다음해 봄에 거름더미에서 닭털이 발견되었다.
㉢ 거름 속을 헤쳐 보니 닭이 뱀으로 반쯤 변해 있었다.
㉣ 옛부터 '계불삼년, 구불십년'이라 해서 닭을 오래 키우지
   않는다고 한다.13)

실화처럼 전승되는 비교적 단순한 형태의 설화이다. 전승과
정에서 신뢰감을 주기 위해 실화인 것처럼 변형시켰다고 본
다.

앞의 유형처럼 닭이 인간이나 요괴로 변신하는 것이 아니라
뱀으로 변신한다. 역시 오랜된 닭의 부정적 변신이나, 변신 과
정에 발견되어 구체적 해악이 드러나지 않는다.

㈐-2 변신 보복담

오래된 암탉이 구렁이(대망이)로 변신해 죽은 후 다시 보복
하려다 실패한 이야기이다. 이 유형의 설화에는 경남 거제군
일운면 망치리에 전승되는 '늙은 닭'이야기가 있다.

㉠ 어느 어촌에서 오래된 암탉이 없어졌다.
㉡ 짚단 속에서 머리가 구렁이 모양을 한 대망이로 변신하고
   있는 모습이 발견되었다.
㉢ 어부가 갈고리로 찍어서 고랑에 버렸다.
㉣ 그날 저녁에 멸치를 채로 뜨니, 큰 망숭이가 따라 올라왔

---

13) ≪대계≫ 7-2, 경북 월성군, 241~242쪽.

다.
 ⓜ 밤참으로 그 생선을 끓였더니, 머리에서 갈고리 쇳조각이
  나왔다.
 ⓗ 변신한 대망이의 앙갚음으로 알고, 놀라서 갖다 버렸다.[14]

역시 오래된 닭의 부정적 변신 유형이다. 일차적으로 구렁이로 변신한다는 점에서 앞의 ㈐-1의 유형과 동일하다. 그런데 앞의 유형과 달리 변신과정에서 발각되어 죽은 후에 다시 보복하는 끈질김을 보인다. 따라서 사후보복을 시도하나, 결국 실패하게 된다.

닭이 변신한 대망(大蟒)이는 이무기라고도 한다. 이무기는 용이 되려다 되지 못하고 물 속에 산다는 전설상의 큰 구렁이를 말한다.

닭 중에서 수탉이 새벽 울음을 우는 시보적 성격을 지니고 있음을 감안해 암탉으로 설정한 것으로 보인다.

역시 앞의 유형처럼 제보자가 친정 큰집에서 있었던 일이라고 말하면서 실화처럼 구연하고 있다.

㈑ 닭에서 다른 닭으로의 변신이야기

암탉이 숫탉으로, 혹은 세 발 달린 병아리로 변신한 이야기이다. 이 내용은, 조선 중종때의 권신인 김안로가 펴낸 ≪용천담적기≫에 수록되어 있다.

---

14) ≪대계≫ 8-2, 경남 거제군, 170～171쪽.

　　정덕(正德) 갑술년(甲戌年, 1514년)에 닭에 관한 이상스런 일들이 자주 일어 났다. 혹은 암탉이 변하여 수탉이 되고, 혹은 3발 달린 병아리가 생겨나는 등, 이러한 이변이 헤아릴 수 없이 발생한 것이다.

　　한(漢)나라 사람 경방(京房)이 지은 주역의 요(妖)라는 제목에, "임금이 부인의 말을 잘 들으면 요괴로운 닭이 생겨난다."하였다. 한(漢)나라 원제(元帝) 때에 암탉이 변하여 수탉이 되었으나, 울지도 않고 자라지도 아니하여 사람들은 말하기를, "장차 왕비(王妃)가 황후(皇后)로 될 것이라." 하더니, 정말 왕비의 존귀함이 보통이 아니었으나, 황후까지는 미쳐 오르지 못하였다.

　　당나라 측천무후(則天武后)가 천자가 될 때, 암탉이 수탉으로 변한 일이 2번이나 있었고, 위 황후(韋后)가 정권을 농락할 때도 3발 달린 닭이 있었다. 이와같이 요괴스러운 닭이 생기면 그때마다 여자의 화가 일어난다는 사실을 아는 사람은 정덕년의 이변을 모두 근심스럽게 여기더니, 을미년 봄에 장경왕후(章敬王后)가 돌아가시니, 변란치고 이보다 더 큰 일이 있으랴.15)

　　위의 내용을 보면, 닭이 또다른 닭으로 변신을 이룬다. 곧 암탉이 수탉으로 변신한 경우인데, 실제 역사적 사건과 관련지어 전승되고 있다. 특히 암탉의 변신에서는 여자를 암탉으로 비유해서 여성의 득세, 또는 화가 일어날 징조로 나타내고

---

15)　金安老　撰, <龍泉談寂記>, ≪大東野乘≫Ⅲ(13권), 민족문화추진회, 478쪽.

있다.

한편 중국의 고사를 예로 제시한 것은, '암탉이 울면 집안이 망한다'는 남성 중심의 남존여비의식이 반영되었다고 본다. 따라서 왕비의 횡포에 의해 나라가 혼란하거나, 아니면 왕비의 신변에 이상이 생긴다는 부정적 결과를 제시하고 있다.

또한 관심을 끄는 것은 3발 달린 닭의 등장이다. 이것 역시 변고가 일어날 징조로 부정적 변신이다.

고구려의 고분 벽화인 동수묘와 사신도분을 보면, 3발 달린 까마귀, 곧 삼족오(三足烏)가 등장한다. 까마귀는 둥근 원 안에 들어가 있다는 점에서 태양의 상징이다.[16] 그런 점에서 까마귀는 마을을 지키고 풍요을 기원하는 의미로 세우는 솟대에도 올라가 있다. 한편 남녀의 나이가 삼재가 들어 있을 경우에도 3마리의 매, 또는 머리가 셋인 매를 그려 액을 쫓는다.

그러나 3발 달린 닭의 등장은 부정적 변고의 조짐으로 나타난다. 이것은 암탉의 수탉 변신과 더불어 기피의 대상이다.

한편 닭의 비정상적 행위가 흉조라는 인식은 널리 퍼져 있다. 왕조가 망하기 전에 많은 동식물의 이변과 기이한 사건이 일어나게 된다. ≪삼국사기≫의 의자왕조 19년(659년)에 보면,

> 4월에 태자궁(太子宮)에 있는 암탉이 작은 참새(小雀)와 교미를 했다. 이때 왕은 장병을 파견하여 신라의 독산성(獨山城)과 동잠성(桐岑城)의 두 성을 침공하였다. 한편 5월에 서울 서남쪽 사비하(泗沘城)에 큰 고기가 나와 죽었는데,

---

16) 김의숙 외, ≪민속학이란 무엇인가≫, 청문각, 1996, 139쪽.

길이가 3길이나 되었다. (중략) 9월에 궁중에 괴수(槐樹 ;
홰나무)가 우는데 사람의 곡성과 같았고, 밤에 귀신이 궁성
의 남쪽 길에서 울었다.[17]

는 기록이 있다. 이 일이 있고 1년 후에 백제는 나·당연합군
에 의해 멸망한다. 여기서 암탉이 작은 참새와 교미한 것은 대
단한 이변으로 매우 좋지 않은 징조로 받아들였다. 곧 왕조의
멸망을 예견한 것이다.
  그런 점에서 암수를 달리하는 닭의 변신과 다른 종(種)과의
교미는 매우 부정적으로 받아들였다.

㈒ 인간이 닭으로의 변신

㈒-1 지네로의 변신이야기
  오래된 검은 닭이 아이 및 지네로 변신해서 주인을 해치려
다 결국 죽는다는 이야기이다. 경남 진양군 수곡면 사곡리에
서 전승되는 '지네가 된 닭'이야기가 이 유형에 속한다.

  ㉠ 젊은 과부가 검은 닭을 육년동안 키웠다.
  ㉡ 과부는 계란만을 빼 먹으며 닭을 구박하였다.
  ㉢ 어느날 닭이 갑자기 죽은 후에, 과부가 혼자 임신을 해서 사
     내아이를 낳았다.
  ㉣ 관상장이가 우연히 아이가 지네로 변신해서 용마루에 올라
     가 누워있는 것을 목격하였다.

---

17) 《삼국사기》 권제 28, 백제본기 제 6, 의자왕조.

ⓜ 관상장이는 기운 센 대장장이와 함께 집게를 준비하고, 과부
  에게 동네의 모든 기름을 구해 가마솥에 넣고 끓이게 하였
  다.
ⓑ 여러 사람이 지붕에 올라가 집게로 지네를 집어, 끓는 가마
  솥에 넣어 죽였다.[18)

역시 '닭은 오래 키우지 않는다(鷄不三年)'는 내용을 바탕으
로 전개되는 닭의 부정적 변신이야기이다.

여기에서, 오래 된 닭이 사후에 과부의 아이로 환생하게 된
다. 닭이 인간의 아이로 변신한 것은 보다 적극적인 보복이다.
특히 이 닭이 지네로 재변신해서 과부를 해치려다가 마지막
순간에 발각되어 실패한다.

변신한 아이의 실상을 파악한 것은 관상장이이다. 앞에서
제시한 이야기를 보면, 중이나 젊은이가 변신한 닭의 정체를
파악해서 주인을 위기에서 구출해 준다. 관상장이는 예언의
기능이 두드러진 무당으로 볼 수 있다. 무당은 신과 인간을 연
결시켜 주는 사제로서 치병자, 예언자, 문화전승자의 기능을
지닌다. 따라서 앞날을 예언하고 치병의 능력을 지닌 관상장
이가 변신한 닭을 퇴치하는데 중심 역할을 하게 된다. 이 과정
에서 과부의 위험을 사전에 감지해서 일깨워주고 직접 퇴치에
앞장선다.

한편 닭의 변신은 6년간의 긴 사육과 검은 닭이라는 점과
관련 있다. 그러나 닭의 부정적 변신의 결정적 요인은 과부의

---

18) ≪대계≫ 8-3, 경남 진양군, 204~206쪽.

과욕과 박대에 있다.

이런 점이 닭으로 하여금 과부의 아이로 변신해서 보다 적극적인 보복을 하게 한다. 과부는 닭을 구박하고 계란을 많이 먹었기 때문에 닭의 영혼이 이입된 아이를 잉태하게 된다.

한편 닭 → 과부의 아이 → 지네로의 변신이 이루어지는 것은 다소 예외이다. 특히 닭과 지네는 상극으로, 설화에서는 대립적인 존재로 나타난다. 이런 점은 뒤에 나오는 '지네퇴치담'에 두드러진다. 곧 두 대상은 생사를 건 치열한 생존의 싸움을 벌이는 것이 일반적이다.

여기에서는 닭이 단순히 인간의 모습으로 변신해서 보복할 수가 없기 때문에 지네로 재변신한 것으로 보인다. 곧 독이 있는 동물로 변신해서 보복을 시도한 것이다.

닭은 자체로 보복하는 경우도 있고, 다른 동물의 도움을 받아 보복하는 경우도 있다. 여기에서는 닭이 지네로 변신해서 직접 보복하려다 실패한다.

닭은 원래 지네를 좋아한다. 따라서 묵은 닭은 상대적으로 지네를 많이 먹게 되며, 그 닭이 낳은 계란을 많이 먹은 아이는 지네로 변신할 수 있다는 발상이 가능하다.

(마)-1 수탉으로의 변신이야기

나무꾼이 천상으로 올라간 아내를 그리워하다, 죽어서 닭이 되어 날마다 하늘을 보며 운다는 이야기이다. 이 유형의 설화에는 충북 청주시 탑동에 전승되는 '닭이 높은 데서 우는 유래'이야기가 있다.

㉠ 어머니와 아들이 백두산 기슭에서 나무하며 살고 있었다.

㉡ 아들이 나무하다가, 포수에게 쫓기는 사슴을 나무짐 속에 숨겨서 살려주었다.

㉢ 사슴이 다시 나타나, 살려준 은혜을 갚기 위해 나무꾼에게 장가갈 수 있는 방법을 알려주었다.

㉣ 나무꾼은 사슴의 말대로, 산속 계곡에서 목욕하는 선녀의 옷을 숨겼다.

㉤ 그는 선녀와 결혼해서 아들 셋을 낳고 잘 살았다.

㉥ 아들 넷을 낳을 때까지 절대 옷을 보여주지 말라는 사슴의 당부를 잊고, 아내에게 옷을 보여주었다.

㉦ 아내는 옷을 입자, 아들을 모두 데리고 하늘로 올라가 버렸다.

㉧ 나무꾼은 한탄하다가, 사슴에게 다시 가서 도움을 청했다.

㉨ 사슴의 말대로, 용마타고 하강한 아내를 따라 같이 하늘로 올라갔다.

㉩ 늙은 모친 생각에 괴로워하다, 지상에 잠깐 다녀오라는 허락을 받았다.

㉪ 땅에 발을 디디지 말라는 당부대로, 모친이 주는 호박죽을 말 위에서 먹게 되었다.

㉫ 호박죽을 먹다가 실수로 엎지르자, 타고 온 말이 뜨거움에 못이겨 하늘로 올라가 버렸다.

㉬ 나무꾼은 처자 생각에 하늘을 보고 울다가 죽게 되었다.

㉭ 이로 인해 닭은 높은 곳에서 하늘을 보고 울게 되었다.[19]

이것은 '나무꾼과 선녀' 유형 중에서 계성(鷄聲) 유래에 관

---

19) ≪대계≫ 3-2, 충북 청주시, 250~258쪽.

한 이야기이다. 사슴의 보은이야기와 나무꾼과 선녀의 결합이
야기가 연결되어 있다.

여기에서의 변신은 인간이 수탉으로 변신한 형태로, 일반적
인 닭의 부정적 변신과는 차이가 있다. 그것도 변신이 구체적
행위의 전개로 나타나지 않고, 단지 계성(鷄聲)의 유래를 설명
하는데 그치고 있다. 곧 변신이 중심이 되지 않고, 수탉의 우
는 모습을 나무꾼과 선녀의 불완전한 천지(天地)결합의 결과
로 나타내고 있다.

부정적이기 보다는 승천한 선녀를 못잊는 가련한 나무꾼에
대한 연민의 정이 내포되어 있다. 곧 목을 길게 빼고 하늘을
향해서 우는 수탉의 울음소리를 광포설화로 전승되는 '나무꾼
과 선녀이야기'와 결합시킨 것이다. 처자를 못잊어 우는 나무
꾼의 애처로운 울음이 수탉의 울음으로 형상화한 것이다. 따
라서 이 유형은 일반적인 닭 관련 변신이야기와는 맥을 달리
한다.

이미 앞에서 말했듯이, 신화에 나타난 계성은 새로운 천지
창조나, 위대한 인물의 탄생과 관련이 있다. 따라서 신성한 존
재의 모습을 지녔으나, 위의 설화는 천상적(天上的) 존재가 아
니고, 지상적(地上的) 존재로 하강한 나무꾼의 모습을 지닌다.
그것도 지상의 존재가 천상으로 올라가려다 실패해서 나타난
혈육간 이산의 고통을 수탉의 울음으로 보여주고 있다.

이 설화에도 현실적 결핍과 충족의 과정이 반복된다. 나무
꾼이 가난과 노총각이라는 현실적 결핍 상태에서, 포수에게
쫓기는 사슴의 목숨을 구해주어 보답을 받게 된다. 따라서 선

녀와 혼인해서 자식 셋을 낳게 되어, 욕구의 충족을 이룬다.

그러나 4번째 자식을 낳기 전에 옷을 내주지 말라는 금기를 깨뜨려 다시 처자와 헤어지게 된다. 따라서 다시 결핍 상태에 이르러 고통을 받으며, 사슴의 도움으로 천상에 올라가 재회의 기쁨을 이룬다. 다시 현실적 충족의 상황에 이르지만, 이번에는 지상세계의 모친 생각에 괴로움을 겪는다. 천상의 행복한 삶은 지상의 존재인 나무꾼에게 모자간의 생이별이라는 고통을 안겨 주었다. 따라서 다시 지상으로 하강하여 모자 상봉이 이루어지나, 이것이 영원히 천상으로 올라갈 수 없는 계기가 되었다.

곧 이 과정에서 뜨거운 호박죽을 엎질러서 놀란 용마가 혼자서 하늘로 올라간다는 설정을 했다. 표면적으로 이 사건은 나무꾼에게 천상의 존재로서 삶을 영위하지 못하게 하는 직접적 요인이다. 그러나 실제로는 지상의 존재로서 천상에서 살 수 없는 나무꾼의 한계를 바탕에 깔고 있다.

결국 나무꾼과 선녀는 각각 지상과 천상의 존재로서 이 설화에서는 그 거리를 극복하지 못하고 있다.

천상은 인간이 설정한 세계로서 신이 존재하는 세계이다. 그리고 인간이 항상 동경하는 질서의 세계이고, 영원한 세계라고 볼 수 있다. 이런 천상에서 사는 존재가 지상의 범부(凡夫)와 일시적으로 결합했다는 것은 인간의 천상 지향성을 보여 주는 것이다. 그러나 인간이 천상의 존재와 결합하는 것은 한계를 지니게 된다. 고대 신화에서 천부신(天父神)과 지모신(地母神)의 신성결합이 이루어지나 신화가 약화된 시대에 와서 천지 결합은 비극적인 결말로 끝을 맺는다.

한편 이 설화에서는, 하늘로부터 부여받은 모자간의 정리(情理)를 처자에 대한 정리보다 더 우선한다고 보았다. 이런 점은 옛 문헌설화에서도 확인할 수 있다. ≪삼국유사≫에 전하는 '손순매아(孫順埋兒)' 설화를 보면, 가난과 모진 흉년에 굶주리던 때에 어머니가 손자에게 음식을 빼앗겨 더욱 여위게 되자, 자식을 땅에 묻으려고 한다. 그러나 묻을 땅에서 돌로 만든 종이 발견되자 하늘의 뜻으로 알고 아들 묻기를 중단한다. 그리고 종소리에 얽힌 사연을 듣고 왕이 효성에 감복해 후한 상을 내린다.[20] 여기에서도 기아(棄兒)의 명분은 '자식은 다시 낳을 수 있으나, 어머니는 다시 얻을 수 없다.'는 논리이다. 위의 내용 다음에 보면, 향득(向得)이란 인물이 혹독한 흉년에 부모가 굶어 죽을 지경이 되자, 자신의 다리살을 베어 봉양했다는 이야기도 전한다. 손순, 향득, 심청이 관련 내용과 유사한 효설화는 그 외에 많이 전승되고 있다.

그러나 위의 수탉 관련 설화에 보면, 부모에 대한 정리에 못지 않게, 처자에 대한 정리도 강조하고 있다. 따라서 이별의 아픔과 그리움은 하늘을 보고 우는 수탉의 울음으로 메아리치고 있다.

(3) 지네 퇴치 인간 구원이야기

이 설화는 흰닭이 지네를 물리치고 절을 구한 이야기와 닭

---

20) ≪삼국유사≫ 제 4권, 孝善 제 9.

과 지네가 변신해서 서로 다툰이야기의 2가지가 있다. 따라서 닭이 부정적 대상의 퇴치 주체가 되기도 하고, 퇴치의 대상이 되기도 한다.

㈎ 흰닭의 지네 퇴치이야기

흰 닭이 지네와 사투를 벌여 절과 스님을 구한 이야기이다. 이 설화는 황해도 장연에 있는 계림사(鷄林寺)의 유래를 설명하는 절 연기(緣起)설화의 성격을 지니고 있다.

㉠ 계림사에 아침 안개 낄 때마다 스님 한 사람씩 실종되는 일이 계속 벌어졌다.

㉡ 스님들은 원인을 몰라 두려움에 떨다가, 결국 5사람만 남게 되었다.

㉢ 백발 노인이 흰 닭 2마리를 가지고 와서, 잘 길러 절을 구하라고 당부하고 떠나갔다.

㉣ 닭이 번성하면서, 이상하게 더 이상 스님이 실종되는 일이 없어졌다.

㉤ 닭이 저녁마다 주둥이에 피를 묻히고 돌아와서 의아하게 생각하였다.

㉥ 아침에 닭을 따라 가니, 닭은 수풀 속의 지함(움푹 파인 곳)으로 들어 갔다.

㉦ 닭은 그 곳에 살고 있는 지네와 사투를 벌이며 싸워서, 결국 다 쪼아 먹었다.

㉧ 스님이 실종한 이유를 알고, 이후로 계림사에는 닭을 많이 기르게 되었다.[21]

이 설화는 계림사 유래이야기와 닭과 지네의 다툼이야기가 기본적 짜임을 이루고 있다. 여기에서는 변신이 나타나지 않는다. 따라서 닭의 변신이 대부분 부정적으로 인식된 반면에, 변신이 일어나지 않는 닭은 인간에게 긍정적이다.

특히 흰 닭은 상서로운 닭으로 인식된다. 일반적으로 우리 토종닭은 적색 계통이다. 그런데 백색 숭배가 있는 우리로서는 백계(白鷄)는 귀하게 여겼다.

이것은 백마가 천마(天馬)로 인식되었고, 흰 꿩은 매우 귀하게 여겨 임금에게 진상했다는 것과 관련이 있다.

한편 ㈖-1의 설화에 오는 검정색 닭은 변신해서 인간을 괴롭힌다. 음양오행에서 검정색은 북쪽이고, 음이며, 겨울이다. 따라서 ㈖-1의 설화는 검정색에 대한 부정적 인식을 반영한 것이다.

위의 설화에서 위기를 구한 것은 백발 노인이다. 곧 스님의 실종 이유를 스스로 규명하지 못한 상황에서 절은 퇴락되어 가고, 이것을 백발 노인과 그가 가져온 흰 닭이 해결한다. 따라서 그들은 위기상황에 처한 절을 구원한 구세주로 등장한다.

한편 가해자인 지네는 옛부터 부정적인 존재로 인식되었다. 지네는 길이 7~15cm 정도의 절지동물이다. 옛부터 한방에서는 한약재로 사용되는데, 특히 민간에서는 소아경풍, 늑막염과 뱀에 물렸을 때에 효능이 있다고 전해진다.

---

21) 최상수 편, ≪한국민간전설집≫, 통문관, 1958, 352~353쪽.

지네는 수많은 발과 무서운 독을 가지고 인간을 괴롭히는 존재로 인식되었다. 따라서 인간을 부단히 괴롭히는 존재, 곧 자연의 공격과 재난, 백성을 괴롭히는 탐관오리나 도둑같은 대상으로 비유될 수 있다.[22]

지네가 등장하는 '지네장터설화'를 보면, 두꺼비가 지네와 사투를 벌여 처녀에게 보은하는 내용이다. 따라서 이 설화에도 지네는 인간에게 해를 끼치는 존재로 등장한다.

㈒에서는 지네가 스님과 대립한다. 따라서 이것을 시대상과 관련지어 볼 때, 지네를 불교를 억압하는 대상으로 볼 수 있다. 곧 유교적 양반관리로 볼 수 있다. 이 때 등장하는 흰 닭은 퇴락하는 절을 지키는 헌신적인 불제자의 모습으로 간주할 수 있다.

유사한 내용이 ≪한국구비문학대계≫의 의정부편[23]에도 나온다. 황해도가 고향이라는 이항훈(남, 71세)씨의 제보 내용인데, 절이 황룡사로 바뀌고, 백발 노인이 도승으로 나오는 등 내용이 단순화되어 있을 뿐이다. 이것은 전승 과정상 있을 수 있는 내용의 변이로 볼 수 있다.

㈐ 변신한 닭과 지네의 다툼이야기

이것은 이미 ⑵-㈎-2의 '닭이 젊은이로의 변신이야기'에서

---

22) 최래옥, <두꺼비와 지네>, ≪한국민족문화대백과사전≫ 7권, 395쪽.

23) ≪대계≫ 1-4, 경기도 의정부시, 85~86쪽.

소개한 내용이다. 닭의 부정적 변신으로, 닭과 지네의 다툼이 야기의 성격을 지닌다.

곧 젊은이로 변신한 닭이 영감으로 변한 지네와 서로 싸우다 이로 인해 모두 파멸을 맞는 이야기이다.

여기서 지네는 군수를 죽음으로 몰아 가고, 닭은 이방의 딸을 농락한다. 따라서 지네와 닭은 지역민들에게 해를 주는 부정적 존재이다.

한편 지네의 퇴치 과정은 명확하게 제시되어 있는데, 닭의 퇴치는 명확하지 않다. 특히 백정 출신의 주인공은 모든 사람이 기피하는 군수에 부임해서, 동헌 밑에 있는 지네를 잡아 죽이고 신분 상승을 이룬다. 따라서 그는 의협심과 용기로 군수의 자리에까지 오르게 된다. 그리고 이방의 딸을 농락한 닭을 용기로 퇴치한다.

후반부의 절구 이야기는 앞의 내용과 연결이 되지 않는다. 절구는 무지한 백정이 신분 상승을 이룬 후에 현명하게 정사를 돌볼 수 있는 지혜의 상징으로 제시되었다고 볼 수 있다. 절구는 농경사회에서 생존에 필요한 도구이기 때문이다.

이것은 변신설화의 성격을 지니기 때문에 앞의 ㈜설화와 달리 닭이 부정적 존재로 나타난다. 그러나 지네는 제거해야 하는 적극적 퇴치의 대상이지만, 닭은 밤마다 찾아오는 이방인의 성격을 지닌다. 따라서 여기의 닭은 변신을 통해 사회윤리적인 문제를 일으키지만, 인간을 극단적으로 괴롭히는 대상은 아니다.

⑷ 닭 관련 설화에 나타난 전승 집단의 의식

닭소리에 의한 명당 제시이야기는, 닭이 도교에서 상서로운 동물로서, 방향으로 남동쪽이며 여명(黎明)에 해당된다는 점과 관련이 있다. 신화에서는 창세(創世)·위인 탄생·개명(開明)과 밀접한 관련이 있으나, 전설이나 민담에서는 풍수(風水)와 결합하여 명당설화의 성격을 지니는 경우가 많다. 따라서 개인이나 마을의 발복(發福)의식을 지니게 되었다.

이것은 닭이 가축화되고 인간과 가까워지면서 신성한 존재로서의 성격보다는 인간에게 명당을 제시해서 복을 전해 주는 예언적 동물로서의 속성으로 나타났기 때문이다.

한편 계성(鷄聲)에 의한 명당 획득이야기는 도덕적 교훈성을 수반한다. 따라서 가난하고 도덕적인 사람이 명당을 획득한다. 그리고 보은의 중요성도 강조한다. 따라서 ⑴-㈎와 ⑴-㈏ 유형에서는 은혜에 대한 보답이라는 공동체적 삶의 기본 덕목을 제시한다.

한편 풍수에 의해 제시된 금계포란형은 뛰어난 인재를 배출하는 명당지이다. 혈(穴)을 끊는 단혈전설 유형은 비교적 가해자와 피해자가 뚜렷하며, 대립관계가 분명히 드러난다. 곧 ⑴-㈐의 '닭벼슬바위 유래이야기'는 가해자가 양반 관리이고, 피해자가 지역민이라는 점에서 외지 출신 관리와 토착민간의 갈등으로 볼 수 있다.

한편 닭의 변신은 대부분 부정적으로 인식된다. 일반적으로 동물의 변신이 부정적으로 나타나는 것과 동일하다. 이유는 우리 조상들이 가축을 오래 키우지 않으려고 한 데에 있다. 또한 가축이 식용으로서 효용성이 있었으며, 자연사로까지 방치하지 않았다고 할 수 있다. 따라서 옛부터 닭은 3년, 개는 10년 이상을 키우지 말라(鷄不三年 狗不十年)는 말이 일반화되었다.

결국 오래된 닭이 다른 동물로 변신한 이야기는 대부분 인간이 닭을 퇴치하는 것으로 끝난다. 여기서 닭은 키워준 주인과 인간을 해치려는 음모를 꾸미게 되며, 인간에 의해 실패한다는 공통점을 지니고 있다.

경우에 따라서는 변신한 닭이 (2)-(개)-1에서와 같이 여우와 공모해서 음모를 꾸미기도 한다. (2)-(개)-2는 닭과 지네의 천적관계를 이용한 변신이야기로 결국 서로 공멸에 이른다. 역시 (2)-(개)-3은 닭과 개의 변신이야기로 닭·개·뱀이 연대해서 주인을 해치려다 실패하는 이야기로, 닭과 개가 의리를 저버리는 가축으로 등장한다.

(2)-(내)의 '닭이 괴물로의 변신이야기'에서는 닭이 뱀으로 변신하며, (2)-(대)-2에서는 암탉이 사후에 물고기의 몸 속에 들어가 인간을 보복하려는 적극적 보복의 성격을 지니지만 실패한다.

또한 (2)-(내)의 '닭이 괴물로의 변신이야기'처럼 귀신으로 변신하는 경우도 나타난다. 이것은 조실부모하고 주위로부터 핍박을 받은 존재가 용기와 지혜, 성실성, 인간미로·악의 대상인 닭귀신을 퇴치하고 미인과 결혼한다는 욕망성취 과정을 지니고 있다.

한편 암수의 바뀜은 변고로 받아 들였으며, 특히 암탉의 변이는 여성 득세 및 뜻하지 않은 사고와 관련지었다. 그리고 세 발 달린 닭은 부정의 대상으로 여겼다.

설화에는 닭과 지네의 상극관계가 반영된다. 닭의 변신은 부정적이기 때문에 ⑵-㉺의 '인간이 닭으로의 변신이야기'처럼 탐욕스런 과부를 궁지에 몰아 넣는 적극적 보복을 시도한다. ⑶-㉯의 '변신한 닭과 지네의 다툼이야기'의 경우, 지네와 닭의 부정적 변신이야기와 두 동물의 대립과 파멸은 결국 하층민의 신분 상승을 이끌어 낸다.

닭은 자체로 보복하는 경우도 있고 다른 동물의 도움을 받는 경우도 있는데, 여기에서는 닭이 지네로 변신해서 직접 보복하려다 실패한다.

곧 ⑵-㉮-1에서는 여우, ⑵-㉮-3에서는 구렁이의 도움을 받아 보복을 시도한다. 그러나 ⑵-㉰-1, ⑵-㉰-2에서처럼 뱀으로 변신하거나, ⑵-㉺-1에서처럼 지네로 변신하는 경우도 있다.

그러나 닭이 인간을 구원하는 존재로 나타나는 경우도 있다. 이것은 변신의 형태는 아니며, 닭이 인간을 괴롭히는 지네를 직접 퇴치해서 인간을 돕는다. ⑶-㉮의 '흰닭의 지네 퇴치이야기'는 흰닭이 인간을 구원하고 사찰을 지키는 상서롭고, 신성한 존재로 나타난다.

한편 수탉의 계성 유래이야기는 나무꾼과 선녀 유형으로, 부정적 변신은 아니다. 다만 천상과 지상의 한계를 극복하지 못한 나무꾼의 현실적 한계를 수탉의 울음으로 형상화하였다.

결국 닭 관련 설화의 내용을 통해 다음과 같은 전승 집단의 의식을 도출해 낼 수 있다.

첫째, 닭의 변신은 부정적으로 인식되었다. 오래 된 닭이 직접 가해자로 나타나서 보복을 시도하거나, 여우나 뱀과 공모해서 인간을 해치려고 시도한다. 그러나 닭의 변신에 의한 인간 위해(危害)는 결국 실패로 돌아간다.

이를 통해 은혜를 모르는 존재에 대한 응징이라는 교훈적 성격을 확보한다. 또한 여기에는 '계불삼년(鷄不三年)'의 속담에 따라 가축을 오래 기르지 않으려는 의식이 밑에 깔려 있다.

둘째, 닭의 변신에 의해 조성된 위기감은 결핍된 인간에게 욕구를 성취할 수 있는 기회로 작용한다. 따라서 변신한 닭을 퇴치함으로써 조실부모한 핍박받던 젊은이가 미인을 아내로 맞이한다거나, 백정이 군수로 신분 상승하기도 한다.

셋째, 명당에 관한 강한 집착을 나타낸다. 대부분 명당은 닭소리(鷄聲)에 의해 제시되거나, 닭벼슬바위로 나타난다. 그러나 명당은 가난한 민중이나 도덕성을 확보한 사람에게 제시되며, 집안이나 가문에 영향을 끼친다. 한편 닭벼슬바위는 마을 전체에 영향을 줘서, 관련 설화는 가해집단에 대한 토착집단의 갈등과 저항의식을 나타낸다.

2. 닭 관련 민요

(1) 이별의 아픔과 그리움

민요에는 새벽 닭소리에 의해, 그리운 사람과 이별해야하는 아픈 사연이 나타난다. 닭을 대상으로 울지 말라는 하소연으로 이루어져 있다.

㉠ 닭아닭아 우지마라
  네가울면 날이샌다.
  날이새면 우리형님
  날버리고 시집간다.[24]

㉡ 닭아닭아 우지마라
  날아날아 새지마라
  닭이울고 날이새면
  정든낭군 이별이라네.[25]

㉢ 닭아닭아 우지마라
  시쌀애기 너를 주마
  개야개야 짓지마라

---

24) 김소운, ≪조선구전민요집≫, 동경 제일서방, 1933, 71쪽.(243번, 충청남도 부여군 세도면 청포리, 정영환)
25) 김소운, 앞의 책, 124쪽.(486번, 전북 고창군 대산면 지석리, 신태석)

바든밥상 너를주마.26)

전체적으로 '닭아닭아 우지마라'로 시작되며, 반복의 형태에 인과(因果)와 가정(假定)으로 표현하고 있다.

위의 민요에서 ㉠은 시집 갈 누이와의 이별을 아쉬워하는 내용을 담고 있다. 혹독한 시집살이와 출가외인이란 굴레 속에서 언제 다시 만날 수 있겠는가? 혈육간에 마지막 밤을 보내는 화자의 입장에서 날이 더디 새기를 바라는 마음이 잘 나타나 있다.

㉡은 님과의 이별이며, ㉢은 대상이 분명하지 않지만 역시 정든 임과의 이별의 아쉬움을 나타내고 있다. ㉢에서는 님과의 이별을 아쉬워하며, 닭과 개를 먹이로 유혹하면서, 새벽 울음소리를 만류하고 있다.

㉣ 닭이꼬꼬 우는구나
　　닭아닭아 우지마라
　　네가울면 날이새고
　　날이새면 나죽는다
　　나죽는기야 원통찬아도
　　눈먼부모 가련하다.27)

㉤ 닭아닭아 우지말아
　　금싸래기 모시주마

---

26) 김소운, 앞의 책, 172쪽. (637번, 경상북도 경산군 하양면 금악동 48, 김성도)
27) 고정옥, ≪조선민요연구≫, 수선사, 1949, 176쪽.(98번, 경북 영천)

뒷집에짐도령 품안에들제
우지말라고 모시준다.[28]

위의 민요 ㉣은 경북 영천지방에서 전승되는 민요이지만, 마치 심청가의 한 대목을 연상한다. 눈먼 부친을 위해 공양미 삼백석에 팔려가는 심청이가 떠나기 전날 밤의 안타까운 심정을 노래하였다. 부디 날이 더디 새기를 기원하는 효성심있는 자식의 심정이 잘 나타나 있다.

한편 ㉤은 시적 화자인 부녀자가 뒷집의 젊은 도령과 비밀스런 관계를 맺고 있다. 그러면서 비밀이 탄로될까 두려워 닭 울음소리조차 만류하고 있다. 따라서 귀한 싸래기 모이를 주겠으니, 제발 조용히 해 달라는 바람을 담고 있다. 일종의 애정요의 성격을 지니고 있다.

    ㉥ 닭아닭아 꼬꼬닭아
      경흘하게 우지마라
      우리할바 기일이다
      우리할바 제잡술때
      네가울어 날이새면
      고양진미 만반진수
      못잡숫고 행하신다.[29]

    ㉦ 멍멍개야 짖지마라

---

28) 고정옥, 앞의 책, 260쪽.(175번, 경남 거창)
29) 김소운, 앞의 책, 333쪽. (1292번, 경상남도 밀양군 상동면 매화리, 김태욱)

> 꼬꼬닭아 울지마라
> 우리아기 잘도잔다.
> 자장자장 우리아기[30]

위의 ⒝에서는 할아버지 제사일에 돌아가신 조상의 혼령에 대한 추모의 정을 제사음식에 담아 그리고 있다. 곧 온갖 음식을 차려놓고 조상의 혼령이 좀 더 머물러 가시기를 자손으로서 기원하고 있다. 조상을 위하는 간절한 마음이 짧은 노래속에 담겨져 있다.

한편 ⒮은 '자장가'의 일종으로, 닭과 개에게 고이 잠자는 어린 아이의 잠을 깨우지 말라는 당부을 하고 있다.

(2) 불가능한 일에 대한 기대

현실적으로 불가능한 일에 대한 강한 염원이 담겨져 있다. 표현은 주로 상용어구로 나타낸다. 곧 '병풍에 그린 닭이 홰를 치며 오시려나'라는 구절은 민요 뿐만이 아니라 무가, 잡가, 설화, 고소설에 두루 나타나는 상투적인 어구라고 할 수 있다.

> ㉠ 아가아가 우지마라
> 너의어머니는 삼년묵은
> 말뼉대가 털이나면

---

30) 임동권 편, ≪한국민요집≫ 7권, 집문당, 1992, 150쪽. (예산군, 방무석, 1952. 12.)

> 온다드라
> 평풍에그린 황계닭이
> 두날개치고 울거든
> 온다드라
> 아가아가 우지마라
> 너울며는 내간장
> 다녹는다.[31]

이 내용은 어린 자식을 남겨 두고 세상을 떠난 어머니에 대한 원망과 보채는 아이를 달래면서 안타까운 심정을 노래한 것이다. 시적 자아가 아이의 남편일 수도 있고, 나이 많은 할머니나 시댁 식구일 수도 있다. 아이가 울 때마다 애 돌보는 어려움과 함께 일찍 세상 떠난 사람에 대한 서글픔을 담고 있다.

이런 유사한 민요는 여러 군데에서 나타난다. "우지마라 자장자장/ 인물평풍에 그린수탉/ 수탉이 짧은목을 길게빼고/ 날개를 탁치고 꼬꼬하고 울면/ 어늬 어머니 온다드라/ 우지마라 아가아가."[32]라는 민요에서도 같은 상황이 나타나 있다.

> ⓛ 이별이 설다하되
> 살아 생이별은
> 생초목에 붙이로다
> 이별이야 이별이야

---

31) 임동권 편, 앞의 책, 149쪽. (예산군, 박용무, 1952. 12.)
32) 임동권 편, 앞의 책, 154쪽. (예산군, 김봉구, 1952. 12.)

>　이별이 원수로다
>　　(중략)
>　절로죽은 고목에
>　꽃피거든 오랴시오
>　벽에그린 황계자른목
>　두날개를 땅땅치고
>　꼬꼬울면 오려시오
>　금강산 상상봉이 물밀여
>　배둥둥 뜨거든 오려시오.[33]

　이것은 부녀자들 사이에 전승되는 부요(婦謠) 중의 하나이다. 시집살이에 겪어야 되는 고생은 이루 말할 수 없다. 일고생, 마음고생, 자식고생과 잠고생, 가난고생 등이 시집살이의 고통이었다.

　첫째, 부녀자들은 일의 연속 속에서 수많은 일에 시달렸다. 밥짓기, 빨래하기, 들일하기, 물긷기, 길쌈하기 등 집 안팎의 일이 수없이 반복된다. 따라서 일을 즐겁게 하기 위해 노래와 춤을 곁들이고, 집단적으로 작업을 하면서 일의 어려움을 덜려고 시도하였다. 그러나 일은 단순하고 반복되기 때문에 고달플 수밖에 없다.

　둘째, 시집살이 자체가 마음고생의 연속이었다. 시어머니, 시아버지, 시누이, 시동생 등의 시집식구가 가해지는 심리적 압박감은 견디기 힘든 것이다. 여기에 남편이 어려서 자신의 앞가림도 못하거나, 커서 외도라도 할 경우에는 마음고생이

---

33) 임동권, 《여성과 민요》, 집문당, 1984, 174쪽.

더욱 심하다.

셋째, 연속적인 출산과 많은 자식을 키우고 돌보는 일로 자식고생이 심했다. 평균 15~20년간 계속되는 출산과정은 항상 큰 부담이다. 또한 하루 일과 중에서, 낮동안 일에 시달린 부녀자들은 밤이면 어린 자식을 돌보아야 한다. 자식 낳고 키우는 것이 괴로움의 연속이지는 않지만, 아무튼 많은 출산과 양육은 그들에게 큰 어려움의 하나였다.

넷째, 항상 잠이 부족해서 잠고생이 심했다. 늦게 자고, 새벽에 일어나야 하는 부녀자들의 입장에서 항상 잠이 부족하고 피곤이 몰려온다. 그래도 잠 한번 실컷 잘 수가 없고, 편히 쉴 여유도 없다.

넷째, 가난고생 또한 고통이었다. 어려운 살림 속에서 집안을 꾸려가야 하는 여자의 입장에서 항시 배고픈 상태이며, 이를 벗어나기 위해서 더욱 많은 일을 감내할 수밖에 없었다. 그래도 뿌리칠 수 없는 가난의 굴레를 벗어날 수가 없었다. 이런 시집살이의 어려움 속에서 젊은 나이에 청상과부라도 될 경우, 이에 따른 외로움과 고난은 더욱 심하다.

따라서 ⓒ 민요에서는 병풍의 닭이 날개짓을 하면서 돌아오듯이, 세상을 떠난 남편이 되돌아 오기를 간절히 바라고 있다.

비록 이별은 새로운 만남을 기약한다고 하지만, 현실적 삶에서는 개가(改嫁)도 불가능하고, 오직 참고 견딜 수밖에 없다. 그래서 외로움과 쓸쓸함, 시댁 식구의 숱한 구박을 참고 견뎌야 한다. 이런 상태에서 불가능한 일에 의탁해서 사별한 남편을 만나고, 어려운 신세를 벗어나고 싶은 간절한 바램을 나타내고 있다. 곧 시집살이 노래 가락에 삶의 고통을 담아서 현실의 아픔을 순화시켜 보려고 시도하였다.

(3) 살림 밑천 및 보신 대상

닭은 살림의 밑천이면서 우리 건강을 유지시켜 주는 보신음식이다. 따라서 사위가 왔을 때에 대접하는 중요한 음식이며, 시집살이에 얽매여 친정 나들이를 하지 못하는 부녀자들이 근친(覲親)갈 때에 장만해 가지고 가는 음식이다.

    ㉠ 오라버니 장갈랑
      내후년에 가고
      씨암탉 팔아서
      날여워주오
      날여워주소　날여워주소
      농우소팔아서 날여워주소.[34]

    ㉡ 앞논에다 메벼갈고
      뒷논에다 참벼갈고
      영계수탉 잡아가지고
      친정에를 가느라니
      한고개를 넘어서니
      울음소리 진동하네.[35]

---

34) 임동권 편, 앞의 책, 34쪽.
35) 임동권 편, ≪한국민요집≫ 7권, 214쪽.

㉠은 오빠보다 먼저 시집가고 싶은 누이동생의 간절한 바램이 들어 있다. 그래서 씨암탉이나 소를 팔아서라도 시집을 가야겠다는 의지가 나타난다. 씨암탉이나 소는 농가의 주요 재산이므로, 이것마저도 처분해서 시집을 가겠다는 현실적으로 불가능한 기원을 하고 있다.

㉡은 근친(覲親)가는 아낙네의 친정길에 교차되는 만감을 표현하고 있다. 예전에 시집간 아낙이 친정 식구를 만나는 방법은 2가지가 있다.

반보기라 해서, 시댁과 친정 사이의 중간쯤 되는 일정한 장소를 미리 정해서 일정한 날짜에 만나는 방법이 있다. 일반적으로 추석이 지난 후인 8월 17일쯤에 반보기를 하는 경우가 많다. 미리 음식을 장만한 후, 당일 아침에 출발해서 한나절 동안 친정 식구를 만나 회포를 풀고 저녁에 돌아오는 형태이다.

한편 근친은 농한기를 맞아 며칠동안 말미를 받아서 직접 친정집에 다녀 오는 것이다. 따라서 혈육과 여러 친지 및 친구를 만나서 그 동안의 회포를 풀고, 시집살이의 어려움도 토로하면서 마음의 위안을 받게 된다.

위의 민요는 농사일과 집안일에 시달리다가 모처럼 영계닭을 준비해 근친을 가면서 느끼는 심정을 토로한 것이다. 여기에서 수탉을 쓰는 것은 암탉이 씨암탉으로서 효용성이 크기 때문이다. 고개를 넘어갈 때마다 지나간 세월의 온갖 애환이 교차되면서 더욱 서글픔을 느끼고 있다.

   ⓒ 풀무 풀무
      서울을 가다가
      닭한마리 얻어서
      장독에 끼었다가
      폭폭 삶어서
      닭의다린 나먹구
      닭의똥집은 너먹어라.[36]

이 민요는 보양 음식으로서 닭의 효용성을 나타내고 있다. 특히 모든 부위가 버릴 것 없이 식용으로 사용되고 있음을 보여주고 있다. 닭다리는 내가 먹고, 닭똥집은 네가 먹으라는 표현은 매우 해학적이다.

(4) 닭의 외형 및 암·수의 특징

   ㉠ 겉은 백옥이요
      속은 황금일세
      초봄에 둥지들어
      어미품에 몸덥혀서
      해님오고 달님오고
      남풍조차 스쳐가서
      삐약삐약 삐약소리

---

36) 김소운, 앞의 책, 470쪽.(1779번, 평안북도 의주군 수진면 송천동, 김헐난.)

　　　닭알님이 닭되였네.[37)

　　ⓛ 닭이 똥구먹 버러진다.
　　　닭이 똥구먹 버러진다.[38)

　위의 ㉠은 '닭알'이라는 민요이다. 겉을 백옥, 속을 황금이라 비유한 것은 '겉에는 백옥같이 희고, 속은 황금과 같은 것이 무엇이냐?'는 수수께끼와 같다. 시간의 변화에 따라 계란에서 병아리가 부화되고, 성장해서 알을 낳는 과정을 묘사하였다.

　병아리를 품은 어미닭의 모습과 해, 달, 바람 등과 같은 자연의 혜택을 받아 이루어지는 자연의 순환의 법칙을 문학적으로 그려내고 있다.

　ⓛ은 단순하면서 반복적인 표현을 통해 닭이 알을 낳는 상황을 해학적으로 그리고 있다.

　　ⓒ 병아리 면도시켜
　　　목강보내고
　　　암닭이 숫닭보고
　　　연애하자네.[39)

---

37) 김상훈 편찬, 《가요집》 2권 , 문예출판사, 1983, 285쪽.
38) 김소운, 앞의 책, 103쪽. (351번, 전라북도 전주시 대정 정사정목 31, 이상보.)
39) 임동권, 《한국민요집》 7권, 집문당, 1992, 144쪽. (예산군, 박승오, 1952. 12.)

ㄹ 수탉같은 시아버지
　미나리채 진지잡수
　암탉같은 시어머니
　미나리채 진지잡수
　건넛방문 열떠리고
　동글동글 동서님네
　미나리채 진지잡수
　장독같은 시아주범
　미나리채 진지잡수
　사랑방문 열떠리며
　시금사금 시누님네.[40]

ㄷ은 암·수탉과 병아리의 관계를 인간관계로 비유해서 매우 해학적으로 표현하고 있다. 어린 병아리를 목욕보내고 암탉과 수탉이 서로 즐거운 시간을 보내자는 내용을 담고 있다. 서로 여유로운 시간을 갖지 못하는 금슬좋은 두 부부가 어린 자식을 외출시키고 애정을 나누겠다는 뜻을 지니고 있다.

ㄹ은 시집살이에 시달린 며느리가 시댁식구를 풍자하고 있다. 여기에서 수탉을 시어버지, 암탉을 시어머니에 비유하고 있다. 닭이 분주하게 모이를 쪼으며 돌아다니는 모습에서 사사건건 참견하는 시부모의 모습을 그리고 있다.

---

40) 임동권, ≪여성과 민요≫, 집문당, 1984, 127쪽.

(5) 밝은 세상에 대한 기대

어덕같이 험한 세상   * 어덕같이 : 언덕같이
왜놈들의 북새통에
만백성은 눈물이요
산천초목 설움이라
먹장같이 싸인 어둠
채로치듯 가셔내는   * 채 : 채찍
금닭이나 울어주소
계명산천 밝혀주소.

어화세상 벗님네야
금닭찾아 떠나보세
벼슬은 보옥이요   * 벼슬 : 닭의 볏
꼬리날개 구슬이라
이 닭 한번 울고나면
만백성이 춤을 추네.

금닭이 무어길래
만백성이 춤을 출가
우리 청춘 소년들이
동산우에 높이 올라
조선독립 만만세를
목청놓아 불러야만
삼천리가 밝아오네.[41]

---

41) 김상훈 편찬, ≪가요집≫ 1권, 문예출판사, 1983, 117쪽.

이 노래는 19세기말 항일 의병들이 지은 독립가사로 볼 수 있다. 금닭의 도래를 기원하는 민중의 의식이 담겨 있다.

여기에서 금닭은 새로운 세상을 밝혀주는 존재이며, 조국의 독립을 가져다주는 존재이다. 닭의 새벽 울음소리에 밝은 세상, 개벽의 의미를 부여하였다. 특히 금닭을 기원한 것은 옛부터 금계포란형(金鷄抱卵形)이 명당으로 알려져 있다는 것과 관련이 있다. 곧 뛰어난 인재를 많이 배출한다는 명당지에 조국의 위기를 구원하는 애국지사의 출현을 기원하고 있다.

일제시대에 일본인들은 우리 명산의 혈(穴)을 끊기 위해 주요 지점에 쇠말뚝을 박았다. 따라서 지맥(地脈)을 끊어서 지기(地氣)를 약화시킴으로써, 이 땅에 인재의 배출을 막으려 하였다. 이런 점에서 이 땅의 지기를 다시 살려서 외세를 물리치고 조국의 광복을 찾자는 의지가 담겨 있다. 아마 모든 민중에게 조국 독립을 위해 몸을 바치자는 의미도 내포되어 있다고 볼 수 있다.

3. 닭 관련 금기어(禁忌語)와 길조어(吉兆語)에 나타난 길흉

금기어는 종교적·도덕적인 이유로 사용이 금지되거나 꺼리는 언어적 표현을 말한다.

원래 금기는 삼간다, 근신한다, 피한다는 말로 영어의 타부

(tabu)에 해당된다. 이것은 종교적인 관습에서 어떤 대상에 대한 접촉이나 언급이 금지되는 것을 말한다. 일반적으로 '~하지 말라', '~하면 좋지 않다', '~을 지켜라'는 표현이 많다. 이것은 부정한 일을 기피하기 위한 소극적인 태도로 볼 수 있지만, 부정에 빠지지 않고 거룩함이나 신성함을 유지하기 위한 적극적인 태도로 해석할 수도 있다.

금기는 행위·사람·동식물·사물·언어 등에 관련되어 있다. 보통 종교적인 것, 사회에 관한 것, 인간에 관한 것 등이 있다.[42]

금기어는 이런 금기를 가정적 조건절을 제시하여, '~면 ~은 ~이다'거나 '~하면 ~은 ~하게 된다' 등의 구체적인 문장 형태로 표현한 것이다. 이에는 종교적인 신성함이나 부정(不淨)과 관련되어 있기 때문에 사회적 정치적·종교적·언어적으로 중요한 의미를 지닌다. 일반적으로 비현실적이라고 하지만, 합리성이 깔린 과학적인 금기어가 삶의 지혜로 전승되고 있다.

한편 길조어는 앞날에 좋은 징조가 일어날 것이라 예견하는 언어적 표현이다. 금기어가 부정의 대상을 금지시킨다는 성격이 강한 반면에, 이것은 긍정적인 방향으로 적극 이끈다는 점이 다른다.

이것은 미래 예언적 성격을 지니고 앞으로 있을 일에 영향을 미친다는 점과 인간의 현실적 욕구가 반영되어 있다는 점

---

42) 김선풍, <금기어>, 민속학회 편, ≪한국민속학의 이해≫, 문학아카데미, 1994, 304~310쪽. 박현국, <금기>, 앞의 책, 217~221쪽.

에서 점복과 관련이 있다.

그러나 점복은 미래사나 부지(不知)의 일을 주술의 힘을 빌려 길흉을 판단하는 것이다. 따라서 인간의 현실적 욕망이 자연 현상이나 사물·동식물·인간 행위를 통해 나타난다. 특히 농경과 관련된 점풍(占豊)이 정초나 대보름에 많이 나타난다.

길조어는 금기어와 마찬가지로 행동과 언어의 규제를 가져온다. 오랜 생활의 현장에서 체험적으로 또는 종교적으로 형성된 것이다.

(1) 우는 시기에 따른 길흉

조상들은 닭이 언제 우느냐에 따라 길흉을 판단하였다. 이와 관련된 내용은 김성배의 《한국의 금기어·길조어》[43]에서 주로 추출하였으며, 산속에 관련되는 내용은 임동권의 <서울의 산속>[44]에서 뽑았다.

○ 닭이 낮에 울면 죽여야 한다.
○ 닭이 낮에 울면 집안이 망한다.
○ 닭이 초저녁에 울면 재수없다.
○ 초저녁에 닭이 울면 세상이 어지러워진다.
○ 밤에 닭이 울면 불길하다.

---

43) 김성배, 《한국의 금기어·길조어》, 정음사, 1975.
44) 임동권, <서울의 산속>, 《한국민속학논고》, 집문당, 1984, 151
　　~174쪽.

- 늦저녁에 닭이 홰에 올라가서 울면 구설이 있다.
- 늦저녁에 닭이 홰에 올라가서 울면 불길하다.
- 수탉이 해진 뒤에 울면 집안에 나쁜 일이 생긴다.
- 밤중 수탉이 홰를 치고 울 때에 득남하면, 그 아이가 큰 인물이 된다.
- 저녁에 암탉이 울면 집안이 망한다.
- 닭이 초저녁에 닭장에 오르면 쌀값이 오른다.
- 닭이 닭장에 늦게 들면 쌀값이 내린다.

닭은 당연히 새벽에 울어야 좋다. 그러나 그 이외의 시간, 곧 한낮·늦은 저녁·한밤중에 울면, 불길하거나 세상이 혼란해지며, 구설수에 오르기도 한다. 낮에 울면 죽여야 한다는 내용도 나온다. 이것은 닭의 우는 시간을 통해 집안이나 사회의 길흉을 판단하는 경우이다.

그러나 아이 낳을 때의 산속(産俗)에서 보면, 밤중 수탉이 울 때에 아이를 낳으면 오히려 매우 좋은 징조로 받아 들였다. 이것은 수탉의 볏이 벼슬을 상징하며, 수탉의 울음이 어둠을 걷어 내고 광명을 가져다 주는 존재이기 때문에, 비록 밤 시간이지만, 예외적으로 큰 인물이 태어날 징조로 받아 들였다.

일반적으로 암탉이 울면 집안이 망한다고 하여 좋지 않게 여겼다. 수탉과 다르지만 암탉도 가끔 우는 경우가 있다고 한다. 그러나 닭은 수탉이 우는 경우가 일반적이며, 따라서 비정상적인 암탉의 울음은 부정적으로 여겼다. 또한 수탉의 울음을 남성의 권위에 도전하는 여성에 비유하였다. 따라서 남성 중심의 가부장제하에서 여성에게 요구된 순종의 미덕이 이 금기어에 반영되었다고 할 수 있다.

한편 닭이 홰에 오르는 시간에 따라 쌀값이 오르고 내리는 것을 판단하기도 하였다. 초저녁에 오르면 쌀값이 오르고, 밤 늦게 오르면 쌀값이 내린다고 한다. 농사짓는 사람의 입장에 서는 쌀값이 오르는 것이 좋을 것이다. 따라서 닭이 초저녁에 오르는 것이 일반적인 것을 감안하면, 이때 오르는 것을 오히 려 긍정적으로 받아들였음을 알 수 있다.

결국 농경 중심의 사회에서 조상들은 닭이 홰에 오르는 시 간이나 장소를 기후의 변화, 농사의 풍흉과도 관련지었음을 알 수 있다.

(2) 이동 공간에 따른 길흉

닭이 어느 장소에 오르느냐에 따라 길흉을 판단하기도 한 다.

- 닭이 감나무에 올라가면 재수가 좋다.
- 닭이 담 위에 올라앉으면 재수가 좋다.
- 닭이 항상 나무 밑에 있으면, 그 집안에서 벼슬한 사람이 나 온다.
- 장마 때 닭이 지붕 위에 올라가면 장마가 갠다.
- 닭이 높은 곳에 올라가면 나쁘다.
- 닭이 들어오면 비가 온다.

닭이 담 위나 감나무 위에 올라가면 재수가 좋고, 장마철에 지붕 위에 올라가면 장마가 갠다고 여겼다. 담이나 감나무 위의 계성(鷄聲)은 집안에 행운을 불러 올 수 있으며, 장마철 지붕 위의 계성(鷄聲)은 하늘에 인간의 뜻을 전할 수 있다고 믿은 것 같다.

한편 항상 나무 밑에 있으면 집안에 벼슬한 사람이 나온다고 여겼다. 닭의 벗 위에 나무라는 또 다른 관을 쓴 것으로 간주하였다.

그런데 닭이 높은 곳에 올라가면 나쁘다는 금기어도 전하는 것을 보면, 앞에 제시한 곳 이외의 장소에 닭이 올라가면 좋지 않은 것으로 여겼다.

(3) 산란 상태에 따른 길흉

닭이 알을 낳는 상태에 따라 길흉을 점치기도 한다. 이것은 암수의 구별, 알 낳는 장소나 상태에 따라 구분한다.

- 닭이 알을 많이 낳으면 집안이 흥한다.
- 닭이 쌍동알을 낳으면 집안이 흥한다.
- 암탉이 알 낳는 것을 보면 횡재를 만난다.
- 수탉이 알을 낳으면 집안이 망한다.
- 수탉이 알을 낳으면 부자가 된다.
- 수탉 알을 쌀 뒤주에 넣으면 좋다.

닭은 다산성(多産性)을 지닌 동물로, 닭의 산란 행위는 집안에 행운을 가져다 주는 길조(吉兆)를 의미한다. 따라서 기형알의 일종인 쌍알도 이와 같은 맥락에서 좋은 징조로 받아들였다고 볼 수 있다.

한편 수탉이 알을 낳는 것은 흉한 징조로 받아들였다. 실제로 수탉이 알을 낳을 수는 없기 때문에, 이런 비정상적인 행위는 좋지 않게 여겼다. 그러나 상대적으로 부자가 되거나 긍정적으로 받아들인 지역도 있다. 이것은 수탉의 산란을 남성과 관련지어 득남 내지 집안의 번성으로 해석한 데에서 연유한다. 결국 같은 현상을 상반되게 수용한 것도 속신의 상대성과 지역적 차이를 반영한 것이다.

(4) 음식에 나타난 길흉

닭고기를 누가, 어느 때, 어떻게 먹느냐에 따라 길흉을 판단한다. 대체로 유감주술성(類感呪術性)을 바탕으로 한다. 적용대상은 여자가 대부분이며, 특히 임신중인 여자들에게 금기음식으로 제시된다.

유감주술은 행위의 유사성에 의한 인과관계를 중심으로 한다. 곧 비슷한 말이나 행위를 하면 비슷한 결과가 나타난다거나, 어떤 원인에 의해 결과가 나타난다는 원리에 바탕을 둔 것이다. 줄당기기에서 암줄과 숫줄을 당김으로써 마을에 풍요가 온다는 생각도 이에 의한다.

○ 닭고기 먹고 아무데나 버리면 좋지 못하다.

◦ 닭고기 속에 지네가 들어 있는 걸 먹으면 죽는다.
◦ 며느리가 닭의 머리를 먹으면 시어머니의 눈 밖에 난다.
◦ 명태나 닭고기를 삼 년 이상 먹으면 악귀가 된다.
◦ 여자가 닭의 목이나 발을 먹으면 그릇을 깬다.
◦ 닭의 목을 먹으면 목청이 좋아진다.
◦ 임신 중에 닭을 먹으면 아이가 닭살이 된다.
◦ 계란을 먹으면 아이가 종기(腫氣)를 잘 앓는다.
◦ 계골(鷄骨)을 먹으면 어머니가 죽은 후에 그 뼈가 신체 아무
  곳에서나 솟아 나온다.
◦ 아들을 낳기 위해 수탉의 생식기를 생으로 먹는다.
◦ 아들을 낳기 위해 숫병아리가 될 달걀을 매월 달 수(數)대로
  삶아 먹는다.

위에서 닭의 목 부위를 먹으면 목청이 좋아진다는 것은 닭
처럼 힘차고 낭낭한 목소리를 갖고 싶은 욕구에 의한다. 한편
아들을 낳기 위해 '수탉의 생식기를 생으로 먹는다'는 내용도
역시 수컷의 생식기를 먹음으로써 아들을 낳을 수 있다고 생
각한 것이다. 역시 유감주술을 바탕으로 한 것이다. 그리고 이
것은 닭의 다산성도 고려한 것이다.

닭고기를 장기 복용하면 좋지 않다고 여겼다. 특히 3년 이
상 장기 복용하면 악귀(惡鬼)가 된다는 내용도 각지에서 나온
다. 이것은 '계불삼년(鷄不三年)'이란 말에서 알 수 있듯이 닭
을 오래 기르지 말라는 속설에서 나온 말이다. 닭고기를 함부
로 버리지 않는 것도 이와 관련이 있다고 본다. 묵은 닭의 변
신이 부정적으로 받아들였기 때문이다.

한편 젊은 여자가 닭의 목이나 발을 먹으면 좋지 않다고 여

긴 것은 거센 목소리나 거친 행동을 경계한 데에서 연유한 것으로, 특히 가부장제하의 여성에게 적용되었다고 볼 수 있다.

닭은 남녀 예지법에서 딸로 나타난다. 태몽(胎夢)에서 닭·개·뱀 등은 불길한 동물로 믿어지기 때문에 딸을 지칭한다. 상대적으로 용·호랑이·돼지·사슴 등은 길한 동물로서 아들을 지칭한다.45) 남아선호 의식이 강한 사회에서 불길하다는 것은 곧 아들이 아닌 딸을 의미한다.

닭과 관련된 산속(産俗)의 기자(祈子) 풍속을 보면, 임신 중에 닭을 잡아 먹지 않으며, 닭고기를 먹으면 아이가 닭살이 된다는 것도 주술적 의미를 지닌 금기이다. 산속에서 이와 유사한 것으로, 오리고기를 먹으면 오리발이 되고, 토끼고기를 먹으면 눈이 빨갛게 되며, 뼈없는 생선을 먹으면 무골아(無骨兒)가 된다는 식의 금기어가 많다.

일반적으로 육류나 생선류에 많이 적용되는 것으로 보아, 이것은 산모에게 태아를 위해 동물성 음식을 조심하라는 경계의 의미를 내포하고 있다. 특히 약을 함부로 쓸 수 없는 산모의 입장을 고려할 때, 지금보다 위생상태가 나쁘고, 음식 냉동 상태가 좋지 못한 상태에서 식중독과 같은 위험한 상황을 미연에 방지하자는 의도가 강하게 반영되어 있다.

그리고 산전(産前) 금기에서 '계란을 먹으면 아이가 종기(腫氣)를 잘 앓는다'는 것은 계란 모양이 종기와 유사한 데에서 나온 말이다. 또한 '계골(鷄骨)을 먹으면 어머니가 죽은 후에 그 뼈가 신체 아무곳에서나 솟아 나온다.'는 말도 산모는 정결

---

45) 임동권, <서울의 산속>, 앞의 책, 161~162쪽.

하고 모양 좋은 음식을 가려 먹어야 함을 강조한 데에서 나온 말이다. 역사 주술성이 바탕을 이룬다.

4. 닭 관련 속담

속담은 세태를 반영하는 간결하고 실용적인 언어로, 민중의 언어생활 속에서 구전된다. 따라서 도덕성, 교훈성, 친근성, 철학성을 지닌다. 형식으로 보아, 일반적으로 4~7자의 대구 형식으로 되어 있고, 각각 주제부와 종속 의미부로 구성되어 있다.46)

속담에 나타난 닭의 모습은 설화 속의 닭과는 차이가 있다. 대체로 미물(微物)로서 서투르고 경박한 존재로 인식된다.

이와 같은 닭에 대한 부정적 인식은 개에 대한 이중적 사고와 유사하다. 곧 설화에 나타난 개는 충직하고 의리있는 동물로 묘사되지만, 실제로 생활언어에서는 개가 비하의 대상으로 나타난다.

닭도 신화에서는 계성(鷄聲)과 관련지어 새로운 세상의 창조와 위대한 존재 및 깨달음 등을 상징한다. 다만 변신설화에서는 부정적인 모습으로 나타나기도 하지만, 이것은 동물의 변신이 대체로 부정적으로 그려지는 것과 동일하다.

그러나 언어생활에서는 대체로 부정적으로 그려진다. 이것

---

46) 김선풍, <속담·수수께끼>, ≪한국민속문학의 이해≫, 집문당, 1993, 379~415쪽.

은 인간이 상대적 우월성을 나타내고, 교훈적 의미를 부여하기 위한 목적에서 비교의 대상을 주위에서 자주 접하는 가축을 선택한 데에 연유한다고 본다. 따라서 상대적으로 개나 닭을 비하시키는 경향이 있으며, 특히 닭은 다른 가축에 비해 몸집이 작다는 점도 작용되었다.

여기에 인용하는 속담은 기존에 출간된 속담집[47]에서 추출하였다.

(1) 미물(微物)로서의 차선

◦ 꿩 대신 닭 (왜소, 차선책)
◦ 닭 벼슬이 될 망정 쇠꼬리는 되지 마라. (왜소, 차선책)
◦ 쇠꼬리보다 닭 대가리가 낫다. (왜소, 차선책)
◦ 닭이 천이면 봉이 한 마리 (미물, 차선책)
◦ 닭의 새끼 봉이 되랴. (미물, 천시)
◦ 닭 잡아 겪을 나그네 소 잡아 겪는다. (왜소, 일의 경중 비교)
◦ 닭도 제 앞 모이 긁어 먹는다. (미물, 자기 일 처리)
◦ 오뉴월 닭이 여북해서 지붕을 허비랴. (미물, 궁여지책)
◦ 오뉴월 병아리 하룻 볕이 새롭다. (미물, 빠른 성장)

닭은 신체의 왜소함과 행동의 경망스러움으로 인해 비하되

---

47) 이기문 편, 《속담사전》, 민중서관, 1964.
　　최상수 편, 《한국속담집》, 서문사, 1972.
　　송재선 편, 《우리말 속담 큰사전》, 서문당, 1983.
　　김도환 편, 《한국속담활용사전》, 한울아카데미, 1993.

는 경우가 많다. 특히 외형적 특징으로 인해 꿩, 봉황, 소와 비교의 대상이 된다.

꿩은 닭과 같은 조류이지만, 날개가 퇴화되어 날지 못하는 닭에 비해 날 수 있다는 점이 다르다. 특히 농가에서는 꿩을 하늘과 가까운 존재로 인식하여 농기(農旗)의 꼭대기에 꿩의 깃털을 매달았으며, 꿩을 넣은 음식을 귀하게 여겼다.

따라서 이런 꿩에 비해 닭은 상대적으로 비하되었다. 한편 닭은 봉황(鳳凰)의 화려함에 미치지 못하고, 외형적으로 소와 비교의 대상이 되지 못한다.

그러나 닭이 상대적으로 비하되지만, 최상이 아닌 차선으로서 그 존재의 효능성은 인정된다. 따라서 미물로서 자기 역할을 충실히 수행하는 동물로 그려진다.

(2) 투계로서의 거칠음과 고집

○산 닭 길들이기는 사람마다 어렵다. (거칠음)
○닭 쌈 하듯 (거칠음, 잦은 싸움)
○닭 손님으로 아니 간다. (텃세)
○닭 쌈에도 텃세한다. (텃세)
○닭고집 (고집)
○닭 물 먹듯 (건성)
○닭 발 그리듯 (서투름)

닭은 거칠고 아집이 강하며, 배타적인 존재로 그려진다. 우선 투계(鬪鷄)로서의 용감성으로 인해 거칠고 용맹스러운 모습으로 그려진다. 곧 수탉은 처자와 영역을 지키기 위해 다른 수탉의 공격을 막아내는 데 적극적이다. 따라서 텃세가 센 동물로 그려지기도 한다. 한편 가벼운 몸집에 움직임이 많다는 점에서 경망스러운 대상으로도 형상화된다.

이런 점에서 닭띠는 자기 확신이 강하고 적극적이지만, 배타적이고 보수적이며 고집스러운 성격을 지닌다고 알려져 있다.

(3) 현실적 효용성

- 소경(장님) 제 닭 잡아먹기 (소중한 가축, 실수)
- 닭 잡아 먹고 오리발 내어 놓는다. (닭과 오리 유사성, 서툰 속임수)
- 닭 쫓던 개의 상 (날쌘 닭, 일의 실패)
- 떠돌던 닭도 때가 되면 홰 안에 찾아 든다. (인간에 비유, 회귀 본능)
- 소 닭 보듯, 닭 소 보듯 (닭과 소의 관계, 상호 무관심)

닭은 소나 돼지만큼 재산 가치가 있지는 않지만, 쉽게 잡아 먹을 수 없는 귀한 동물이다. 또한 닭의 날쌘 동작은 개가 따라 올 수 없다.

한편 인간은 닭의 회귀 본능을 본받으려고 했다. 소와 닭의 무관심을 나타내는 속담은 왜소한 몸집에도 소를 부러워 하지 않는 닭의 당당함을 엿볼 수 있다.

(4) 암·수의 차별성

◦암탉이 울면 집안이 망한다. (남녀에 비유, 남존여비)
◦장탉이 울어야 날이 새지. (〃   )
◦암탉 울어 날 샌 일 없다. (〃   )
◦암탉이 무녀리냐. (〃   )
◦장탉이 울어야 날이 새지. (계성, 남존)

암탉과 수탉의 울음 관련 속담에서는 인간의 성적 차이에 의한 차별성을 반영하고 있다. 따라서 암탉을 여성, 수탉을 남성에 대입시켜 남존여비의식을 보여준다.

특히 장탉은 우는 속성 때문에 시보(時報)로서의 역할이 중시되며, 남자의 씩씩함에 비유되기도 한다.

5. 닭 관련 수수께끼

수수께끼는 속담과 더불어 언어생활 속에서 구전된다는 점에서 매우 민중적이다. 이것은 어떤 사물에 빗대어 사물의 뜻이나 이름을 알아 맞추는 놀이로서, 미어(謎語)라고도 한다. 일반적으로 질문에 대한 답이 사물, 사건이나 행위, 글자 유희, 사람, 시어, 설화나 고사와 관련된 것이 많다. 형식은 7자의 간단한 것에서부터 86자까지 있는 긴 것에 이르기까지 다양하다.48)

닭에 대한 수수께끼는 닭과 달걀에 대한 것으로 양분된다.

내용상 신체적 특징, 소리 및 행위, 언어적 특징 등으로 구분된다. 그 수는 적은 편이며, 오히려 달걀 관련 내용이 훨씬 많이 나온다.

달걀 관련 수수께끼는 전체적인 형태에 관한 것과 내부에 흰자와 노른자의 이중 구조로 이루어져 있다는 점에 착안해 이루어져 있다.

한편 표현은 주로 비유법으로 이루어져 있는데, 직유법과 은유법이 가장 많이 나온다. 관련 내용은 주로 최상수의 ≪한국의 수수께끼≫[49)]에서 뽑아 냈다.

(1) 닭 관련 수수께끼

◦ 갓 쓰고 때때옷 입은 것이 무엇이냐? (닭)
◦ 붉은 갓을 쓰고 얼룩 옷 입은 것이 무엇이냐? (닭)
◦ 주주하면 오는 것이 무엇이냐? (닭)
◦ 달아나거라 달아나거라 하면 오는 것이 무엇이냐? (닭)
◦ 닭은 닭인데, 못 먹는 닭이 무엇이냐? (달)
◦ 닭의 나이는 몇 살이냐? (여든 한 살)
◦ 붉은 치마 입고 바자 위로 넘나드는 것이 무엇이냐? (수탉)

닭에 관련된 수수께끼는 비교적 적어서, 내용상 구분할 정도의 다양성을 지니지 못한다.

---

48) 김선풍, 앞의 글, 417~429쪽.
49) 최상수 편, ≪한국의 수수께끼≫, 서문당, 1973.

우선 형태적 특징을 보면, 갓을 썼다는 것은 닭의 벼슬을 지칭한다. 특히 붉은 갓으로 보다 구체화되어 나타나기도 한다. 그리고 붉은 색 계통의 화려한 색깔을 지닌 토종닭을 의인화시켜서, 때때옷이나 얼룩옷으로 표현하고 있다.

한편, 모이 줄 때에 닭을 부르는 소리에서 '주주'라는 말을 따 왔다. 닭을 쫓을 경우, 도로 모여드는 속성을 생각해 '달아나거라'라는 표현을 쓴다.

그리고 '닭'과 '달'의 발음상 유사한 점에 착안하였다. 특히 경상도 지역에서 닭과 달(月)이 동일하게 발음되기 때문에 관련 수수께끼가 만들어 졌다.

한편 닭의 모이를 줄 경우, 일반적으로 '구구'라고 부른다. 그것을 곱셈으로 계산해서 $9 \times 9 = 81$이라 생각했으며, 이것을 닭의 나이로 계산하였다.

한편 수탉을 '붉은 치마 입고 바자 위로 넘나드는 것'으로 지칭했는데, 여기서 붉은 치마는 닭의 날개를 지칭하며, 바자는 대나무·갈대·수수깡 따위를 발처럼 엮은 울타리를 말한다. 따라서 날쎈 수탉이 날개를 푸덕거리며 울타리 위에 올라가는 모습을 의인화시킨 것이다.

(2) 달걀 관련 수수께끼

① 내외의 이중 구조와 형태

◦ 겉에는 백옥같이 희고, 속은 황금과 같은 것이 무엇이냐?

(달�걀, 새알)
- 온 몸이 뼛 속에 있는 것이 무엇이냐? (달걀)
- 황금을 저치(貯置)하고 백옥으로 단장하여 함정미토(含情未吐)하는 것이 무엇이냐? (달걀)
- 입 없는 장군에 물 하나 가득 든 것이 무엇이냐? (달걀)
- 옥으로 만든 궤 안에 금덩어리 들은 것이 무엇이냐? (달걀)
- 코·눈·입·귀·손·발 모두 벗고, 또 움직일 수도 없습니다. 그러나 살아 있습니다. 그리고 둥글기도 하지만 공처럼 둥글지도 못합니다. 나는 무엇이겠습니까? (달걀)

이것은 달걀의 전체적 특징을 묘사하거나, 안팎의 이중 구조를 표현한 수수께끼이다.

외형을 흰 피부(백옥), 뼈, 장군, 궤로 비유하였다. 겉 껍질을 백옥, 또는 흰 피부로 묘사한 것은 계란의 깨끗한 모양을 미화시킨 것이다. 뼈로 나타난 것은 껍질의 딱딱함에 의한다. 따라서 뼈 안에 몸이 있다는 표현은 살 안에 뼈가 있는 인간이나 동물과 비교한 것으로 보인다.

한편 장군은 나무나 질흙으로 만든 용기이다. 이것은 일상적 용기로, 밀폐되었다는 점에서 입 없는 장군이란 표현을 사용했다. 그리고 옥으로 만든 궤도 귀중하다는 의미를 부여했다.

내용물은 황금(금덩어리), 몸, 물로 나타난다. 황금으로 표현한 것은 달걀 노른자의 색깔을 지칭하기도 하며, 음식으로서 소중함을 나타낸 것이기도 하다.

한편 마지막에 나오는 수수께끼는 매우 길면서 구체적이다.

달걀의 껍질이 단순하고 밀폐되었다는 점에 착안해서, 형체가 없는 얼굴로 묘사했다. 또한 움직이지 못한다는 점에서 죽어 있으면서 실제로는 살아 숨쉬는 존재로 인식하였다. 그리고 둥글면서 둥글지 않다는 표현 등이 비교적 구체화되어 나타나 있다.

② 내부의 두 가지 구성물

◦한 독에 두 가지 반찬 든 것이 무엇이냐? (달걀)
◦한 독에 두 가지 장 담근 것이 무엇이냐? (달걀)
◦은독·금독이 한 집에 있는 것이 무엇이냐? (달걀)
◦항아리 하나에 두 가지 간장 든 것이 무엇이냐? (달걀)
◦은항아리·놋항아리가 무엇이냐? (달걀)
◦은항아리·놋항아리 틈 없는 항아리가 무엇이냐? (달걀)
◦은단지·목단지 빈틈없는 단지에 2가지 고명 들어 있는 것
  이 무엇이냐? (달걀)
◦구멍 없는 병에 물 두 층이 무엇이냐? (달걀)
◦한 통에 두 가지 물 든 것이 무엇이냐? (달걀)
◦한 장군에 물 두 가지가 무엇이냐? (달걀)
◦입(아가리) 없는 장군에 물 두 가지 든 것이 무엇이냐? (달
  걀)
◦피부없는 장군에 은도 들고, 금도 든 것이 무엇이냐? (달걀)
◦부리 없는 장군에 은돈 들고, 금돈 든 것이 무엇이냐? (달걀)

한 곳에 2가지 내용물이 들어 있다는 점에 착안하였다. 그

것도 각각 다른 반찬, 고명(양념), 장(간장), 물, 독(항아리나 단지), 귀금속(금속), 돈으로 비유하였다.

달걀은 그 자체로 귀한 음식이기 때문에 반찬이란 표현이 가능하다. 그리고 고명은 모양과 맛을 내기 위해 음식 위에 뿌리거나 덧놓는 양념을 통틀어 이르는 말로, 조리에 필수적인 음식이다.

장은 전통 음식 중에서 집안의 맛을 가늠하는 중요한 음식이다. 또한 물도 생명의 원천이 되는 귀중한 생명수이기 때문에, 달걀을 그릇 속의 2가지 물로 표현하였다. 독이나 항아리는 용기로서 중요함과 그 다양함에 착안한 것이다.

그리고 금·은과 같은 보석, 금돈·은돈과 같은 화폐로 비유하기도 한다. 흰자와 노른자의 색깔의 차이를 받아들여 이렇게 비유한 것이다. 그리고 음식으로서, 주요 가축의 부화체로서 중요하게 인식한 것이다.

한편 내용물을 담은 달걀 껍질은 여러가지로 비유한다. 독(항아리와 단지), 통, 구멍 없는 병, 장군 등이 나온다. 특히 완전 밀폐되어 있기 때문에, 구멍 없는 병으로 비유한 것이 흥미롭다.

장군은 '오줌장군'이라고도 하는데, 물·술·간장 따위를 담아서 옮길 때 쓰는 오지나 나무로 만든 그릇을 말한다. 입 없는 장군, 피부 없는 장군, 부리 없는 장군이란 표현이 나오는데, 외형의 단순성·밀폐성에 의해 이런 비유가 가능하다고 본다.

한편 독은 내용물로 나타내는 경우도 있고, 그것을 담는 용기로 나타내기도 한다. 곧 큰 독 안에 여러가지 장이 담겨 있다는 표현이 가능하고, 한 집에 여러가지 독이 있다는 표현도 가능하다.

③ 2가지 성씨의 동시 거주에 비유

- 출입할 수 없는 한칸 집에 황백 양씨가 무엇이냐? (달걀)
- 둥글집 복판에 황서방이 살고, 그 주위에는 백서방이 사는 것이 무엇이냐? (달걀)
- 드나들 곳 없이 조그마한 단칸 방에 백서방과 황서방이 같이 사는 것이 무엇이냐? (달걀)
- 별유천지비인간(別有天地非人間)에 황백(黃白) 두 성이 동거하는 것이 무엇이냐? (달걀)

한 집에 황씨와 백씨의 두 성씨가 함께 살고 있다는 표현이 공통적이다. 사는 공간도 한칸 집, 둥근 집, 단칸 방으로 모두 좁은 곳이다. 특히 '출입할 수 없는 한칸 집'이나 '드나들 곳 없는 조그마한 단칸 방'은 밀폐된 좁은 공간을 나타낸다.

그리고 황씨와 백씨가 같이 동거할 수 없는 존재로 인식하였다. 황씨와 백씨가 사이가 좋지 않다는 의미보다는 서로 공존할 수 없는 존재로 볼 수 있다. 따라서 달걀 속의 흰자와 노른자를 동거하기 힘든 공간에 같이 사는 비정상적인 관계로 인식한 것이다.

한편 '별유천지비인간'은 도연명(陶淵明)의 도화원기(桃花源記)에 나오는 무릉도원(武陵桃源)과 같은 이상향을 말한다. 따라서 앞에서 달걀 속을 금과 은으로 비유한 것처럼, 여기에서

는 이상향에 두 성씨가 사이좋게 살고 있다는 점에서 긍정적
으로 표현하였다.

④ 닭과 달걀의 순환

  ○ 털 있는 것이 맨몸뚱아리만 있는 것을 낳고, 맨몸뚱아리만
    있는 것이 털 있는 것을 낳는 것이 무엇이냐? (달걀)
  ○ 둥글고 길쭉한 껍질의 벙어리가 털 가진 날짐승을 낳는 것
    이 무엇이냐? (달걀)

  닭과 달걀의 순환 현상에 초점을 맞추었다. 따라서 닭을 털
있는 것(날짐승), 달걀을 '맨몸뚱아리'나 '둥글고 길쭉한 껍질
의 벙어리'로 표현하고 있다.
  특히 '둥글고 길쭉한 껍질의 벙어리'라는 표현은 병아리를
부화시키는 계란의 생명력을 의인화시켰다. 한편 '벙어리가 날
짐승을 낳았다'는 표현은 문학적 비유가 뛰어나다. 비정상적
존재가 하늘과 가까운 신성한 존재인 날짐승을 낳았다는 뜻이
다. 생명의 소중함을 강조하는 표현이라 할 수 있다.

6. 닭 관련 시조

(1) 임에 대한 그리움

  닭 관련 시조에 보면, 계성(鷄聲)이 사랑하는 사람에 대한

그리움 및 기다림의 고통과 관련이 있다. 곧 임에 대한 그리움에 잠을 이루지 못하는 사람의 아픈 마음을 표현하고 있다.

> ㉠ 올가 올가하여 기다려도 아니 온다
> 닭이 우러거니 밤이 언마 나마시리
> 마음아 놀니지 마라 님 둔 님이 오던야.50)

이 시조는 새벽 닭소리에도 오지 않는 임에 대한 그리움을 나타내고 있다. 올 듯한 임이 아무리 기다려도 오지 않아 밤을 꼬박 세운 시적 자아의 안타까움이 나타난다. 따로 연인을 둔 임이 올 리가 있겠느냐고 자신에게 반문하면서, 마음을 달래고 있다.

그래도 잊을 수 없어 밤을 새면서 기다리고, 새벽 닭 우는 소리에 크게 실망하는 모습을 볼 수 있다. 마치 내면적 갈등에 의한 이중성이 자신을 놀리고 있다고 여긴다.

> ㉡ 닭의 소리 기러지고 봄이 장차 졈어세라
> 바람은 품에 들고 버들빗치 새로왜라
> 님향한 상사(相思)일념 못내 슬허 하노라.51)

---

50) 정병욱 편저, 앞의 책, 360쪽.(작가 미상, ≪古今歌曲≫ 212번)
  (시어 해석 : '우러거니'는 울었거니. '언마'는 얼마. '나마시리'
  는 남았으리.)
51) 정병욱 편저, 앞의 책, 604번, 148쪽.(작가 미상, ≪최남선본 청구
  영언≫ 975번)
  (시어 해석 : '졈어세라'는 저물었도다. '새로왜라'는 새롭구나.
  '상사일념'은 서로 그리워하는 일념.)

이것 역시 임에 대한 그리움과 슬픔을 닭을 통해 나타내고 있다. 겨울이 가고 봄이 되면서, 봄바람이 불고, 버들잎은 푸르게 변해 간다. 계절의 변화에 따라서 밤은 점점 짧아지면서, 상대적으로 해 뜨는 시각은 빨라지게 된다.

결국 닭 우는 소리가 빨라지면서, 밤마다 마음속에서나마 임과 함께 지내는 시간이 점차 짧아진다는 사실을 안타까워하고 있다.

계절의 변화에 따른 여명의 시간, 닭울음소리, 그리움 등을 연관지어 표현한 시라고 볼 수 있다.

ⓒ 대인난(待人難) 대인난(待人難) 계삼호(鷄三呼)하고 야오경(夜五更)이라
출문망(出門望) 출문망(出門望)하니 청산 만첩(萬疊)이요 녹수 천회(千回)로다
아마도 백난지중(百難之中)의 대인난(待人難)인가 하노라.52)

임에 대한 그리움에 잠을 못 이루고 밤을 지새우는 여심을 그리고 있다. 비교적 한자어가 많은 시이지만, 기다림의 정서는 잘 표현되어 있다.

---

52) 정병욱 편저, 앞의 책, 626번, 153쪽. (작가 미상, ≪古今歌曲≫ 258번)
(시어 해석 : '대인난'은 사람 기다리기가 퍽 힘들음. '계삼호'는 닭이 3번 울음. '출문망'은 문에 나서서 바라봄. '천회'는 천 굽이.)

기다림의 고통과 괴로움을 '대인난(待人難)'이란 한자어의 반복으로 표현하고 있다. 5경은 새벽 3시부터 5시이다. 이 때에 닭이 3번 울자 대문을 나선다. 그리고 멀리 보이는 첩첩이 둘러 쌓인 푸른 산을 보고, 수없이 굽이치는 푸른 물을 굽어본다.

비록 이런 첩첩 산중에서 힘들게 살아가고 있지만, 특히 임을 기다리는 것이 가장 괴롭다고 표현하고 있다.

(2) 이별의 아픔

새벽 닭소리가 사랑하는 사람과의 아쉬운 이별을 표현하기도 한다. 곧 모처럼 임을 만난 반가움과 헤어짐의 안타까움에 밤잠을 이루지 못한 아픔을 표현하고 있다.

> ㉠ 닭아 우지마라 일 우노라 자랑마라
> 반야진관(半夜秦關)에 맹상군(孟嘗君)이 아니로다
> 오늘은 님오신 날이니 아니 운들 엇더리.53)

이것은 임과의 이별의 아픔을 중국 제나라의 맹상군 고사에 빗대고 있다. '반야진관'은 날이 새지 않은 진나라의 관문이란 뜻이다. 여기에는 중국 제나라의 맹상군(孟嘗君)에 관한 고사가 얽혀 있다. 맹상군이 진나라에서 도망쳐 나오다 밤중에 함곡관에 이르렀다. 그런데 성문이 굳게 닫혀 빠져 나올 수가 없

---

53) 정병욱 편저, 앞의 책, 603번, 148쪽.(작가 미상, ≪花源樂譜≫ 353번)
   (시어 해석 : '일'은 일찍. '우노라'는 우는 것.)

었다. 그때 맹상군의 식객 중에 닭울음소리를 잘 내는 사람이 있었다. 수문장은 그의 흉내에 날이 샌 줄 알고 성문을 열어주었다. 이 때에 일행은 도망칠 수 있었다. 따라서 반야진관은 이것에서 따온 말이다.

위의 시조는 임과의 이별을 아쉬워하며 새벽이 오지 않기를 닭에게 기원하고 있다. 따라서 맹상군의 식객이 낸 닭소리는 나에게 반갑지 않으며, 또한 새벽이 되지도 않아서 그런 닭소리를 낼 사람이 있겠느냐고 반문한다.

> ㉡ 닭아 우지마라 옷버서 중전(中錢)듀료
>   날아 새지마라 닭의손대 비럿노라
>   무심한 동녁다히는 점점 밝아 오더라.[54]

역시 이 시조도 임과의 이별의 아픔을 닭에게 의탁해서 표현하고 있다. '중전듀료'에서 중전(中錢)은 전당으로 잡은 돈을 말하는 것으로, 이것은 닭에게 옷을 벗어서 저당을 잡히라는 뜻이 된다. 일부 이본에는 중천(中天)으로 표기하여, '하늘에 맡긴다'는 뜻을 지닌다. 의미상, 앞의 내용과 큰 차이는 없다. 따라서 임을 떠나지 못하게 옷을 다른 곳에 맡긴다는 뜻을 지닌다. 그리고 닭에게도 울지 말라고 당부한다.

그러나 새벽녘이 밝아오면서, 임과의 이별이 현실화되자, 작

---

54) 정병욱 편저, 앞의 책, 602번, 148쪽.(작가 미상, ≪花源樂譜≫ 354번)
   (시어 해석 : '닭의손대'는 닭에게. '비럿노라'는 빌었노라. '동녁다히'는 동녘쪽.)

자는 매우 안타까운 심정을 표현하고 있다.

> ㉢ 닭 한홰 우다하고 하마 니러 가지마소
> 게 잠간 안자이셔 또 한홰를 듯고가소
> 그닭이 읜듸 닭이라 제어미 글여 그르해.55)

　여기서는 임과의 이별을 이른 새벽의 닭울음 탓으로 돌리고 있다. 닭이 외지에서 온 탓으로, 분위기에 낯설어 때도 아닌데 울어버리는 바람에, 어쩔수 없이 임과 이별하게 된다. 따라서 무심한 닭을 원망하고 있다.

　닭이 잘못 울었으니, 이에 개의치말고 더 머물다 가기를 바라는 심정이 잘 표현되어 있다. 계성을 통해서 임과 헤어지기를 아쉬워하는 작자의 간절한 소망이 담겨져 있다.

> ㉣ 천추(千秋)전에 존귀키야 맹상군(孟嘗君)만 할가마는, 천추(千秋)후 원통함이 맹상군이 더욱 섧다.
> 식객(食客)이 젹돗던가 명성이 괴요탄가 개 도적 닭의 우름 인력으로 사라나서 말이야 주거지여 무덤 우희 가싀나니 초동목수(樵童牧竪)들이 그 우흐로 것니며서 슬픈 노래 한 곡조를 부르리라 헤여실가 옹문조 일곡금(雍門調一曲琴)에 맹상군의 한숨이 오로는 듯 나리는 듯

---

55) 정병욱 편저, 앞의 책, 605번, 148쪽.(작가 미상, ≪古今歌曲≫ 187번)
　(시어 해석 : '홰'는 새벽에 닭이 우는 차례. '우다하고'는 운다고. '하마'는 이미. '니러'는 일어나서, '게'는 거기. '읜듸'는 外處. '그르해'는 그러하니.)

아희야, 거문고 청쳐라 사라선제 놀리라.56)

이것은 송강 정철이 인생무상을 노래한 사설시조이다. 여기서 '초동목수(樵童牧竪)'는 나무하는 아이와 마소를 먹이는 아이를 말한다. 한편 옹문조(雍門調)는 전국시대 제나라 사람인 옹문주(雍門周)가 연주한 거문고 음악이다. 그는 맹상군 앞에서 이것을 켜서 맹상군을 감동시켰다고 한다.

예전에 맹상군은 옹문주와 같은 거문고의 명인뿐만이 아니라, 닭소리를 내는 재주꾼 등 수많은 식객을 거느렸다. 그와 같이 목숨을 바칠 수 있었던 많은 식객을 거느리고 명성과 존귀함이 있었던 맹상군이 이제는 한줌의 흙으로 변했다. 그래서 정철은 맹상군의 무덤 위로 한낱 어린 나무꾼과 목동이 넘나드니, 인생이 부질없다고 생각한다. 따라서 여유있게 풍류를 즐기며 살고 싶다는 심정을 토로하고 있다.

(3) 도의 깨우침

아래 시조를 보면, 닭이 운다는 계명산(鷄鳴山)은 도를 깨우치는 도장으로 나온다. 옛부터 닭이 우는 곳은 명당으로 알려

---

56) 정병욱 편저, 앞의 책, 1830번, 425쪽. (정철, ≪진본 청구영언≫ 464번)
  (시어 해석 : '천추전'은 오래전. '젹돗던가'는 적었던가. '괘요턴가'는 적막하였던가. '주거지여'는 죽어서. '가싀나니'는 사라지나니. '혜여실가'는 생각이나 했을까. '청쳐라'는 청줄을 쳐서 음줄을 맞추라는 뜻.)

져 있다.

> ㉠ 계명산(鷄鳴山) 옥소(玉簫) 부러 팔천제자 훗튼 후에,
> 삼만호(戶) 사양하고 적송자(赤松子)를 좃차노니,
> 아마도 견기명철(見機明哲)은 자방(子房)인가 하노
> 라.57)

장자방(張子房)은 본명이 장양(張良)으로, 한신과 함께 유방을 도와 한나라를 세운 전한(前漢)의 일등 공신이다. 그는 계명산58)에서 옥통소를 불어 8000명의 제자를 떠나 보냈으며, 유(留) 땅의 3만호를 다스리는 제후에 봉하여졌으나, 옛 신선을 좇아 도를 닦으며 선유(仙遊)했다는 인물이다.

이 시조는 작자 미상이지만, 아마도 거친 세태에 초연하기를 바라는 유학자의 작품임을 알 수 있다. 지은이는 시류에 물들지 않고, 자연과 함께 유유자적하는 장자방의 현명한 삶을 칭송하고 있다.

결국 닭이 우는 계명산은 뛰어난 명산으로, 선비들이 벼슬을 멀리하고 도를 깨우치는 장소라고 볼 수 있다.

한편 봄에 우는 닭소리를 통해 삶의 이치를 깨우치려는 시

---

57) 정병욱 편저, ≪시조문학사전≫ 134번, 신구문화사, 1966, 35쪽.
(작가 미상, ≪최남선본 청구영언≫ 500번)
(시어 해석 : '옥소'는 옥통소. '훗튼'은 흩은. '견기명철'은 기회를 잘 보는 총명함. '적송자'는 중국 신농씨 때의 신선의 이름.)
58) 중국 진원현(晉原懸) 서쪽에 있는 산으로, 동한(東漢)의 오두미도(五斗米道)를 일으킨 장도릉(張道陵)이 도를 배운 곳으로 알려져 있다.

조도 나온다.

> ㉡ 전촌(前村)에 계성활(鷄聲滑)하니 봄소식이 갓가왜라
> 남창(南窓)에 일완(日暖)하니 합리매(閤裏梅) 푸르럿다.
> 아해야, 잔 가득 부어라 춘흥계워 하노라.59)

이 시조의 작가는 부드러운 닭소리, 따뜻한 햇빛, 규방의 매화를 통해 봄을 느끼고 있다. 특히 겨우내 움츠린 닭소리만을 듣다가, 봄철의 부드러운 닭소리에 비로서 봄날의 흥취를 느끼게 된다.

자연의 변화에 순응하면서 사는 여유로운 삶의 모습이 그려져 있다. 여기서 닭소리는 겨울의 나태, 곧 냉혹한 현실의 세태속에서 움츠러든 소극적인 삶을 벗어나게 한다. 그리고 봄의 향기, 곧 인간다운 삶을 마음껏 향유하게 하는 새로운 삶의 전환이다. 따라서 봄은 단순한 계절의 변화를 뛰어넘는 포괄적 의미를 지닌다.

한편 닭의 울음이 효 실천의 근본임을 알려 주기도 한다.

> ㉢ 부모 섬기기를 지성으로 섬기리라
> 계명(鷄鳴)에 관수(盥漱)하고 욱한(燠寒)을 못자오며
> 날마다 시측(侍側)봉양을 몰신불쇠(沒身不衰) 하오리라.60)

---

59) 정병욱, 앞의 책, 1830번, 425쪽. (작가 미상, ≪花源樂譜≫ 191번)
  (시어 해석 : '계성활'은 미끄러지듯 부드러운 닭의 울음소리. '일완(日暖)'은 원래 일난으로 날씨가 따뜻함. '갓가왜라'는 가까왔도다. '합리매'는 규방에 있는 매화.)
60) 정병욱, 앞의 책, 945번, 229쪽. (박인로, ≪노계가사≫ 7번)

이 시조는 부모에 대한 봉양을 제대로 하라는 도덕적 교훈가이다. 자식은 새벽 닭울음소리를 시작으로 부모께 아침 문안인사를 드리고 옆에서 정성껏 시중을 들어야 한다. 일어나서 세수하고 양치질하는 것을 도와드리며, 수시로 더위와 추위를 확인해야 한다. 작자는 이 모든 것을 평생 실천하는 것이 효의 근본임을 강조하고 있다.

(4) 닭의 해학적 표현

닭이 내는 소리를 의성어로 재미있게 표현한 시조도 있다. 여기서는 한자어의 음과 훈을 이용한 의성어와 의태어, 역설적인 표현을 잘 조화시켜 표현의 미를 살리고 있다.

> 머귀 여름은 동실동실(桐實桐實)하고 보릿불희는 맥근맥근(麥根麥根)
> 풋나못동과 쓰든 수셤이요 졈은 노송(老松)에 자근 대조(大棗)로다
> 이중에 계명 화죽처(鷄鳴 花竹處)는 곳댓곳이라 하들아.[61]

(시어 해석 : '관수'는 낯을 씻고 양치질을 함. '욱한'은 따뜻함과 추움, '못자오며'는 묻자오며. '시측봉양'은 옆에서 모시고 봉양함. '몰신불쇠'는 몸이 늙도록 쇠하지 않음.)

61) 정병욱, 앞의 책, 752번, 183쪽. (김수장, ≪교조 해동가요≫ 557번)
(시어 해석 : '여름'은 열매. '풋나못동'은 풋나무의 등치. '수셤이'는 수세미. '졈은'는 젊은.)

위 내용을 풀이하면, '머귀나무 열매는 통실통실하고, 보리 뿌리는 매끈매끈하고, 풋나무의 둥치와 쓰던 수세미요, 젊은 노송에 작은 대추나무로다. 이 중에 닭우는소리가 꼭대꼭하더라.'가 된다.

이것은 뛰어난 가객인 김수장이 언어적 유희를 살려 창작한 시조이다. 여기에서 '화죽처(花竹處)'는 꽃화(花), 대죽(竹), 곳처(處)의 훈만을 따온 '꽃대곳'을 소리나는 대로 읽어서, '곳댓곳'이라 표기하였다. 의미를 살린다면, 닭 우는 곳은 대꽃이 피는 아름다운 곳이다.

한편 1연의 동실동실(桐實桐實)은 머귀나무 열매가 잘 익은 모습을 한자어의 음을 살려 표현한 것이다. 그런데 오동나무 열매란 의미를 지녀 음과 훈을 모두 살리고 있다.

그리고 맥근맥근(麥根麥根)은 보리뿌리의 부드러운 모습을 한자어의 음을 살려 표현했으나, 역시 보리맥(麥)에 뿌리근(根)이라는 의미도 아울러 살리고 있다.

그리고 2연에서 풋나무의 둥치와 젊은 노송이란 표현도 재미있다. 풋나무의 '풋'은 어리다는 뜻인데 반해, 다음에 나오는 둥치는 큰 나무의 밑둥을 말하는 것으로 고목에만 있는 것이다. 언어적 모순을 동반한 역설적 표현이다. 한편 젊은 노송도 언어적 모순이다.

3연이 절정으로, 여기서는 닭의 울음소리를 한자어의 음과 훈을 따서 해학적으로 표현하였다. 마치 신라시대의 향찰 표기와 같은 방법으로 닭을 의성어로 재미있게 표현하고 있다.

V. 세시풍속과 민속놀이에 나타난 닭

1. 정초의 세화(歲畵)와 닭날

(1) 세화(歲畵)에 나타난 벽사력

　정초에 액을 몰아내고, 복을 불러들이기 위해 문 위에 붙이는 그림을 세화(歲畵)라고 한다. 세화는 궁중 뿐만이 아니라, 민간에서도 실시하였다.

　궁중 세화에 관한 기록은 1819년(정조 43년)에 김매순(金邁淳)이 지은 《열양세시기》에 나타난다.

　　도화서(圖畵署)에서는 세화를 그리어 올린다. 금갑신장(金甲神將)을 그린 것은 궁전 대문에 붙이고, 신선을 그린 그림이나 닭·범을 그린 그림은 벽에다 마주 붙인다.[1]

148 닭띠

　여기서 도화서는 조선시대에 예조 밑에 소속되어 전문적으로 그림을 그리는 관청이다. 이곳에는 임금의 초상화부터 조정의 모든 그림을 맡아 그리는 잡직 화원(畵圓)들이 있었는데, 정조 때에는 숙련된 화원과 견습 화원이 약 60명 정도 있었다.[2] 이들 도화서의 화원들이 정초에 닭과 호랑이의 그림을 그려 궁중의 대문에 붙였음을 알 수 있다.

　한편 민간에서도 세화를 그려 잡귀를 쫓았다. 헌종 15년(1849년)에 홍석모에 의해 편찬된 ≪동국세시기≫를 보면, 민간(閭巷)에서는 정초에 닭과 호랑이의 그림을 문에 붙여서 잡귀를 쫓았다.[3] 세화(歲畵) 이전에는 닭피를 문에 발라 직접 벽사(辟邪)하기도 하였다.[4]

　닭과 호랑이는 그 자체로 길조의 동물이다. 특히 닭은 계성과 관련지어, 지난 해의 어둠을 물리치고 밝아오는 새 해의 풍요를 기원하는 신성한 존재이다. 따라서 그 해의 재액을 물리치고, 복을 불러들이기 위해 모든 액이 드나드는 문 위에 붙였다. 한편 호랑이도 병을 일으키는 귀신(病鬼)이나 사악한 잡귀(邪鬼)를 물리치는 힘이 있다고 전해진다.

　중국의 소수민족인 지노족(基諾族)은 최고의 길시(吉時)를

---

1) ≪洌陽歲時記≫, 정월, 元日. "圖畵署進歲畵金甲神將貼宮殿門仙人鷄虎貼照壁"
2) 김동원, <도화서>, ≪한국민족문화대백과사전≫ 7권, 한국정신문화연구원.
3) 홍석모 편, ≪동국세시기≫, 정월, 元日.
4) 임동권, ≪한국세시풍속연구≫, 집문당, 1985, 287쪽.

• 닭 부적

닭이 울 때로 여긴다. 중국 한족의 경우에도, 닭을 대표적인 길(吉)한 동물로 여긴다. 또한 중국어에서 닭의 발음을 보면 계(鷄)와 길(吉)이 동일한 의미로 사용된다.5)

닭은 음양으로 따질 때에 양성(陽性)에 해당된다. 따라서 음에 해당되는 겨울과의 조화를 위해서 양성인 닭을 그려 붙였음을 알 수 있다.

또한 닭은 만물의 질서의 원천인 동방의 동물이다. 주역에서 팔괘의 손(巽)에 해당되며, 이것은 남동쪽으로, 여명이 시작되는 곳이다. 따라서 닭을 상서로운 동물로 간주하였으며, 심지어 금계(金鷄)라는 신비로운 동물까지 탄생시켰다.

결국 닭이 갖는 벽사력은, 계성에 의해 재액을 물리치고 복을 불러들이려는 기원과 양의 존재로 음을 다스리려는 사고가 바탕을 이루고 있다고 볼 수 있다.

---

5) 강명상, 《중국의 이색풍속》, 을유문화사, 1995, 64쪽.

(2) 닭날의 근신

정초에 일진을 따져서 첫번째 닭날을 상유일(上酉日)이라고 한다. 이 날은 지방에 따라 다르지만, 몇 가지 금기가 전해 오고 있다.

- 그 해의 초유일(初酉日)에는 평소 닭의 해 됨을 예방하는 뜻으로 될 수 있으면 일을 하지 않는다.(전남)
- 이 날에는 모임을 갖지 않는다고 하며, 만일 모이게 되면 반드시 싸움이 터지고 불상사가 나게 된다고 한다. 이날 닭을 잡아 먹으면 그 집 닭이 안 된다고 하며, 지붕을 이으면 닭이 지붕 위에 올라가 모두 파버린다고 한다.(제주)
- 상유일, 즉 닭날에는 부녀자들이 일을 하면 손이 닭의 발처럼 된다고 하여 바느질을 하지 않는다.(충북)6)

위에 나타난 닭날의 풍습을 보면, 대체로 일을 하지 않거나, 모임에 가지 않는다. 구체적으로 닭을 잡아 먹지 않거나, 지붕을 이지 않으며, 바느질을 하지 않는다.

전남지방의 바닷가에서는 일을 하지 않으며, 특히 어촌에서는 출항을 삼가하기도 한다.7)

한편 제주도에서는 모임을 하면 싸움이 난다고 한다. 닭싸움의 거친 모습을 연상해서 이런 금기가 나온 것으로 보여진다.

그리고 충북에서 부녀자들이 일을 하거나, 바느질을 하면

---

6) 임동권, 앞의 책, 287쪽.
7) ≪전남의 세시풍속≫, 전라남도, 1988, 26쪽.

닭발같이 된다는 것도 일을 하지 않는다는 금기와 관련이 있다.

닭은 길조(吉鳥)로 인식되고 있지만, 벽사적 효능의 유지를 위해 닭과 관련되는 날은 근신을 하게 된다. 또한 투계로서의 용맹성으로 인해, 닭띠는 강한 주관을 가진 성격으로 파악하며, 특히 닭날에는 모임을 갖지 않는 것으로 여겨진다.

한편 예전 풍속에 정월 16일을 '귀신닭날'이라 하여 닭귀신을 두려워해서 외출하지 않는 풍속이 있다. 곧 닭귀신이 횡행하며 사람을 쪼으면 병이 든다고 여겨 모두 두려워서 나가지 못한다고 한다.[8]

한편 ≪동국세시기≫에 보면, 옛부터 중국에서는 특히 정월 초하루날을 닭날이라고 하였다.[9] 이것은 중국 동훈(董勛)의 '문례(問禮)'에서 인용한 것으로, 중국에서는 일반화된 것으로 보인다. 따라서 이날 세화풍속으로 닭과 호랑이의 그림을 붙여 잡귀를 쫓았다.

정월 초하루를 닭날로 여기는 풍습은 중국 귀주성 동남 지역에 사는 소수민족인 수이족(水族)에게도 나타난다. 그들의 책력은 독특해서, 정월은 태양력의 9월에 해당된다. 따라서 정월의 첫날(태양력 9월)은 '닭의 날'이고 10월은 '토끼의 달'로 삼아 풍년을 기원한다.[10]

결국 닭날은 섬기고, 근신하며, 조심하는 날이다. 따라서 조상을 위하고, 허튼 일을 하지 않으며, 액을 방지하기 위해 근

---

8) 崔永年, ≪海東竹枝≫, 명절 풍속조.
9) 홍석모 편, ≪동국세시기≫, 정월, 元日.
10) 강명상, ≪중국의 이색풍속≫, 을유문화사, 1995, 68쪽.

신하는 날이라고 할 수 있다.

2. 닭 관련 놀이

⑴ 닭싸움

닭싸움은 2가지 형태가 있다. 직접 투계(鬪鷄)를 사용한 닭싸움과 닭싸움을 흉내낸 닭싸움놀이로 나뉜다. 닭싸움이 왕성하게 이루어지는 곳은 동남아시아로 알려져 있는데, 우리나라에서도 해방 전까지는 거의 전국적으로 행해졌다.

이것을 언제부터 했는지 정확한 유래를 알 수는 없다. 다만 18c 영조때의 학자인 정범조(丁範祖)의 ≪해좌집(海左集)≫에 닭싸움에 관한 시가 나타난다. 민화에도 많이 나타나는 것으로 보아, 매우 오래되었다고 할 수 있다.

닭싸움을 제주도에서는 '씨왓붙임'이라고도 한다. 시기적으로 3월 3일(삼짇날)에 가장 성행하였다고 한다.

닭은 투지가 가장 왕성한 1년생 닭을 선정한다. 싸움닭의 종류로는 인도산의 '샤모', 일본산의 '한두', 그리고 한두와 재래종의 사이에서 난 '우두리' 등이 있다.

이 닭들은 오로지 싸움을 시키기 위해서 기르며, 모이는 뱀·미꾸라지·달걀 등의 육식을 주로 한다. 한편 목을 길게 늘이고, 빨리 돌릴 수 있게 하려고, 모이를 키보다 높게 던져주면서 빙빙 돌리기도 한다. 목을 길게 뺐을 때 키가 1m에 이르는

• 싸움닭

것은 이 때문이다. 일반적으로 싸움닭은 수탉만을 사용한다. 닭싸움은 중국에도 있었으며, 근래까지 동남아시아 여러 나라에서 성행하였다. 특히 투계장이 경마장처럼 국가에서 공인된 도박장인 경우도 있다.[11)]

우리나라에서는 이 놀이를 주로 청장년층이 즐긴다. 놀이 시기는 털갈이 때나 상처가 잘 아물지 않는 겨울철 이외의 시기에 실시한다. 싸움터의 크기는 지름 4m, 높이 40cm 정도의 둥근 둥우리 형태로 만든다.

공격하는 방법에는 앞치기와 뒤치기가 있고, 빙빙 돌다가 턱밑을 물고 늘어지는 턱치기도 있다. 실제 싸움을 할 때는 깃털을 세우고 서로 몸을 날려서, 발로 상대를 차고, 발톱으로 긁으며, 주둥이로 물어 뜯기도 한다. 따라서 사생결단으로 격렬하게 싸운다. 어느 한 쪽이 기진맥진하여 넘어져서 일어나

---

11) 장주근, <닭싸움>, ≪한국민족문화대백과사전≫ 6권, 168쪽.

지 못하거나, 죽으면 승부가 난다. 닭싸움에서 죽은 닭은 싸움이 끝난 후에, 털을 뽑고 끓는 물에 삶아서, 이날 싸움에 참여한 사람에게 안주로 내어 놓는다.12)

구체적인 싸움의 규칙은 매우 세밀하고 엄격하다. 싸움 도중에 주저앉거나, 또는 서 있더라도 주둥이가 땅에 닿으면 지게 된다. 싸움은 2시간이 넘도록 계속되기도 하며, 상대가 죽어야 끝나는 경우도 있다.

둘이 같이 주저앉을 때에는 주둥이를 높이 든 쪽이 이긴다. 또 경기 전에 무게를 달아서, 무거운 쪽이 1시간 안에 상대를 굴복시키지 못하면 지는 것으로 판정한다. 한편 경기가 시작된 뒤 5분이 지나기 전에 어느 쪽이 주저앉거나 주둥이가 땅에 닿으면 무승부가 된다. 30분 동안 싸우고 5분간 휴식하는 방식으로 경기를 진행하며, 5분간 쉴 때에 물을 준다.

제주도에서는 한쪽 닭을 상대방 위로 던져서 싸움을 건다. 싸우다 지친 닭은 도망치지만, 이긴 닭의 목에 헝겊 따위를 감아서 변장시키면 다른 닭인 줄로 착각하고, 다시 싸움을 벌이기도 한다.

이때 투계장 주위에 구경꾼들이 모여 싸우는 닭들을 지켜본다. 관람료나 입장료를 받는 일은 없다. 다만 구경꾼들 중에서 매회 자진해서 각자 얼마씩 돈을 걸어서 이긴 닭에게 60%, 진 닭에게 40%를 배당한다. 구경꾼들끼리 술이나 담배를 걸고 내기를 하는 경우도 있다.

대구직할시 비산동에서는 매주 토요일과 일요일에 걸쳐 2

---

12) 최상수, ≪한국민속놀이의 연구≫, 성문각, 1985, 153쪽.

일간 정기적으로 닭싸움을 벌였으며, 경마처럼 수만원씩 내기를 거는 일도 있었다고 한다.

경상남도 창녕군 영산에서는 1년에 4~5차례 닭싸움을 벌였는며, 이 때에는 창녕·대구·함안·진주·산청 등지에서까지 싸움닭을 가지고 원정오기도 한다.[13]

수탉에 의한 닭싸움은 문학작품 속에서도 형상화된다. 김유정의 ≪동백꽃≫에는 닭싸움이 상세히 묘사되어 있다. 김유정은 주로 30년대 활동한 소설가로 그의 소설은 향토성이 강하고 매우 해학적이며, 시대 풍자적인 면도 드러난다. 특히 일제시대의 학대받는 농촌 현장을 배경으로 작품화하였다.

오늘도 또 우리 수탉이 막 쫓기었다. 내가 점심을 먹고 나무를 하러 갈 양으로 나올 때이었다. 산으로 올라서려니까, 등 뒤에서 '푸드득푸드득'하고 닭의 횃소리가 야단이다. 깜짝 놀라서 고개를 돌려보니, 아니나다르랴, 두 놈이 또 얼리었다.

점순네 수탉(대강이가 크고, 똑 오소리같이 실팍하게 생긴 놈)이 덩저리 작은 우리 수탉을 함부로 해내는 것이다. 그것도 그냥 해내는 것이 아니라, 푸드득 하고 면두를 쪼고 물러섰다가, 좀 사이를 두고 또 푸드득 하고 모가지를 쪼았다. 이렇게 멋을 부려 가며 여지없이 닦아 놓는다. 그러면 이 못생긴 것은 쪼일 적마다 주둥이로 땅을 받으며 그 비명이 킥, 킥 할 뿐이다. 물론 미처 아물지도 않은 면두를 또 쪼키어 붉은 선혈은 뚝뚝 떨어진다.

---

13) 장주근, <닭싸움>, 앞의 책, 같은 곳.

이걸 가만히 내려다보자니, 내 대강이가 터져서 피가 흐르는 것같이 두 눈에서 불이 번쩍 난다. 대뜸 지게 막대기를 메고 달려들어 점순네 닭을 후려칠까 하다가 생각을 고쳐먹고, 헛매질로 떼어만 놓았다.

이것은 소설의 발단 부분으로, 점순이가 닭싸움을 시키는 부분이 상세히 묘사되어 있다. 작가는 강원도 춘성 지방 출신으로, 이 지방의 닭싸움을 묘사한 것으로 보여진다. 이런 점에서 닭싸움은 전국적으로 전승되었다고 볼 수 있다.

중국에도 일찌기 닭싸움이 있었다. 당나라의 명황(明皇)이 왕위에 오르기 전에 닭을 싸움시켜 놀았는데, 그 뒤 얼마 되지 아니해서 왕위에 올랐다고 한다. 이러한 경사스러운 유래에 의하여 명황은 어린이 500명을 선발하여 치계방(治鷄坊)이라는 것을 세워서 닭을 길러 닭싸움놀이를 즐겼다고 한다. 일설에는 명황이 닭의 해인 을유(乙酉)년에 탄생하였으므로 닭싸움을 좋아하였다고 한다.14)

중국 남부의 광서성 장족 자치구에 주로 사는 인구 9만의 무라오족은 근래에도 10월에 닭싸움(鬪鷄)대회를 벌인다. 이들은 집집마다 수십마리의 우수한 장닭을 싸움닭으로 기른다. 그래서 당일날 한 마리씩 가지고 나와서, 큰 닭장에 넣고 마을 사람들이 둘러 서서 닭싸움을 즐긴다.

모두 3번 붙어서, 가장 싸움을 잘 하는 닭을 계왕(鷄王)으로 뽑는다. 이때 계왕의 주인은 비단을 상품으로 받는다.

---

14) 최상수, 앞의 책, 154쪽.

닭싸움대회는 중국 사서에 이미 위진(魏晉)시대에 있었다는 기록으로 보아서 매우 오랜 역사를 지닌다.15)

(2) 닭싸움놀이

아이들의 놀이로 닭싸움놀이라는 것이 있다. 일명 깨금발놀이, 또는 외다리 씨름이라고도 부른다. 집단적으로, 또는 개인적으로 승부를 내는 남성의 놀이이다.

놀이방법은 왼쪽 다리를 뒤로 굽혀 왼손으로 붙잡고, 양쪽 어깨나 왼쪽 무릎으로 상대방을 원밖으로 밀어내는 것이다. 이 때에 다리를 붙잡은 손을 놓거나, 양발이 땅에 닿으면 지게 된다. 또한 넘어지거나 팔을 풀면 지게 되고, 발을 교대하거나, 손으로 상대방을 밀면 역시 지게 된다. 체력과 몸의 균형을 유지하는 매우 남성적인 놀이이다.16)

닭싸움이나 닭싸움 놀이는 모두 편싸움의 형태로 진행된다. 하나는 닭이 싸우는 모습을 통해, 다른 하나는 직접 신체 접촉을 통해 이루어진다.

전자의 닭싸움은, 수탉의 용감성을 이용해 인간의 투쟁 욕구를 대리 충족시켜 준다. 따라서 사람들은 투계(鬪鷄)를 통해 놀이적 쾌감을 맛보게 된다.

후자의 닭싸움놀이는 닭싸움을 모방한 남성의 신체놀이로

---

15) 강명상, 앞의 책, 107~108쪽.
16) ≪전남의 세시풍속≫, 전라남도, 1988, 129쪽.
　　김성배, ≪한국의 민속≫, 집문당, 1980,·105~106쪽.

서, 닭의 감투성을 본떠서 강인한 체력을 기르고, 이 과정에서
지략을 기르는 놀이 형태이다.

(3) 닭잡기놀이

닭잡기놀이는 살쾡이가 닭을 잡는 과정을 어린이들이 흉내
내며 즐기는 놀이이다. 주로 여자아이들이 많이 하며, 지역에
따라 '닭살이', '닭삵이놀이', '통닭'이라고도 한다. '닭살이'란
살쾡이가 닭을 잡아간다는 데서 붙여진 명칭이다.
놀이방법은 다음과 같다. 먼저 가위바위보를 하여 닭과 살
쾡이를 정하는데, 꼴찌가 살쾡이가 되고, 두번째 아이가 닭이
된다. 나머지 아이들은 손과 손을 잡고 둥글게 둘러 앉는다.
닭이 된 아이는 원 안에 들어가고, 살쾡이가 된 아이는 원
밖에 위치한다. 그리고 살쾡이는 손을 잡은 아이가 한눈을 팔
거나 마음을 놓은 틈을 타서, 급히 달려가 손 위를 뛰어넘는
다. 그러면 손을 잡은 아이들은 재빨리 팔을 쳐들어 넘어가지
못하도록 막는다.
미처 막지 못하거나 손을 놓게 되면, 살쾡이가 원 안으로
들어가 닭을 잡을 수 있다. 그러나 살쾡이가 원 안으로 들어온
다 하더라도, 닭은 달아날 수 있다. 곧 원을 만든 아이들은 손
을 놓아서 길을 터주고, 그 반대로 살쾡이가 다시 원 밖으로
나가려 하면 손으로 막아 이를 방해한다. 따라서 닭은 쉽사리
잡히지 않는다.
만약 살쾡이가 닭을 잡으면 닭이 살쾡이가 되고, 이를 막지

못한 아이는 닭이 된다. 그래서 위와 같은 방법으로 다시 되풀이하면서 논다.[17]

전남의 ‘닭삵이놀이’는 일명 ‘꼬리따기놀이’라고 하는데, 위에 제시한 놀이와 약간 다르다. 곧 열로 늘어서서 앞 사람의 허리를 잡고 구부린다. 이때 제일 뒷 사람이 닭이 되고, 맨 앞 사람이 삵(살쾡이)이 된다. 앞의 삵이 뒤의 닭을 잡으려고 이리저리 움직이면, 닭은 잡히지 않으려고 꿈틀거리면서 피한다. 만일 닭이 잡히면 하기 힘든 살쾡이가 되어야 하므로 필사적으로 도망간다.[18]

이것은 동물계의 약육강식의 원리를 본떠서, 강자의 침탈을 거부하면서 약자를 보호하는 놀이이다. 주요 가축인 닭을 인간이 집단으로 나서서 살쾡이의 공격으로부터 차단하는 과정을 놀이로 재연한다.

대부분의 놀이는 일상적 현실의 연장선상에 있다. 비록 한시적인 시간과 공간을 설정하고, 일정한 규칙을 부여하지만, 현실의 있을 수 있는 가능성을 재현한다. 특히 우리 민속놀이는 집단 편싸움의 형태가 많다. 이런 과정에서 승부에 의한 성취욕을 느끼고, 감투정신을 기르며, 재미를 맛보게 된다. 또한 현실을 새롭게 인식하고, 나름대로 설정된 규칙을 지키며, 이런 과정에서 공동체의식을 느끼게 된다.

결국 아이들은 닭잡기놀이를 통해 외부의 공격자로부터 자신과 가축을 보호해야 한다는 당위성을 터득하게 된다. 이런

---

17) 김광언, <닭잡기>, ≪한국민족문화대백과사전≫ 6권, 168쪽.
18) ≪한국민속종합조사보고서-전남편-≫, 문화재관리국, 1969.

과정에서 아이들에게 강인한 정신력, 순발력, 체력을 길러주게
된다.

한편 제주도에도 포계희(捕鷄戲), 즉 닭잡기놀이가 있었다.
≪동국세시기≫에 의하면, 8월 보름 풍속에, 조리희(照里戲)라
는 줄다리기가 있었는데, 이 때에 그네뛰기와 함께 닭잡기 놀
이가 있었다고 한다.[19]

이 기록에서는 줄다리기에 대해 상세히 나와 있을 뿐, 닭잡
기놀이에 대한 구체적인 언급은 없다. 현재 제주도에서 이런
명칭의 놀이가 전승되지 않고 있다. 따라서 이 놀이가 앞에서
제시한 닭잡기놀이인지, 아니면 다른 놀이인지 확실치 않다.

3. 세시음식의 닭

우리나라의 닭은 옛부터 맛이 좋고 기름져서, 이웃 나라에
도 널리 알려졌다. 용도는 식용 뿐만 아니라, 약용으로도 쓰였
으며, 경사스런 일에도 사용되었다.

특히 혼례식에 폐백닭으로 사용되었으며, 여름철에 더위를
이기고 기(氣)를 보충하기 위해 먹기도 한다. 한편 장모는 백
년지객(百年之客)인 사위가 오면 암닭을 잡아 대접한다. 그리
고 젊은 새댁이 친정에 근친(覲親)갈 적에도 가지고 가는 귀한

---

19) 홍석모, ≪동국세시기≫, 8월, 추석.
　　"濟州俗 每歲八月望日 男女共聚歌舞 分作左右隊　曳大索兩端 以
　　決勝負 索若中絶　兩隊付地 則觀者大笑以爲照里之戲 是日又作鞦
　　韆及捕鷄之戲"

음식이다.

(1) 삼계탕(蔘鷄湯)

한여름 더위를 이길 수 있는 보양식으로 삼계탕(蔘鷄湯)이 있다. 이것을 일명 계삼탕(鷄蔘湯), 또는 영계(軟鷄)백숙이라 한다.

삼계탕이나 계삼탕은 닭에 인삼을 넣었다는 뜻이고, 영계백숙이란 부드러운 수탉으로 요리한 것이란 의미를 지닌다.

원래 영계란 한자어 연계(軟鷄)에서 왔는데, 한참 자라고 있는 햇수평아리의 연하고 부드러운 닭고기를 말한다.

예전에 시골의 닭은 방목하기 때문에 온갖 벌레, 풀과 꽃, 심지어 약초까지 먹고 자라서, 고기 맛이 매우 좋다. 따라서 배합사료로 기르는 양계장의 닭과 비교가 되지 않는다.

수평아리가 자라서 병아리 티를 벗어나면, 식욕이 왕성하고, 몸체가 커져서 성계(成鷄)에 가까워진다. 그러면 목청을 돋워 시보를 알리고, 암탉을 거느리며, 버슬이 빨갛게 돋기 시작한다.[20]

보통 봄철에 부화한 병아리가 여름철이면 400~500g쯤 되는 중병아리로 자라서 영양있는 연계(軟鷄)가 된다.

그런데 요즈음에는 양계법이 발달되어 계절에 관계없이 병아리를 부화시키기 때문에 여름철 연계의 효용성은 줄어 들었다.

---

20) 최창렬, ≪아름다운 민속어원≫, 신아출판사, 1989, 127~128쪽.

한편 영계라는 말의 뜻도 변모되어, 근래에는 이성간에 부정적 의미로 사용된다. 곧 젊고 아름다운 여자, 또는 남자를 지칭하는 비속어로 널리 사용되고 있다.

삼계탕을 만드는 구체적인 방법은 다음과 같다. 우선 병아리를 깨끗하게 손질한 후에, 배 안에 찹쌀을 채워넣는다. 여기에 우리 전통의 토산 한약재인 인삼·황기·대추 등을 첨가한다. 옛부터 우리 조상들은 음식과 약을 같은 개념으로 받아 들여서, 한약재를 음식에 첨가하여 조리하였다.

다음에 물을 부어서 강한 불에 한번 정도 끓인 다음에, 다시 약한 불에다 1시간쯤 푹 곤다. 그러면 인삼이나 황기의 성분이 닭과 잘 어울려 충분히 우러난다. 그리고 찹쌀이 무르고 국물이 알맞게 졸았을 때에 불을 끈다. 이것을 그대로 먹기도 하지만, 꼭 짜서 즙액만을 먹기도 한다. 먹을 때 소금과 후춧가루로 간을 맞추어 먹으면 맛이 더욱 좋다.21)

한편 약재로서 말린 지네를 안에 넣고 푹 고아서 만든 지네닭은 특히 환자에게 약효가 뛰어나다고 한다.

이렇게 만든 삼계탕은 개장(狗醬 ; 보신탕)과 더불어 여름철, 특히 초복·중복·말복의 무더위에 허한 기(氣)와 영양을 보충하는 유용한 음식으로 이용된다.

한편 복날 닭을 먹는 것은 닭을 통해 삼복(三伏)의 유행병을 막는다는 데에도 의미가 있다. 이것은 닭이 양성(陽性)이기 때문에 음한 액운을 막아내고, 또한 붉은 닭피를 통해 사악한

---

21) 윤서석, 《한국음식 역사와 조리》, 수학사, 1983. (윤서석, <계삼탕>, 《한국민족문화대백과사전》 2권, 한국정신문화연구원, 275쪽.)

잡귀를 몰아내려는 데에도 목적이 있다.

(2) 닭을 이용한 그 외의 음식

삼계탕 이외에, 닭을 이용한 음식에는 여름철 영계 국물을 냉탕한 임자수탕(荏子水湯), 닭을 죽이나 찜으로 만든 닭죽·닭 찜, 제주도에서 닭을 이용해 겨울철 보신용으로 먹는 닭엿, 기타 영계구이 등이 있다.

임자수탕(荏子水湯)은 영계를 사용해 여름철 복더위에 더위를 물리치고 시원하게 먹을 수 있게 만든 음식이다. 한자어를 풀이하면, 임자(荏子)는 들깨를 말하고, 수(水)는 냉수이며, 탕(湯)은 뜨거운 국물이다. 따라서 영계를 고은 국물에 볶은 들깨를 섞어서 식힌 다음, 시원하게 냉탕한 것이다.

구체적인 조리법을 보면, 먼저 영계를 푹 고아 놓은 국물에 껍질을 벗긴 들깨를 볶아서 갈아 받힌 국물에 섞는다. 여기에 미나리, 오이채, 버섯, 동골전 등을 녹말에 씌워서 국물에 넣어 만든 냉탕이 바로 임자수탕이다.[22]

닭죽은 닭을 푹 고아서 국물에 쌀을 넣고 끓인 죽을 말한다. 닭을 백숙 상태로 고아서 그 즙액으로 만들기 때문에, 맛이 좋고 영양이 뛰어나며 소화도 잘 된다.

옛부터 평안도에서는 냇가나 강가에 나가서 물고기를 잡아 어죽을 쑤어 먹는 요리가 유명하다. 이때 물고기 대신에 닭을 가지고 나가서 죽을 끓여 먹으며 즐기기도 한다. 따라서 닭죽

---

22) 최창렬, 앞의 책, 128쪽.

은 옛부터 평안도의 대표적인 향토음식이며, 여름철과 노인들의 보양 음식으로 널리 사용되었다.[23)

한편 닭찜은 반상이나 연회상 차림에 많이 쓰이는 음식이다. 찜 조리법은 국물을 재료가 잠길 만큼 넣고 끓여서, 익으면 국물이 약간 남게 하는 조리법이다.

《증보산림경제》에는 닭찜의 조리법이 2가지 제시되어 있다. 곧 '연계찜(軟鷄蒸)'이라 하여, 병아리에 파·소금을 넣고, 기름에 볶아 7분쯤 익힌 다음에, 후추·천초·물·술을 넣어 익히는 방법이 있다. 한편 칠향계법(七香鷄法)이라 하여 살찐 암탉의 배 속에 도라지·생강·파·천초·간장·식초·기름 등의 칠미(七味)를 섞어 채우고, 항아리에 담아 밀봉하여 중탕으로 찌는 법도 있다.[24)

한편 닭엿은 제주도 향토음식의 하나로 주로 약용으로 사용된다. 찹쌀밥이나 좁쌀밥에 엿기름물을 부어 삭힌 다음에, 닭고기를 함께 넣고 고아서 만든 엿이다.

쫄깃한 닭고기와 통깨의 고소한 향기가 섞여 영양이 좋을 뿐 아니라 맛도 뛰어나다. 이것은 선선한 바람이 불기 시작할 때에 만들어 겨울철에 먹는 보신용 음식이다.[25)

한편 영계구이(軟鷄炙)는 영계의 털을 뽑고 내장을 버린 다음에 통채로 삶은 음식을 말한다.

그리고 오공계(蜈蚣鷄)가 있는데, 일반적으로 지네닭이라고

---

23) 윤서석, <닭죽>, 《한국민족문화대백과사전》 6권, 168쪽.
24) 윤덕인, <닭찜>, 앞의 책, 169쪽.
25) 윤덕인, <닭엿>, 앞의 책, 168쪽.

말한다. 이것은 닭의 내장을 꺼내고, 그 곳에 말린 지네를 넣어 푹 고은 것을 말한다. 한방에서 오공은 말린 지네를 일컫는다. 지네는 경풍, 임파선염, 늑막염에 효과가 있다고 전해진다.

닭은 그 외에 약재로도 다양하게 사용되었다. 중국의 의학서인 초본류(草本類)에서는 한결같이 약용으로는 조선의 닭을 써야 한다고 기록하고 있다. 이시진(李時珍)의 ≪본초강목(本草綱目)≫에서도 "조선의 장미계는 꼬리가 3~4척에 이르고, 여러 닭 가운데에서 맛이 가장 좋고 기름지다."고 하였다.

≪동의보감≫에서는 붉은 수탉(丹雄鷄)·흰 수탉(白雄鷄)·검은 수탉(烏雄鷄)·오골계(烏骨鷄)로 나누어 각각 효험을 서술하고 있다.

붉은 수탉은 미온하고 맛이 달며 독이 없다. 그래서 여자의 대하(帶下) 등을 다스리며, 몸이 허한 것을 보하고, 독을 없애며, 상서롭지 못한 것을 물리친다. 또한 목을 매어 혼절한 경우, 벌레가 귀에 들어가 생긴 병, 연주창 등을 다스린다.

검은 닭의 쓸개는 어두운 눈과 피부병을 치료하고, 염통은 오사(五邪)를 다스리며, 볏의 피는 젖을 나게 한다.

검은 암탉의 날개는 어린 아이가 밤에 우는 것을 고치고, 날개죽지는 하혈·대머리·부스럼을 고치며, 똥은 중풍으로 말을 못 하는 증상을 치유한다. 또한 흰닭의 경우, 발톱과 뇌는 난산을 치료하는데 사용한다.[26]

결국 삼계탕·임자수탕·영계구이·닭죽 등은 주로 여름철 건강음식으로 사용되었으며, 닭엿은 겨울철 건강음식으로 사

---

26) 서대석, <닭>, ≪한국민족문화대백과사전≫ 6권, 166쪽.

용되었다. 한편 지네 넣은 오공계 및 여러 종류의 닭이 약효로 다양하게 사용되었다. 그리고 닭에 다양한 음식을 첨가하여 맛과 영양을 높였다.

(3) 계명주(鷄鳴酒)

닭을 사용하지는 않지만, 닭이 울 때까지 짧은 시간동안 발효시키는 계명주(鷄鳴酒)가 있다. 이것은 술을 빚은 다음날 새벽, 곧 닭이 울 때까지 발효시키는 데에서 나온 명칭이다.

예전의 ≪유원총보(類苑叢寶)≫나 ≪임원십육지(林圓十六志)≫ 등의 기록에 나오는 것으로 보아, 이것은 우리 전통술의 일종이라고 볼 수 있다.

만드는 법은 저녁에 찹쌀죽에 누룩과 주모(酒母)와 엿기름을 섞어 빚는다. 그리고 다음날 새벽닭이 울 때까지는 다 익힌다. 술을 빨리 익히기 위하여 엿기름을 사용하는 것이 특징이다. 이것은 알콜의 농도가 낮고 단맛이 있는 술로 알려져 있다.27)

---

27) 이성우, <계명주>, ≪한국민족문화대백과사전≫ 2권, 262쪽.

Ⅵ. 닭띠의 특징 및 닭 관련 해몽

1. 닭띠의 특징

(1) 10간 12지와 음양오행

간지(干支)는 중국에서 천황씨(天皇氏) 때부터 사용되었다. 그리고 황제(黃帝) 때에 와서 오행(五行)의 원리와 천도의 운행을 살펴서, 육갑(六甲)을 창제하였다.

한편 은나라 시대에 이미 간지표가 갑골문자로 작성되었으며, 한나라 이후에는 음양오행가들에 의하여 책력을 작성하고 길흉화복을 판단하는데 사용되었다. 우리나라에는 신라의 삼국 통일 즈음해서 사용되어, 후에 널리 보급되었다.

간지는 10간과 12지로 나뉜다. 10간은 하늘의 기운을 중심으로 한 것이므로 천간(天干)이라고 하며, 12지는 땅의 기운을 중심으로 한 것으로 지지(地支)라고 한다. 천간과 지지를 결합

시켜서 갑자·을축·병인·정묘의 순으로 육갑(六甲)을 만들
게 된다. 따라서 60회가 되면 다시 갑자로 되돌아온다.
  이 간지가 음양오행과 결합되어 매일의 길흉, 사람의 성격,
신수와 재수 등을 판단하는 기준이 된다.

㈎ 천간(天干) : 하늘의 기운

  간(干)은 나무의 줄기(幹)를 뜻하며, 하늘의 기운을 나타낸다.
10간은 날(日)을 표시하기 위해서 만든 것이다. 천간을 음양, 오
행, 방위, 계절, 색깔, 숫자와 관련지으면 아래 표와 같다.

관계 천간	음양	오행	방위	계절	색깔	수
갑(甲)	+	木	동	봄	청(靑)	3, 8
을(乙)	−	木	동	봄	청(靑)	3, 8
병(丙)	+	火	남	여름	적(赤)	2, 7
정(丁)	−	火	남	여름	적(赤)	2, 7
무(戊)	+	土	중앙	사계	황(黃)	5, 10
기(己)	−	土	중앙	사계	황(黃)	5, 10
경(庚)	+	金	서	가을	백(白)	4, 9
신(辛)	−	金	서	가을	백(白)	4, 9
임(壬)	+	水	북	겨울	흑(黑)	1, 6
계(癸)	−	水	북	겨울	흑(黑)	1, 6

㈏ 지지(地支) : 땅의 기운

지(支)는 나무 가지(枝)를 뜻하며, 지지는 땅의 기운을 말한다. 원래 12지는 달(月)을 표시하기 위해서 은나라 때에 만든것이다. 기원전 2세기 경에 십이지의 각 지(支)에 12동물을 배열하여, 띠가 형성되었다. 특히 간지는 음양오행설과 결합하여매우 다양하게 사용되었다. 12지의 관련 동물을 음양, 오행,방위와 각도, 계절, 월, 숫자, 시각과 관련지으면 아래 표와 같다.

관계 띠	지지	음양	오행	방위	계절	月	각도	수	시 각
범	寅	+	木	동	봄	1월	240°	3, 8	오전 3~5시
토끼	卯	－	木	동	봄	2월	270°	3, 8	오전 5~7시
용	辰	+	土	중앙	사계	3월	300°	5, 10	오전 7~9시
뱀	巳	－	火	남	여름	4월	330°	2, 7	오전 9~11시
말	午	+	火	남	여름	5월	0°	2, 7	오전 11~오후 1시
양	未	－	土	중앙	사계	6월	30°	5, 10	오후 1~3시
원숭이	申	+	金	서	가을	7월	60°	4, 9	오후 3~5시
닭	酉	－	金	서	가을	8월	90°	4, 9	오후 5~7시
개	戌	+	土	중앙	사계	9월	120°	5, 10	오후 7~9시
돼지	亥	－	水	북	겨울	10월	150°	1, 6	오후 9~11시
쥐	子	+	水	북	겨울	11월	180°	1, 6	오후 11~오전 1시
소	丑	－	土	중앙	사계	12월	210°	5, 10	오전 1~오전 3시

(2) 닭띠의 일반적 성향

12지(支)의 하나인 닭은 음양(陰陽)으로 따지면 음(陰)에 해당되고, 오행(五行)으로 보면 금(金)에 해당된다. 한편 유시(酉時)는 오후 5시~7시에 해당되며, 이 시간은 닭이 둥지에 들어가는 시간이다.

닭띠는 성격으로 보아, 외적으로는 자기 확신이 강하고 적극적이지만, 내적으로는 보수적이고 고집스러운 점이 있다.

닭띠의 운세에 대해 김생수는 ≪띠를 보면 그 사람이 보이네≫[28]에서 다음과 같이 말하고 있다.

닭을 지칭하는 유(酉)는 음의 기운이 자라나 만물이 노숙한 상태로서, 술이 잘 익은 모양을 뜻한다. 그래서 유(酉)자는 물 수(水)변을 붙이면 술 주(酒)자가 된다.

원래 유(酉)자는 항아리 모양의 상형문자로, 닭띠해에는 술 항아리에 가스가 차 있는 형상이다. 따라서 무엇이 터지든가, 큰 사고가 일어나는 시끄러운 해가 되기 쉽다.

잘 익은 상태인 닭띠 기운을 타고나게 되면, 그 사람은 지능과 지모에 뛰어나며 일을 이루어 내는데 비상한 재주가 있다. 담력이 있고, 인심을 거머쥐기도 하며, 비밀스러움이 있어, 지능이 잘못 작용하면 간지(奸智)가 뛰어난 인물이 될 수도 있다. 특히 원숭이띠와 만나면 그런 특성이 두드러진다.

닭은 계절로 치면 수확의 시기인 8월(음력)에 해당된다. 하루 시간으로는 해가 지는 때에 해당되며, 따라서 닭띠의 방위

---

28) 김생수, 앞의 책, 153~166쪽.

는 서쪽이 된다.

옛사람에게 있어서 밤은 낮과 비교해서 전혀 다른 세계로 여겨졌다. 해가 지면 들짐승과 산짐승의 세상이 되어, 사람에게 덤빈다. 따라서 불빛만이 유일한 밝음이요, 무기가 된다. 그래서 사람들은 짐승의 울음소리, 나무 우는 소리, 벌레 울음소리에 귀를 기울여 어둠의 세계에 가까이 가려고 노력하였다. 어둠이 채 가시기 전에 먼동이 트는 것을 제일 먼저 알아채고 홰를 치며 우는 것은 닭이다.

따라서 닭띠는 남보다 정보 수집에 민감하여 예지(豫知) 능력을 몸에 지니고 있다. 앞을 내다 보는 능력이 있으므로, 시대를 앞서 읽을 줄 아는 감각이 뛰어나다. 또한 앞날을 어느 정도 내다 볼 수 있기 때문에, 계획적이고 꼼꼼해서 헛된 일을 하지 않는다. 반면에 너무 약게 보여서 주위로부터 고립되는 수가 있는 점이 단점이다.

닭띠는 잔나비띠와 마찬가지로 서쪽에 위치하며 금성의 성질을 갖고 있다. 하지만, 잔나비띠가 음양으로 따져 양인데 비해, 닭띠는 음이다. 따라서 같은 '공격 본능의 세계'에서도 잔나비띠는 무인(武人)·무관(武官)인데 비해, 닭띠는 문인(文人)·문관(文官)의 이미지를 갖고 있다.

이러한 본성을 갖고 있는 닭띠에게 앞을 내다 보고, 치밀하게 일을 처리하고 원만한 대인 관계를 살릴 수 있는 역할이 적당하다. 따라서 마무리역을 부여하면 어떤 곳에서도 능력을 발휘할 수 있다.

닭띠의 애정 스타일은 다른 띠와는 달리 두 가지 유형으로 나눌 수 있는데, 하나는 야성적 애정형이며, 또 하나는 분위기 중심의 애정형이다.

야성적 애정형은 강한 남성의 기질을 나타낸다. 따라서 결정적이고 독단적이며 폭군 기질을 가지고 있다. 마치 수탉같은 기질을 가진다.

분위기 중심의 애정형은 섬세하고 감수성이 강하다. 이런 유형의 남자는 가정적으로, 요리나 세탁은 물론 아내가 아플 때 병 간호까지 잘 해 낸다. 여성의 경우엔 부지런하고, 가정적이며, 모든 일에 원만한 성격을 나타낸다.

닭띠는 크게 될 수도 있고, 작게 될 수도 있는 극단적인 운세를 타고 났다. 그러므로 닭띠의 특성인 지적 능력을 어떻게 사용하느냐에 따라 운명이 달라진다. 극단적으로 이기적인 닭띠가 있는데, 이런 사람은 중간 과정은 좋아도 마지막에 가서 반드시 좋지 않은 결과를 낳게 된다.

닭띠의 특징에 대해 한림이 지은 ≪띠≫에 보면 위의 내용과 유사하다. 요약하면 다음과 같다.29)

닭띠생은 외적으로는 자기 확신이 강하고 적극적이며, 내적으로 보수적이고 고집스럽다. 마치 돈키호테와 같은 성격의 인물이다. 따라서 어려운 상황에도 책임 회피하지 않으며, 특히 어려운 임무를 좋아한다.

남자일 경우, 수탉과 관련지어 매우 매력적이고 뛰어난 미남형이다. 기품있는 새처럼 눈부시고 자신의 훌륭한 외모를 자랑하며 몸가짐이 순수하다. 닭처럼 위엄스럽게 으쓱거리고

---

29) 한림 저, 이태경 편역, ≪띠≫, 나다기획, 1996, 255~262쪽.

다닌다.

닭띠생에는 2가지 유형이 있다. 다혈질이고 지나치게 수다
스러운 유형과 몹시 근엄한 관찰자 유형이다. 둘다 똑같이 다
루기 힘들며, 단정하고, 정확하며, 체계적이다. 또한 결단력이
있고, 곧은 성품이면서, 민첩·솔직하다.

그는 자신의 지식과 영리함을 과시하면서 논쟁하고 토론하
기를 좋아한다. 또한 남의 눈을 끄는 화려한 직업, 곧 연예인
기질로 사람들의 눈길을 끈다. 그리고 말이나 글에 능숙하다.
특히 새벽녘의 인시(寅時)나 저녁 무렵의 유시(酉時)에 태어난
닭띠생은 떠들썩한 성격을 지닌다. 그러나 밤에 태어난 닭띠
생은 반대로 지나치게 진지하고, 자기 억제를 잘 하며, 속을
드러내지 않는다.

따라서 모든 닭띠생은 완벽주의자들이며, 하늘에 닿으려는
수탉처럼 과도한 야망을 지니고 있다. 그리고 감정에 좌우되
며, 활동지향적이고, 호기심이 많은 기질로, 항상 탐구하는 마
음으로 목표에 매달린다.

부정적인 측면에서 닭띠생은 자아중심적이며, 고집이 세고
이기적이다. 한편 자신에 대하여 확신을 갖지 못하여 아첨에
약하고 현혹당하기 쉽다. 그리고 칭찬받는 것을 좋아하고, 남
의 비판을 인정하지 않으려고 한다.   ·

(3) 오행에 따른 닭띠의 특징

오행설의 기원은 기원전 4세기로 알려져 있다. 오행에서 수

(水)의 성질은 물체를 적시고 아래로 스며들게 하며, 화(火)는 위로 타올라 가며, 목(木)은 휘거나 곧게 나가기도 한다. 금(金)은 주형에 따르는 성질이 있고, 토(土)는 씨앗을 뿌려 추수를 할 수 있게 하는 성질이 있다.

오행에 따른 다섯가지 닭띠의 특징은 다음과 같다.[30]

㈎ 금(金)의 닭띠

신유년(辛酉年 ; 1921년, 1981년, 2041년)생

뛰어난 추리력으로 타인을 사로잡는 날카로운 눈과 식견을 가지고 있다. 따라서 현실적이면서, 정확하고, 부지런한 유형이다. 탐구적인 일에 정열적이고, 또한 낙천적인 이상주의자이다.

쇠(金)의 성분으로 인해 고집이 세고 완고해서, 중요한 지위와 명성에 대한 욕구가 강하다. 한편 스스로 고안한 일에 집착해서 남의 견해에 쉽사리 찬동하지 못한다. 웅변술에 재능이 있어, 반대자들의 목소리를 잠재울 수 있다. 그러나 아무리 실제적이고 이성적이라 할지라도 자신이 직접 도전을 받을 땐 공정한 태도를 유지하기 어렵다.

만약 타인과의 관계가 순조롭지 못하고, 타협하기 위한 진정한 노력을 할 수 없다면, 그의 재능은 낭비되고, 사람들은 그의 천재성을 알지 못한다. 지나치게 합리적이고, 분석적인 것도 그의 천재성을 알아주지 못하게 하는 요인이다. 곧 해가

---

30) 한림 저, 이태경 편역, 앞의 책, 264~267쪽.

될 수 있다.

금(金)의 닭띠는 외적인 허장성세에도 불구하고 자신의 감정을 잘 억제한다. 그는 생활에서 질서를 주장하고, 지나칠 정도로 위생적이다.

그러나 욕심많은 닭띠는 물질적 재물에 의한 부(富)에 끌리는 동시에, 사회적 개혁에 대해서도 관심을 갖는다. 그는 모든 사람에게 봉사하고, 알고 있는 지식을 널리 알리려고 하며, 사회문제의 해결이나 개혁을 위해 앞장서는 데에 충족감을 느낀다.

㈏ 수(水)의 닭띠

계유년(癸酉年 ; 1933년, 1993년, 2053년)생

문화를 추구하는 지적인 유형이다. 강한 에너지와 독창성을 가지고 일을 처리한다. 그리고 자신의 재능을 펼치고, 도움이 되는 사람을 모으는데 애쓴다.

수(水) 성분 때문에 명확한 사고와 현실성을 지닌다. 그는 극복할 수 없는 문제에 부딪쳤을 때는 고분고분해서, 쉽게 설득당한다. 한편 다른 닭띠처럼 엄격하거나 자아희생적이지 못하다.

문장력과 언어 구사력이 뛰어나므로, 대중을 이끌고 다른 사람이 행동하도록 유도한다. 과학적인 성향이 강하고, 건강이나 의술에 관심이 있다. 정신세계는 컴퓨터처럼 효과적으로 작동한다. 따라서 세세한 것을 지나치게 강조하다보면, 중요한

문제를 놓치는 경우도 있다. 한편 체계·순서·절차를 중요시
하므로 완벽함을 추구할 경우에는, 관료적이고 소심한 경향을
나타낸다.

㈐ 목(木)의 닭띠

을유년(乙酉年 ; 1945년, 2005년, 2065년)생

타인에 대해 사려깊고, 인생을 크게 보는 포용력을 지닌 사
람이다. 다른 닭띠만큼 고집이 세거나 완고하지 않다. 그러나
여전히 문제를 복잡하게 만들어서 자신이 만든 미로에 갇혀
버리는 경향이 있다.

그는 자신의 열정을 자제하고, 지니치게 열중하지 말아야
한다. 그리고 다른 사람이 자신처럼 정력과 헌신하는 마음을
지녔을 것이라고 기대하지 말아야 한다. 한편 의도가 아무리
훌륭하더라도, 아래 사람들을 긴장시키고, 기계적으로 정확하
게 통제시켜, 견딜 수 없게 만들 수도 있다.

목(木)의 기질은 그를 발전 지향적으로 만든다. 목(木)의 기
질이 정직하고 성실함과 결합되면, 일을 뛰어나게 잘 완수하
여 주위 사람들을 놀라게 한다.

그는 개방적이고, 공정하며, 사교적이다. 따라서 다른 사람
의 복지를 위해 사심없이 헌신한다. 사회 조건들을 개선시키
고, 그것에 공헌하려 애쓴다. 한편 마음이 맞고 취미가 같은
사람을 좋아하므로, 함께 일하는 사람들과 친밀한 관계를 유
지하며, 확실한 신뢰성을 구축한다.

그러나 기본적으로 닭띠이므로, 감정이 격해지면 독설을 아끼지 않고, 자기 방어를 통해 자신의 안전을 지키려 애쓴다. 한꺼번에 과격한 계획을 너무 많이 떠맡지 않는다면, 인생이 행복하다.

㈃ 화(火)의 닭띠

정유년(丁酉年 ; 1897년, 1957년, 2017년)생

이것은 하나의 유성(流星)과 같다. 불을 지니고 있어서 격렬하고, 매우 자발적이며, 권위적이다. 한편 감정적이고, 지나치게 극적이며, 때로는 신경질적이다. 하지만 일을 혼자서 놀랍도록 정확하고 솜씨있게 처리한다. 그는 확고한 원칙과 일념으로 성공을 추구하며, 보통 이상의 관리 능력과 지도력을 보여준다.

화(火)의 닭띠는 부지런하고 강렬하다. 따라서 자기 관점과 의지로 살며, 자기 방식대로 사실을 탐구하고, 실현 가능한 연구를 수행한다. 그는 다른 사람의 감정이나 의견에 감동받거나 흔들리지 않는다. 그러나 자신이 하는 일에 있어서 매우 도덕적이고 윤리적이다.

그는 때때로 너무 완고하여, 실현 가능한 타협을 이루어 내지 못하면서, 어떤 상황을 지나치게 꼼꼼히 관찰하는 습관이 있다. 만약 결과가 기대에 미치지 못하면, 그는 신문하는 사람의 역할을 맡거나, 큰 소동을 일으킬 수도 있다.

그러나 그는 복합적인 재능을 지니고 있으며, 단점에도 불

구하고 행동 이면에 매우 고귀한 의도를 지닌다.

㈕ 토(土)의 닭띠

기유년(己酉年 ; 1909년, 1969년, 2029년)생

학구적이고, 분석적이며, 탐구적이다. 진리를 추구하며, 일찌기 독자적인 자신만의 지식을 쌓아나간다.

흙(土)의 기운 때문에 주어진 일을 정확하고, 효율적이며, 주의깊게 처리한다. 그는 사소한 일을 걸러낼 줄 알고, 자력으로 냉혹하고 차가운 사물의 실상을 바라볼 줄 안다.

그는 큰 책임을 지는 것을 두려워하지 않지만, 남의 잘못에 대해서는 닭띠의 속성처럼 계속해서 직접 공박을 한다. 꾸밈이 없고, 독선적이며, 선교사와 같은 성향을 나타낸다.

그는 회의를 소집해서, 주위 사람에게 더 열심히 일하고, 자신을 본받으라고 계속 설득한다. 만약 자신의 직업이 보람있는 일이라면, 간소하고 엄격한 삶을 영위할 수 있다. 한편 대단히 체계적인 성격으로 후손을 위해 자료을 쌓으며 모든 일을 기록한다.

이들은 부지런한 일꾼이고, 엄격한 교육자이며, 혹독한 비평가이다. 새벽부터 해 질 때까지 씨뿌리고 거두어 들인다. 만약 실제적인 일에 야심을 불태운다면, 계속해서 성공을 향해 나아갈 수 있다.

(4) 닭띠와 다른 띠와의 관계

㈎ 각 띠(地支)의 조화

① 3합 관계

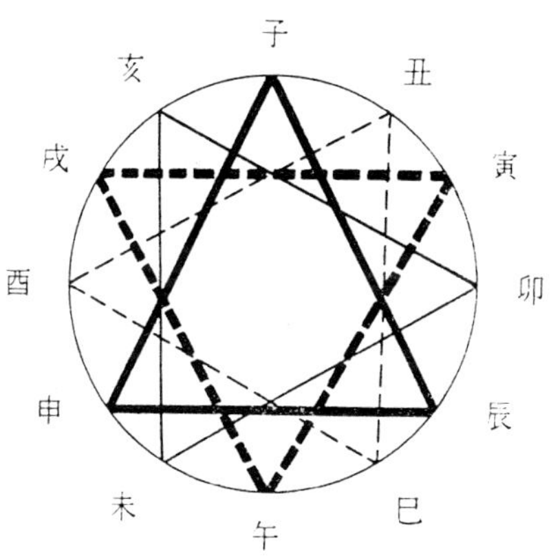

• 각 띠의 조화

위의 표에서 12띠가 서로 삼각관계를 형성하는 경우, 3합
관계라고 해서 매우 좋다고 한다. 따라서 그들 띠 사이에는 서
로 조화를 이루게 된다.

◦ 쥐·용·원숭이 : 적극적인 활동형의 이상적 조합.
◦ 범·말·개 : 인도적인 추구와 보편적 이해 중시.
◦ 소·뱀·닭 : 목적 의식이 있고, 차분한 관계 유지.
◦ 토끼·양·돼지 : 감정(감각, 느낌 등)에 의해 좌우됨.

② 갈등 관계

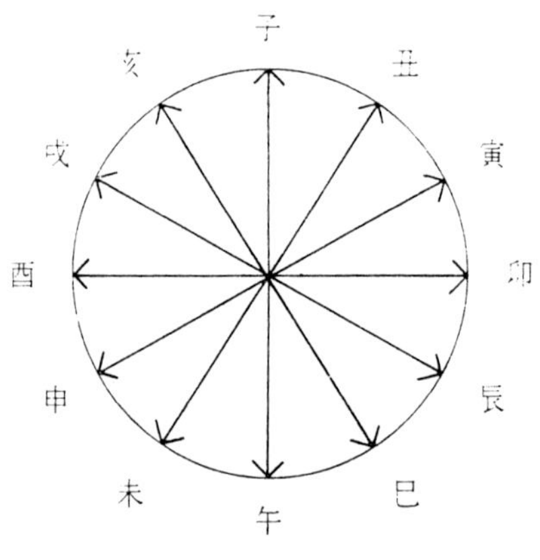

• 각 띠의 상극 관계

　　위의 표에서 각 띠가 서로 반대 방향에 위치하는 경우에는 매우 좋지 않다. 한편 같은 띠가 서로 만날 경우에도 좋지 않다고 한다.

◦ 쥐(子)띠 ↔ 말(午)띠
◦ 소(丑)띠 ↔ 양(未)띠
◦ 범(寅)띠 ↔ 원숭이(申)띠
◦ 토끼(卯)띠 ↔ 닭(酉)띠

◦ 용(辰)띠 ↔ 개(戌)띠
◦ 뱀(巳)띠 ↔ 돼지(亥)띠

㈏ 오행의 상생과 상극

오행이 서로 만났을 때에 상생(相生)과 상극(相剋)의 2가지 경우로 나타난다. 상생과 상극을 도표로 제시하면 다음과 같다.

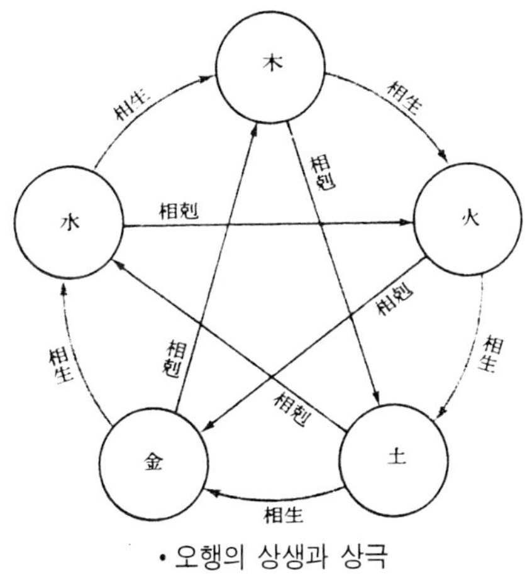

• 오행의 상생과 상극

금은 수, 수는 목, 목은 화, 화는 토, 토는 금에 상생 관계에 있으며, 이것은 계속 순환된다. 남녀가 상생으로 만나면 화합하여 행복하게 된다. 상생의 관계를 5행의 속성에 따라 설명하면 다음과 같다.

◦ 금생수(金生水) : 금속은 물을 담는 그릇이고, 금속을 가열하

면 액체가 됨.
◦ 수생목(水生木) : 물은 식물을 성장시킴.
◦ 목생화(木生火) : 나무 2개를 비벼야 불이 일어나며, 불은 자
체로 존재하지 못함.
◦ 화생토(火生土) : 불은 재를 만들고, 재는 흙의 일부가 됨.
◦ 토생금(土生金) : 땅에서 모든 금속을 캐냄.

한편 상극(相剋)은 서로 화합하지 못하고 갈등을 일으키는 관계를 말한다. 남녀가 상극으로 만나면 재화(災禍)가 생기며 불행해진다. 상극의 관계를 5행의 속성에 따라 설명하면 다음과 같다.

◦ 화극금(火剋金) : 불이 금속을 녹임.
◦ 수극화(水剋火) : 물은 불을 꺼뜨림.
◦ 토극수(土剋水) : 땅에 수로를 내거나, 물을 보관하기도 함.
◦ 목극토(木剋土) : 나무의 뿌리는 흙을 헤치고, 영양분을 흡수함.
◦ 금극목(金剋木) : 쇠로 만든 도끼날로 큰 나무를 쓰러뜨림.

위의 상생과 상극을 토대로 하여 오행 사이의 관계를 도표로 제시하면 다음과 같다. 이것은 남녀 각 띠의 상호 관계를 살피는데 중요하다.

오행 (천간/ 지지)＼관계	심한 갈등	약간의 갈등	갈등 없음	성공적 관계
금 (申, 酉/ 庚, 辛)	화	토	금	수, 목
화 (巳, 午/ 丙, 丁)	수	목	화	토, 금
수 (亥, 子/ 壬, 癸)	토	금	수	목, 화
토 (辰, 未, 戌, 丑/ 戊, 己)	목	화	토	금, 수
목 (寅, 卯/ 甲, 乙)	금	수	목	화, 토

㈐ 오행에 따른 관련 사업·직업

한편 5행과 관련지어, 사업이나 직업관계를 따져 볼 수 있다. 이 때에는 5행의 속성에 따라서 긍정적이거나, 부정적인 사업·직업을 선택할 수 있다. 우선 5행과 관련되는 사업을 제시하면 다음과 같다.

- 나무(木) 관련 사업 : 종이, 가구, 목재상, 건축 등
- 쇠(金) 관련 사업 : 철강, 자동차, 비행기 제조, 보석, 통조림 등
- 물(水) 관련 사업 : 음료수, 생수, 수영장, 인간 대상 직업(심리학, 대중연설) 등
- 흙(土) 관련 사업 : 농업, 식료품, 부동산 등
- 불(火) 관련 사업 : 소방서, 화약, 대장간 등

① 금(金) 관련 띠의 사업

금(金) 관련 띠는 해(年)·달(月)·날(日)에 있어서, 지지는 원숭이(申)·닭(酉)이 포함되는 경우, 천간은 경(庚)·신(申)이 포함될 경우에 해당된다. 한편 시간은 오후 3~7시에 해당된다.

이런 경우 금(金)은 목(木)에 상극으로, 제압할 수 있는 관계이므로, 목재 관련 사업에 좋다. 한편 금(金)은 수(水)에 상생으로, 금이 수를 낳기 때문에, 물 관련 사업도 좋다. 그리고 같은 쇠(金) 관련 사업도 무난하다.

그러나 불(火)은 금(金)에 상극이므로, 불 관련 사업은 좋지 않다. 또한 토(土)가 금(金)을 상생하기 때문에, 흙(土) 관련 사업도 좋지 않다.

> ○ 나무(木), 물(水) 관련 사업 : 성공적
> ○ 쇠(金) 관련 사업 : 무난
> ○ 불(火), 흙(土) 관련 사업 : 부정적(마찰)

② 화(火) 관련 띠의 사업

화(火) 관련 띠는 해(年)·달(月)·날(日)에 있어서, 지지는 뱀(巳)·말(午)이 포함되는 경우, 천간은 병(丙)·정(丁)이 포함되는 경우에 해당된다. 한편 시간은 오전 9시~오후 1시에 해당된다.

이런 경우 화(火)는 금(金)에 상극으로, 제압할 수 있는 관계이므로, 쇠 관련 사업에 좋다. 한편 화(火)는 토(土)에 상생으로, 화가 토를 낳기 때문에, 물 관련 사업도 좋다. 그리고 같은 불(火) 관련 사업도 무난하다.

그러나 수(水)는 화(火)에 상극 관계이므로, 물 관련 사업은 좋지 않다. 또한 목(木)이 화(火)를 상생하기 때문에, 나무(木) 관련 사업도 좋지 않다.

- 흙(土), 쇠(金) 관련 사업 : 성공적
- 불(火) 관련 사업 : 무난
- 물(水), 나무(木) 관련 사업 : 부정적

③ 수(水) 관련 띠의 사업

수(水) 관련 띠는 해(年)·달(月)·날(日)에 있어서, 지지는 돼지(亥)·쥐(子)가 포함되는 경우, 천간은 임(壬)·계(癸)가 포함되는 경우에 해당된다. 한편 시간은 오후 9시~오전 1시에 해당된다.

이런 경우 수(水)는 화(火)에 상극으로, 제압할 수 있는 관계이므로, 불 관련 사업에 좋다. 목(木) 관련 사업도 좋으며, 수(水) 관련 사업은 무난한 편이다.

그러나 토(土)와 관련되는 분야는 매우 불리하고, 금(金) 관련 분야는 성공을 거두기 어렵다.

- 불(火), 나무(木) 관련 사업 : 성공적
- 물(水) 관련 사업 : 무난
- 흙(土), 쇠(金) 관련 사업 : 부정적

④ 토(土) 관련 띠의 사업

토(土) 관련 띠는 해(年)·달(月)·날(日)에 있어서, 지지는 용(辰)·양(未)·개(戌)·소(丑)가 포함되는 경우, 천간은 무(戊)·기(己)가 포함되는 경우에 해당된다. 한편 시간은 오전 1~3시, 오전 7~9시, 오후 1~3시, 오후 7~9시에 해당된다.

이런 경우 토(土)는 수(水)에 상극으로, 제압할 수 있는 관계이므로, 물 관련 사업에 좋다. 한편 토(土)는 금(金)에 상생으로, 토가 금을 낳기 때문에, 쇠 관련 사업도 좋다. 그리고 같은 흙(土) 관련 사업도 무난하다.

그러나 목(木)은 토(土)에 상극 관계이므로, 나무 관련 사업은 좋지 않다. 또한 화(火)가 토(土)를 상생하기 때문에, 불(火) 관련 사업도 좋지 않다.

- 물(水), 쇠(金) 관련 사업 : 성공적
- 흙(土) 관련 사업 : 무난
- 나무(木), 불(火) 관련 사업 : 부정적

⑤ 목(木) 관련 띠의 사업

목(木) 관련 띠는 해(年)·달(月)·날(日)에 있어서, 지지는 범(寅)·토끼(卯)가 포함되는 경우, 천간은 갑(甲)·을(乙)이 포함되는 경우에 해당된다. 한편 시간은 오전 3시~오전 7시에 해당된다.

이런 경우 목(木)은 토(土)에 상극으로, 제압할 수 있는 관계이므로, 흙 관련 사업에 좋다. 한편 목(木)은 화(火)에 상생으로, 목이 화를 낳기 때문에, 불 관련 사업도 좋다. 그리고 같은 나무(木) 관련 사업도 무난하다.

그러나 금(金)은 목(木)에 상극 관계이므로, 쇠 관련 사업은 좋지 않다. 또한 수(水)가 목(木)를 상생하기 때문에, 물 관련 사업도 좋지 않다.

- 흙(土), 불(火) 관련 사업 : 성공적
- 나무(木) 관련 사업 : 무난
- 쇠(金), 물(水) 관련 사업 : 부정적

㈃ 닭띠와 다른 띠의 관련성

닭띠와 다른 띠와의 관련성은, 이미 앞에서 제시한 12동물의 음양오행에 의한 상호 관련성, 오행에 따른 상생과 상극의 관계 및 관련 사업, 그리고 동물의 생태적 속성과 다른 동물과의 연관에 따라서 규정된다.

한림은 ≪고대인적 우주관≫이란 책에서 다음과 같이 말하고 있다.

닭띠는 지혜롭고 직관적인 뱀띠와 잘 어울리며, 소띠나 용띠와도 잘 어울린다. 그 외에 다만 범띠, 양띠, 원숭이띠와는 부분적으로 조화를 이룰 수 있다. 돼지띠와도 조화를 이룬다.

그러나 닭띠는 다른 닭띠와 만날 때는 충돌이 일어난다. 또한 친근감이 부족하기 때문에, 이를 필요로 하는 쥐띠와 조화를 이루지 못하고 갈등이 노출된다. 또한 감수성이 예민한 토끼띠와는 조화를 이루지 못하며, 개띠·말띠와도 원만한 관계를 갖지 못한다.[31]

한림은 위의 논의를 다음과 같이 구체화시켰다.[32]

◦ 닭띠 + 쥐띠 : 서로 어려운 관계이다. 잘해야 서로 피하고,
          절제하면서 참는 정도이다.
◦ 닭띠 + 소띠 : 매우 성공적인 훌륭한 결합이다. 서로 의사 소
          통하는 데 어려움이 없다. 공통의 관심사를 지
          니고 있다.
◦ 닭띠 + 범띠 : 의사 소통에 틈이 있고, 서로 삼가는 것이 있
          다. 사소하지만 귀찮은 충돌이 자주 일어난다.
          잘 해야 서로 절제되는, 차가운 관계이다.
◦ 닭띠 + 토끼띠 : 조화를 이루지 못하고 분열과 불화가 있다.
          서로 이해할 수 없으며, 연애와 사업을 같이
          하면 성격상 충돌이 생긴다. 공통점이 거의 없
          다.
◦ 닭띠 + 용띠 : 매우 조화롭고 성공적인 짝이다. 서로 번창하는
          행복한 결합이다. 서로에 대해 깊이 이해하며,
          지속적인 관계를 가질 수 있다.
◦ 닭띠 + 뱀띠 : 결혼이나 그 외 동반자로 매우 훌륭한 관계이
          다. 서로 믿고 이해한다. 매우 성공적인 관계가
          된다.
◦ 닭띠 + 말띠 : 서로 존경하지 않는다. 함께 성공적으로 일을
          하기 전에 극복해야 할 성격 차이와 장애물들
          이 있다.
◦ 닭띠 + 양띠 : 서로 관계를 맺는데 있어 삼가야 할 것이 있고,

---

31) 한림, 《고대인적 우주관》, 흑룡강 조선민족출판사, 1992, 226~
    235쪽.
32) 한림 저, 이태경 편역, 앞의 책, 269~273쪽.

어려움이 따른다. 단지 조심하여 서로의 교제를 억제하는 정도이다.

◦닭띠 + 원숭이띠 : 냉정하고 형식적인 관계이다. 서로를 이해하려 하지 않는다. 다만 위태로운 일에 부닥칠 때, 서로 이해관계가 걸리면, 협조할 수 있다.

◦닭띠 + 닭띠 : 뜻이 서로 충돌하고, 서로 우위를 점하려고 싸운다. 둘은 공통되는 이해의 영역이 거의 없다. 잘 해야 공손한 관계를 유지할 정도이다.

◦닭띠 + 개띠 : 서로 절제하는 차가운 관계이다. 기본적으로 상대방에 대해 적대시하는, 문제가 많은 관계이다. 기껏해야 서로 참는 정도이다.

◦닭띠 + 돼지띠 : 상호 이해하고, 관심을 나타내는 영역이 많다. 한편 서로 깊이있게 이해하지 못하지만, 필요할 때에는 서로 협조한다.

한편 김생수는 ≪띠를 보면 그 사람이 보이네≫에서 다음과 같이 말하고 있다.

닭(酉)띠는 소(丑)띠 및 뱀(巳)띠와 3합(合)을 이루어 매우 좋다. 3합은 매우 길한 기운으로 화합의 힘이 강하며, 지혜와 재주로써 큰 복과 운이 뒤따른다.

그리고 닭띠는 용(辰)띠와는 지합(支合)을 이루어 서로 돕는 형상으로, 비교적 좋은 관계를 유지한다.

한편 쥐(子)띠, 개(戌)띠와는 파(破)나 해(害)의 관계로 약간 문제가 있다. 따라서 비교적 맞지 않는 편이다.

또한 토끼(卯)띠나 같은 닭띠와는 서로 상극관계이다. 따라서 서로 상처를 내기 때문에 매우 좋지 않다.[33]

위에 제시한 두 가지 책의 설명은 서로 유사성을 지니고 있다. 이것은 간지와 음양오행, 동물의 속성 등을 고려했기 때문이다.

일반적으로 닭띠는 뱀·소·용·돼지와 어울리고, 닭·쥐·토끼·개·말과 어울리지 않는다고 볼 수 있다.

(5) 닭띠의 출생 월별 운세

각각의 달을 12지에 대입해서, 1월부터 인(寅), 묘(卯), 진(辰)…의 순서로 대입시켰다. 따라서 닭띠의 원래 속성에다, 월별 해당 동물의 특성을 가미시켜 운세를 따진다.

태어난 달에 따른 닭띠의 운세는 김생수의 ≪띠를 알면 그 사람이 보이네≫[34]라는 책에서 발췌하였다.

㈎ 닭띠 12월생

자유를 사랑하는 모험가이다. 한 군데에 가만히 있지 못하고, 항상 자신이 힘을 쏟아부을 수 있는 대상을 찾아서 행동한다. 새로운 것에 대한 감각이 날카롭고, 유행하고 있는 놀이나 패션은 남보다 빨리 받아들여서 자기 것으로 소화하려고 한다. 친구들이 많으며 뒷받침해 주는 후원자도 있다.

그러나 단점은 마음이 잘 변하고 싫증을 잘 내는 편이라,

---

33) 김생수, ≪띠를 보면 그 사람이 보이네≫, 청산, 1994, 212쪽.
34) 김생수, 앞의 책, 157~166쪽.

사회에 나가서 마음이 굳지 않으면, 주위의 신용을 잃고, 모든 사람들이 상대해 주지 않게 될 우려가 있다.

취미를 위한 씀씀이를 줄이지 않으면 축재능력도 소용없게 된다. 기분에 따라 변화를 강하게 추구하고, 연애나 결혼 생활도 갈등이 많은 편이다. 빠른 속도에 흥미를 나타내는 것은 닭띠 12월생의 특성이다. 따라서 사고에 주의해야 한다.

대체로 속박당하는 것을 싫어하므로 자유로운 시간에 일할 수 있는 프리라이터, 디자이너가 적합한 직업이다.

(내) 닭띠 1월생

명랑하고 쾌활하며, 화제도 풍부하고 다양하다. 따라서 모임에 있어서 분위기를 흥겹게 해주는 데 뛰어나다.

모험심이 왕성해서, 나이에 관계없이 여러 스포츠나 취미에 정열적으로 도전한다.

한편 다른 사람을 즐겁게 해주기 위해서 매우 세심하게 마음을 쓰지만, 경솔하게 말을 하는 편이다. 따라서 사소한 일로 인해 대인 관계에 금이 갈 우려가 있으므로 조심해야 한다.

이성간에도 사사로운 일로 고집을 부려, 본심과 달리 보일 수 있으므로 주의해야 한다.

접대나 임기응변을 필요로 하는 비서, 전화 교환수의 업무나 서무 직종에서 높은 평가를 받을 수 있다. 또한 보조 일도 좋다.

㈐ 닭띠 2월생

한번 목표를 정하면 한눈을 팔지 않고 전진하는 유형이다. 위로 뻗어나가는 생명력이 왕성한 반면, 결단을 내릴 때에는 여러 각도에서 꼼꼼히 생각하지 않으면 마음이 놓이지 않는 신중파이다. 자신의 신념이나 생각을 이론화시키는 재주도 있어, 행동으로 옮길 때에는 주위 사람들을 반드시 납득시킨다.

또한 정확하게 기회를 잡는 감각을 활용해서 영업분야에서는 일찍 성공하는 사람이 많다.

그러나 자신을 누르려고 하는 상사나 선배 앞에서는 간단히 좌절해 버리는 약한 면도 갖고 있다. 한편 선친이 이룩한 부를 자신의 세대에 탕진해 버리는 경우도 적지 않다.

그러므로 이미 닦여있는 안정적인 일보다는 개척심, 창조력이 요구되는 벤처사업, 영업 등의 직업을 택하는 편이 좋다.

㈑ 닭띠 3월생

매우 유연해서 인간관계는 원활한다. 그러나 주체성이 결여되어 있어서, 다른 사람의 의견에 좌우되거나, 유혹에 약하다.

본질적으로 순종형이어서 상사나 윗사람들의 귀여움을 받지만, 자칫하면 동료나 후배들의 질투나 반감을 살 우려가 있다. 자신이 직접 장사나 사업을 시작하는 것보다 다른 사람 밑에서 일하는 편이 힘을 발휘할 수 있다. 그것은 책임있는 입장에 서게 되면, 망설이거나 고민해서 스트레스가 쌓이는 유형이기 때문이다.

체면을 앞세우고 사치를 좋아한다. 그래서 후배나 여성들에게 잘 보이려고 돈을 낭비해서 빚을 질 우려도 있다.

이성에게 관심이 많고, 불륜이나 직장내 연애 문제로 실패할 수도 있다. 그러나 바람기는 있지만 가정적이다. 샐러리맨 중에서도 영업이나 개발 분야가 아닌 총무부가 어울리는 유형이다.

㈔ 닭띠 4월생

침착하고, 담백하며, 어떠한 일에도 구애받지 않는 자유스런 품성을 갖고 있다. 다정다감하고 이상을 추구하는 편이기 때문에, 하고 싶은 일이나 인생의 목표를 쉽게 정하지 못하는 경향이 있다. 그러나 목표가 정해지면 패기와 재능으로 큰 힘을 발휘한다.

다만 사람에 따라서는 자존심이 화를 불러서, 인간 관계에서 갈등을 일으키게 된다. 그리고 신용을 잃으면 아주 가라앉기 때문에, 다시 일어서는데 많은 시간이 걸린다.

남녀 모두 개인 관계가 원만해서 이성으로부터 호감을 받는다. 따라서 가볍게 말을 걸거나 식사 초대를 하면 상대의 오해를 불러 일으키는 수가 있다. 이성에 대해서는 신중한 태도를 취해야 한다.

미적 감각을 살려서 화가, 패션 디자이너, 인테리어 디자이너, 스타일리스트 등의 예술분야가 적합하다.

㈜ 닭띠 5월생

내 길을 가겠다고 고집하는 독불장군 유형이다. 또한 기성의 가치관이나 격식에 얽매이지 않고 행동하기 때문에, 주위에서 이상한 눈으로 보기도 한다.

속박당하는 것을 싫어해서, 무슨 일이든 즐겁지 않으면 오래 계속하지 못한다. 또한 다른 사람들이 흉내낼 수 없는 독창적인 발상을 갖고 있어도, 그것을 살리지 못하는 경우가 있다.

너무 이상에 치우치지 말고 현실을 잘 살펴야 한다. 자신을 잘 이해해 줄 수 있는 사람을 만드는 것이 중요하다.

연애에 있어서는 맹목적이고, 독점욕이나 질투심이 강한 편이다. 때문에 독선적인 행동이나 태도를 취해서, 상대와 멀어질 수도 있다.

고정 관념에 얽매이지 않고 독자적인 세계를 창조하는 영화나 무대 감독, 만화가, 시나리오 작가가 어울리는 직업이다.

㈛ 닭띠 6월생

이들은 지는 것을 싫어한다. 따라서 남의 밑에서 일하는 것을 좋아하지 않으며, 일찍 독립하는 사람이 많다.

또한 이상주의자이고 호기심이 강하므로 여러 가지 일에 손을 댄다. 그러나 싫증을 잘 내고 끈기가 모자라서 도중에 그만두는 경우가 많은 편이다.

자의식이 강하고, 겉치레보다 진심을 곧장 드러내므로, 자신도 모르는 사이에 상대에게 상처를 주는 경우가 가끔 있다. 따라서 인간 관계에서 쓴맛을 보는 경우가 있다.

다만 젊을 때에 고생을 극복하면, 인간적으로도 단련이 되어서, 나이를 먹어감에 따라 실력이 붙고 대성할 수 있다.

잡지 편집자나 광고 디렉터 같은 매스컴 관계가 잘 어울리며, 통역이나 여행업도 좋다.

㈈ 닭띠 7월생

선천적으로 금전이나 물질운을 타고 났다. 느긋하고 무슨 일에도 조바심 내지 않기 때문에, 인생에서 비약할 수 있는 기회를 놓치는 수가 있다.

인생을 사는 방법도 그리 능숙한 편이 아니므로 장사를 시작해도 그리 큰 발전을 기대하기 어렵다. 샐러리맨인 경우, 영업보다는 연구실에서 차분히 신제품 개발을 하는 편이 어울린다.

물질적으로 풍요롭기 때문에 정신적인 것을 중시하는 경향이 있다. 본래 문학이나 미술에 흥미가 있고, 학문이나 예술 분야에서 한 가지 관심 분야를 찾으면 끊임없는 탐구심으로 큰 업적을 쌓을 가능성이 있다.

평생 먹는 것에는 어려움을 겪지 않는 재운을 타고 났으므로, 자신의 뜻에 맞지 않는 일을 하는 것보다 자신이 하고 싶은 일에 도전하는 편이 낫다.

㈜ 닭띠 8월생

겉으로 보기에 침착한 인상을 주지만, 의외로 수선스런 면을 갖고 있다. 명랑하고, 풍부한 화제를 가지고 눈치 빠르게 행동하기 때문에 사람들이 좋아한다.

그러나 너무 약삭빠르고 눈앞의 일에만 집착하다 보면 큰 일을 그르칠 우려가 있다. 커다란 목표를 갖고 무엇을 해야 할지 생각해서 행동해야 한다.

머리가 좋은 반면, 교만하거나 자기 본위로 행동하기 쉽다. 또는 일을 적당히 해 버리거나, 직업을 자주 바꾸면 성공하기 어렵다. 자신의 재능을 과신하지 말고 겸허한 태도로 일에 임해야 한다.

가끔 성실한 생활에 싫증을 내고 방탕한 생활을 동경하지만, 경솔한 행동은 삼가해야 한다.

사무직보다는 몸을 움직이는 일이 더 어울리므로, 운송업이나 유통업이 좋을 것이다.

㈜ 닭띠 9월생

생각이 깊고, 품위가 있으면서 화려한 분위기를 풍긴다. 온화한 매력으로 사람들의 마음을 사로잡는다.

앞을 내다보는 눈이 있으며, 남보다 한 발 앞서서 생각할 줄 안다. 계획적이고 세심해서 장래를 내다볼 줄 알기 때문에,

헛된 일을 하지 않는다.

그러나 두뇌 회전이 빨라서 조급해지기 쉽다. 자신의 추진력을 따라오지 못하는 사람을 무시하거나 깔보며, 주위로부터 반감을 사서 고립되는 수가 있다.

잔재주가 있어 여러가지 일에 손을 대다가, 오히려 화가 되어 성공하지 못할 수도 있다. 하지만 재주가 있는 분야에서 미적 감각을 살려나간다면 독자적인 세계를 구축할 수 있을 것이다.

젊은 시절에는 겉치레에 얽매이기 때문에, 연애에서 실패할 우려가 있다. 자기 주장이 강한 특성을 살려 자신의 아이디어로 승부할 수 있는 일을 하는 것이 좋다. 구체적으로 매스컴이나 패션 관계에서 일하는 것이 가장 좋다.

㉭ 닭띠 10월생

적극성이 없는 성격으로, 자신의 재능이나 행동에 자신감을 갖지 못하는 결점을 갖고 있다. 따라서 겸손하고 절도있는 사람으로 평가받을 수 있지만, 크게 비약하기는 어려운 점이 있다.

예를 들면, 큰 기회가 눈 앞에 있어도 자신에게 무리라고 여기고 시도하지 않는다. 이것은 공부나 연애에서도 나타난다. 때문에 적극성을 지니도록 노력해야 한다. 마음으로부터 신뢰할 수 있는 사람을 만나서 무슨 일이든 그와 상담하며 진행시키는 것이 좋다. 꾸준히 노력하는 유형인 까닭에, 때가 오면 큰 열매를 맺을 수 있다.

결벽증이 있고 내성적이기 때문에 스트레스를 받기 쉽다. 그 결과 정신적으로 불안정해지기 쉬우므로, 좋든 싫든 단호한 판단을 갖도록 해야 한다.

사무 처리 능력이 뛰어나므로, 회사에서는 경리·영업·사무 등의 일이 적합하다.

㉫ 닭띠 11월생

비뚤어진 것을 싫어하고, 정의감이 강하며, 의리가 있다. 그리고 인정이 넘치고, 이해 관계를 따지지 않고 사람을 사귀므로, 주위의 신뢰를 받는다.

한편 정의감이 강하지만, 모든 사람에게 함부로 덤비지 않는다. 곧 상대나 상황에 따라 대책을 세우며 사려깊게 행동한다.

깊이 생각한 끝에 판단이 서면, 실패를 두려워하지 않고 돌진하는 저돌적인 성격이다. 역경에 처하더라도 포기하지 않는 힘을 갖고 있으므로, 자신을 과신하지 않는다면 일찍 성공할 수도 있다.

열정의 소유자이므로, 열렬한 연애를 하고, 결혼 후엔 성실하고 애정이 넘치는 가정을 이룰 수 있다.

갖고 있는 힘과 에너지를 살릴 수 있는 토목·건축 관계의 현장 감독, 프로 스포츠 선수가 적합한 직업이다.

(6) 닭띠의 출생 시간별 운세

하루 24시간은 12지의 12동물에 대입되어 2시간씩 나뉘어진다. 따라서 저녁 11시부터 2시간씩 자시, 축시, 인시…의 순서로 대입된다.

따라서 닭띠의 원래 속성에다, 시간별 특징과 해당 동물의 특징이 가미된다. 이 내용은 주로 한림의 ≪띠≫[35]에서 발췌하였다.

- 자시생(子時生, 오후 11시~오전 1시)

  상대에게 상큼한 매력과 호기심을 일으키는 사람이다. 내부의 쥐(子) 기질 때문에, 더욱 쾌활하고 친근감이 있다. 역시 논쟁적인 성향이 있지만 좀더 유쾌한 방식으로 진행한다.

- 축시생(丑時生, 오전 1시~오전 3시)

  소(丑)의 기질은 두 발을 굳건히 땅에 딛고, 변덕스러운 병아리를 끌어내려서 차분하게 한다. 그러나 닭과 소는 둘 다 권력을 갈망하고, 절대 권력이 주어지면 거칠게 휘두른다. 파리 한 마리 죽이려고 모루채(대장간의 쇠메)를 사용하는 유형이다.

- 인시생(寅時生, 오전 3시~오전 5시)

  천성적으로 남의 마음을 끌지만, 앞뒤가 맞지 않는 사람이다. 같은 숨결로 뜨겁게 또는 차갑게 입김을 불 수 있는 사람이다. 닭띠의 분석적인 자질이 범띠의 무감각 속에 잠

---

35) 한림 저, 이태경 편역 ≪띠≫, 다나기획, 1996, 267~269쪽.

겨버린다. 따라서 정상적이지 못한데, 이것은 잘못된 자기 신뢰에서 비롯된다.

• 묘시생(卯時生, 오전 5시~오전 7시)

언제나 자신의 먹이를 구하는 능력있는 조용한 새와 같다. 문제는 별로 일으키지 않지만, 허세부리는 데에 뛰어나다.

• 진시생(辰時生, 오전 7시~오전 9시)

자신이 가진 권력의 극히 작은 부분이라도 빼앗기는 걸 허용하지 않는 사람이다. 내부의 기운 때문에, 자기 확신이 극에 달해, 괴벽스러우면서 두려움을 모른다. 한편 교묘한 솜씨로 반대편을 제거하는 능력이 있다.

• 사시생(巳時生, 오전 9시~오전 11시)

지혜롭고 강인한 사람이다. 뱀의 성질은 초연하고 비밀스럽게 만든다. 이 사람은 자신의 일에 몹시 신경쓰고, 생각을 속에만 품고 있다.

• 오시생(午時生, 오전 11시~오후 1시)

예민한 반사능력을 지닌 재치있고 현실적인 사람이다. 말과 닭은 모두 발랄하고 화려한 취미를 지니고 있다. 그러나 말은 닭띠에게 실현 불가능한 일에 시간을 낭비하지 말라고 가르친다. 그리하여 추구하는 일은 항상 높은 보상이 돌아간다.

• 미시생(未時生, 오후 1시~오후 3시)

사랑스럽고, 협조적인 편이며, 부끄러움을 탄다. 양의 수줍음이 닭띠의 무모한 행위를 융화시킨다. 두 성질이 매우 좋게 작용한다.

• 신시생(申時生, 오후 3시~오후 5시)

교활하면서 쾌활한 성격이다. 목적 의식이 강하며, 담력이 있고, 타협을 하는 데 능란하다. 항상 성공의 행운이 따른다.
• 유시생(酉時生, 오후 5시~오후 7시)
 매우 까다로우나, 뛰어난 비평 능력을 지닌 유능한 사람이다. 비길 데 없이 우수하고 뛰어나지만, 괴짜로 행동하는 특이한 사람일 가능성이 많다.
• 술시생(戌時生, 오후 7시~오후 9시)
 계산적이면서 변덕스럽지만, 공정한 사람이다. 개의 기질 때문에 건방지지 않고, 고집도 세지 않은 편이다. 개와 닭은 똑같이 이상주의적인 정신과 날카로운 구변을 지녔으므로, 결합하면 찬란한 빛을 발한다.
• 해시생(亥時生, 오후 9시~오후 11시)
 상대가 좋아하든, 좋아하지 않든 간에 돕겠다고 우기는 자기만족적인 성격이다. 외견상 발랄하고, 사교적인 멋쟁이다. 이기적이지 않으며, 특히 정직하지 않은 것을 거부한다.

2. 닭 관련 해몽과 길흉

(1) 꿈과 해몽

 꿈은 뇌수의 활동이 깨어있을 때와 다른 수면 상태에서 나타난다. 곧 통일된 뇌의 활동이 이루어지지 않은 상태에서 일어난다.
 이것은 현실체험과 밀접한 관련을 갖는다. 2가지 이상의 부분이 조합되거나, 서로 바뀌기도 하는 등 현실적 사고로 이해하기 어려운 비논리적이고, 비합리적인 면이 나타난다.

이런 점에서 현실 속에서 불가능한 초현실적인 일이나, 현실 속에서 이루지 못한 바램 등을 반영하기도 한다.

꿈은 인류의 보편적 생리현상으로 민족에 따라 다양한 해석이 가능하며, 꿈을 소재로 한 문화 현상이나 예술 창작도 끊임없이 이루어지고 있다.

고대인들은 꿈을 인간의 영적(靈的)인 활동의 산물이라고 믿었다. 따라서 꿈이 미래에 전개될 어떤 사건의 전조라고 믿고, 그 꿈을 해석하여 미래의 일을 알아내고 길흉을 점치는 방법을 만들어 냈다.

꿈을 해석하는 것을 해몽(解夢)이라 하고, 꿈을 근거로 미래의 일을 점치는 것을 몽점(夢占)이라 한다.

현재 꿈을 풀이하는 해몽은 꿈 속에서 겪은 내용을 중심으로 인체·인사(人事)·자연물·가옥·기물(器物)·동물·식물 등으로 나눌 수 있다.

(2) 닭 관련 길조어·금기어에 나타난 꿈

동물 관련 길조어와 금기어는 많이 나타나고 있지만, 그 중에서 닭과 관련된 것은 드물다. 관련 내용은 다음과 같다 .

- 꿈에 닭을 보면 해롭다.
- 꿈에 닭과 거위를 죽이면 대길하다.

• 꿈에 닭이나 오리나 거위를 죽이면 길하다.
• 꿈에 수탉을 보면 성공한다.

대체로 꿈 속에 닭이 나타나면 좋지 않게 여겼다. 닭의 활동 시간은 해가 뜨고 지는 것과 같은데, 인간이 꿈을 꾸는 시간은 밤에 이루어진다. 따라서 닭은 꿈을 깨우는 역할을 한다.

꿈은 현실 속에서 이루지 못한 이상의 세계를 형상화시킨다고 보면, 닭은 꿈과 공존하기 어렵다. 이런 점에서 꿈에 나타난 닭이 부정적인 모습을 띠게 된다고 볼 수 있다. 역으로 꿈 속에서 닭을 죽이면 좋다는 해몽이 가능하게 된다.

한편 닭을 보면 흉하나, 수탉을 보면 길하다고 한다. 여기에서의 닭은 암탉을 지칭하는 것이다. 수탉을 행운으로 본 것은, 닭의 볏을 벼슬의 상징으로 여겨, 오히려 관운이 있다고 해석한 것으로 볼 수 있다.

(3) 닭 관련 꿈의 해몽

해몽은 오랜 기간 삶의 체험 속에서 속신(俗信)의 성격으로 전해 내려온다. 따라서 일정한 이론적 근거를 가지고 있지 않다.

그러나 해몽은 일반적으로 크게 2가지로 나눌 수 있다. 하나는 꿈의 내용을 상징적 의미로 해독하여 풀이하는 경우이고, 또 하나는 꿈을 현실과 반대로 풀이하는 경우이다.

꿈의 상징적 의미를 알아내는 방법은 동일한 문화권에서 오랜 기간 같이 살아오면서 형성된다. 따라서 사람들이 그 동물을 어떻게 인식하느냐에 따라 달라진다.

예를 들면 우리는 용에 대해 수신(水神) 및 위대한 존재로 인식했다. 호랑이는 신성성과 우둔한 존재 등으로 다원화시켰으나, 대체로 신성성에 비중을 더 두었다. 이런 동물에 대한 인식이 해몽의 바탕을 이룬다.

한편 흉한 꿈이 길조라는 해석은 꿈과 현실이 상반된다는 이론에 근거한다. 이것은 꿈이 심리적 보상 작용의 산물로서 무의식의 열등의식이라는 심리학자의 견해와 통한다. 곧 현실적 욕망 충족이 꿈으로 나타났다는 프로이드식의 견해라고 볼 수 있다.

이런 점에서 개인의 꿈에 대한 분석을 할 경우에는 꿈 꾼 사람의 개인적 체험을 탐색해야 한다. 곧 꿈꾼 사람의 정신이 감촉되어 생각이 지어짐에 따라 나타나는 현상이라고 할 수 있다.

한편 이와 더불어 집단의 보편적으로 나타나는 원형 의식도 함께 반영된다. 이런 집단 무의식은 그 민족이 오랜 기간동안 전승시켜온 민간신앙, 신화와 민담, 언어생활 등에 반영되어 있다.

그러나 같은 꿈의 내용을 가지고 상반된 해석이 가능하며, 그에 따른 근거도 다를 수 있다. 따라서 꿈의 해석은 매우 난해한 문제이다.

결국 꿈의 해석은 개인의 체험과 현실적 욕구, 사회의 가치관, 문화의 성격 등을 모두 참고하여 해석할 수밖에 없다.

　닭에 대한 구체적인 해몽은 김민정이 지은 ≪꿈풀이 福풀이≫[36)]에서 관련 내용을 발췌하였다.

　김민정은 닭이 일반적으로 인연, 결혼, 합격, 공공단체 약속, 인재, 벼슬을 상징한다고 제시하였다. 태몽에 있어, 뱀이나 말은 사업가로 나타나지만, 닭은 행정가·정치인·법조인에 많이 나타난다. 한편 닭꿈은 여자에게는 부정적으로, 남자는 벼슬이나 명예와 관련지어 긍정적으로 풀이하였다.

㈎ 긍정적인 꿈

- 닭장에 비둘기가 날아 와 앉는다
　좋은 협조자가 나타나 목적을 달성할 수 있다. 두 사람이 한 사람보다 많이 아는 법이므로, 인력 확보가 필요하다. 자손의 영화가 기대되며, 관액은 해결된다.
- 암탉이 알을 품고 있는 것을 본다
　창작물이나 사업에서 좋은 아이디어가 떠오르고, 일거리가 늘어난다. 자손의 영화를 볼 수 있으며, 횡재가 찾아오므로, 재산이 늘어나게 된다.
- 암탉·수탉이 입을 맞추고 좋아한다
　학문적인 연구에 몰두하게 되거나, 은인을 만난다. 글을 쓰는 사람은 작품을 발표해서 이름이 사방에 떨치게 된다.
- 수백 마리의 병아리가 방금 알에서 깨어났다
　식구가 늘면서 집안 사정이 활짝 피어난다. 그리고 큰 소득이 있거나, 많은 돈을 만질 수 있다. 괴로움 속에서 단

---

36) 김민정, ≪꿈풀이 福풀이≫, 도서출판 대성, 1994, 102～112쪽.

맞이 찾아오는 경사가 있게 된다.
- 닭장에 있는 암탉과 수탉이 섞여서 놀고 있다
  학원 설립, 육영사업, 교수 발령, 교사 임명 등과 같은 좋은 결과가 따른다. 임신을 하면 앞으로 상업에 성공할 자식을 낳을 수 있다. 수산물 사업에 손을 대면 이롭다.
- 닭의 주둥이를 잘라 버렸다
  사업을 하는 사람은 계약이 성립되고, 사람들과 꾸미는 일은 헛되지 않고 성공할 수 있다. 이를 위해 직업을 정하고 전진해야 한다.

(내) 부정적인 꿈

- 닭이 다리가 묶여져 꼼짝을 못한다
  일을 잘못 저지르면 위험이 닥친다. 따라서 근신해야 하고, 어려움을 겪게 되므로 조심해야 한다. 마지막 결판을 내는 일이 생긴다. 거처를 옮기면 좋지 않고, 가옥 수리를 하면 환자가 발생한다.
- 닭이 뱀에게 칭칭 감겨져 있다
  의사의 진찰을 받게 된다. 자기 본연의 활동 무대를 잃게 되거나, 사정이 좋지 않게 된다. 성과를 노리지만, 여건이 좋지 않다.
- 닭이 자신을 보고 말을 한다
  뜻밖의 불행이나 고통이 뒤따른다. 반가운 소식을 기대하지만 일이 부진하다. 따라서 앞뒤의 일이 어지럽고, 곤란한 일이 생긴다. 한편 매매할 일이 생기게 된다.
- 죽은 닭을 한 상자나 가져왔다
  계획이 좌절되거나, 환경이 변화하며, 심지어 죽음을 당하게 된다. 경솔한 행동을 삼가하고, 교제는 분별있게 해야 한다. 나무는 고요히 있으려 해도 바람이 그치지 않는 형상이다.

• 닭과 지네가 서로 싸울 듯이 대응하고 있다

　위장병·신경통·관절염 환자는 증세가 심해진다. 단체의 세력 다툼에 경쟁자가 생기고, 사업과 일거리에 방해자가 나타난다. 따라서 신상에 근심이 생기므로 조심해야 한다.　그리고 애매한 구실을 경계해야 한다.

• 천둥·번개 소리에 닭이 놀라서 날뛴다

　정신 질환, 심장 판막증, 호흡기 질환의 여아가 분만될 위험이 크다. 아들을 분만하면 장차 권력자가 된다. 집안 환경이 부드럽지 못하니, 화합에 신경써야 한다.

• 암탉인가 하고 보았더니, 꿩이 앉아 있다

　교양없는 외부 식구가 내 집에 들어와서 진퇴양난에 빠진다. 좋은 일은 꼬이고, 칭송과 칭찬 받을 일은 비난으로 바뀐다. 행운은 누워서 기다려야 한다.

• 수탉이 돌담이나 지붕 위에서 홰를 치고 울어 댄다

　혼담자는 파혼하고, 성사되어도 이별한다. 신축 사업, 승진 시험은 뒤로 미루거나, 확실한 정보를 입수해야 한다. 스스로의 힘과 능력으로 일을 성사시키기에 아직 무리가 따른다.

• 수탉 2마리가 서로 싸운다

　남과 크게 다툴 일이 있거나, 서로 합심이 되지 않는다. 따라서 심한 싸움이나 구설이 우려된다. 서류를 다룰 때는 세심한 주의를 기울여야 한다. 기약하는 일은 시일이 걸린다.

• 수탉이 암탉을 쪼려고 덤빈다

　지나치게 자기를 내세우면, 망신수가 따르고, 의견 조정에 문제가 발생한다. 쓸데없이 돌아 다니면 횡액을 당하므로, 여자는 밤길을 조심해야 한다. 인간의 모든 참혹한 일은 약한 데에서 생기게 된다.

• 닭이 인간의 송장을 파먹고 있다

부부간의 이별, 부모와의 이별과 같은 놀랄 일이 생긴다. 세월은 사람을 기다려 주지 않게 된다. 노령자는 환갑이나 생일 음식을 먹지 않는 것이 좋다.

• 닭이 강물에 떠내려 간다

구설은 물론 손재까지 볼 우려가 있다. 욕심을 부리면 해를 입기 때문에, 노력한 것 이상의 보답을 받으려고 하지 말아야 한다. 약한 사람끼리 결합하면 강해지므로 힘을 모아야 한다.

㈐ 양면적인 꿈

• 병아리 소리가 창밖에서 요란하다

음악가 · 인기직업인 · 방송인은 명예가 생긴다. 귀인이 나타나게 되며, 희비애락을 같이 해 줄 사람을 만난다. 한편 초상집에 출입할 일이 생긴다. 좋지 않다가도 점차적으로 좋아지게 된다.

닭이 제비와 함께 보인다

사회 봉사 또는 환자 위문 갈 일이 생긴다. 대외적인 선언을 할 일이 생기거나, 단체의 우두머리가 된다. 다만 영화는 길게 지속하지 않는다. 너무 성과를 노리면 위험이 따를 수 있다.

㉣ 닭 관련 꿈에 나타난 의미

닭에 대한 김민정의 해석을 보면, 현실적으로 긍정적인 행위가 길몽으로 반영된다. 특히 유사한 행위에 유사한 결과를 가져온다는 유감주술이 많이 반영되어 있다.

위의 내용에서 비둘기는 평화의 상징으로 긍정적 의미를 지니며, 암탉의 다수 산란은 인간에게 풍요와 복을 불러온다. 한편 암수의 결합 역시 행운의 징조로 받아들인다.

한편 닭의 부리를 자르는 꿈을 매우 긍정적인 일로 받아들이고 있다. 이것은, 부리를 인체에 해로운 혹과 같은 대상으로 여겼기 때문이다. 닭의 생태상 부리는 생존에 필수적인 중요한 부분이다. 그런데 꿈에서는 이런 시각에서 본 것이 아니다. 부리는 소리를 내고 모이를 쪼는 역할을 한다. 이것을 불길한 징조와 경망스런 행위로 보았기 때문에, 부정의 대상으로 규정하였다고 할 수 있다.

특히 닭이 자신에게 말하는 꿈을 좋지 않게 여겼다 이것 역시 닭을 작은 몸집에 수선스럽고, 경망스러우며, 시끄러운 대상으로 받아들인 결과이다. 따라서 닭에 의해 좋지 못한 문제가 발생한다고 인식하였다.

한편 수탉이 돌담과 지붕 위에서 홰를 치고 우는 것도 불길한 것으로 받아들였다. 계성과 꿈은 병존할 수 없기 때문에, 꿈에 닭이 울거나 우는 것은 부정적으로 인식했다고 본다.

민간에서 전승되는 길조어와 금기어를 보면, 꿈에 닭을 보면 해롭다는 견해와 수탉을 보면 좋다는 견해가 상반되게 나온다. 김민정의 해석에도 닭은 대체로 긍정적이지만, 부정적인 면도 나타난다. 따라서 일관된 의미 부여가 되어 있지 않다.

흉몽에서, 닭이 뱀에게 묶인 경우나 감긴 경우는, 부정적으로 보았다. 뱀을 부정의 대상으로 보고 닭을 인간으로 대치시켜 생각하였다. 그리고 죽은 닭, 닭의 싸움, 인간 시체를 본 경우에도 부정적으로 받아들였다.

결국 닭꿈은 대부분 그 현실 속의 행위에 대한 주술적 반영이라고 볼 수 있다. 다만 설화에서 닭의 울음이 계성과 관련지어 긍정적으로 받아들이는 것에 비해, 꿈에서는 긍정과 부정의 양면성으로 인식하고 있다는 점이 다르다.

3. 12신상과 닭

12지신상(十二支神像)에도 닭이 등장한다. 12신상은 12지를 상징하는데, 얼굴은 동물이고, 몸은 인간의 형상을 한 수면인신상(獸面人身像)의 모습이다. 원래 12지라는 것은 중국의 은나라 시대부터 유래되었으나, 이를 방위나 시간에 대응시킨 것은 한나라 중기로 추정하고 있다. 다시 이것을 12동물로 대응시킨 것은 훨씬 후대에 불교의 영향을 받아 이루어졌다. 12신장(神將)에 등장하는 동물은 원래 불교에서 부처님의 정법(正法)을 수호하고 사찰을 호위하는 신장(神將)이었다. 곧 약사경(藥師經)을 외우는 불교도인을 지키는 신장이었다.

한편 12신장은 후에 도교의 방위신앙의 영향을 받아 방위신

• 12지신상의 닭(민화)

격의 성격을 지니기도 하였다. 또한 시간을 나타내는 데에도 사용되었다. 이것이 묘지의 호석(護石)으로 나타난 것은 중국의 당나라 시대부터이다. 십이지생초(十二支生肖)를 직접 석벽에 조각하는 경우도 있고, 토우(土偶)로 만드는 경우도 있다. 관복을 입은 사람 형태는 머리에 동물 모양을 하고 있다.

우리나라에서 십이지신앙은 삼국을 통일하기 전까지는 밀교의 영향으로 호국적 성격을 지녔으나, 삼국통일 이후에 단순한 방위신으로 변모해 갔다. 따라서 탑을 만들 때에 기단부에 십이지신상을 조각하였다. 대표적인 것이 8세기 중반에 만들어진 경주 원원사지에 있는 삼층석탑이다. 이후 탑에 사천왕상과 더불어 십이지신상을 부조하게 되었다.

한편 통일신라시대에 왕릉의 묘에 호석(護石)으로 십이지신상이 조각되었다. 특히 경주 김유신장군묘에서 출토된 12지신 부조는 매우 유명하다. 12지신상은, 몸은 평복차림의 사람이

• 경복궁 기단 난간 석수의 닭

고, 얼굴은 동물의 형상을 하고 있다. 각 동물마다 손에 들고 있는 것이 제각각 다르다. 이 신상은 진덕여왕릉, 경덕왕릉, 헌강왕릉에도 나타난다.37)

고려 이후로 조선시대까지 능의 호석으로 입상(立像)과 좌상(座像) 등이 나타나고 있다. 그리고 조선시대에는 묘의 내부 현실에도 벽화의 형태로 나타나서, 수호신의 역할을 수행하였다. 그리고 사찰의 불화, 사리기의 부조, 민화, 각종 토기나 목기, 문양 등에 두루 나타난다.

불교의 12신장에 나오는 닭은 '파치라'(波夷羅, 波耶羅)라고 불린다. 머리는 닭이고 몸은 사람의 형상을 지닌 계두인신(鷄頭人神)으로, 손에는 쇠망치를 잡고 있다. 특히 탑 등에 등장하는 12지신상은 약사여래 12신장과 관련된 것으로 갑옷이나 평복을 입고 모두 무기를 잡은 모습이다.38)

따라서 불법을 지키는 호법신의 역할을 하다가, 후에 죽은

---

37) 정병조, <십이지신>, ≪한국민족문화대백과사전≫ 14권, 한국정신문화연구원, 1991, 212쪽.

• 12지신 탑돌(경북 상주군 하구리 절터)

자의 영혼을 지키는 수호 신격으로 사용되기도 하였다.

결국 12신장은 땅을 지키는 신장에서 출발하여, 후에 불교의 12동물과 결합되었다. 용도는 사찰의 탑, 왕릉의 호석(護石)이나 벽화 등에 사용되었고, 그 외에 다양한 생활 공예품이나 민화에도 쓰였다. 12신장의 닭도 마찬가지로 불법과 영혼의 수호신의 역할을 수행하였다.

---

38) 김정희, ≪신장상≫, 대원사, 1989, 60~61쪽.

Ⅶ. 닭의 상징성

닭에 대한 상징적 의미는 앞에서 각 분야별로 제시된 내용을 토대로 해서 9가지로 구분하였다. 따라서 이미 앞장에서 구체적으로 언급한 내용에 대한 중복은 피하고, 상징적 특징만 간단히 언급하겠다.

(1) 천지창조와 위인 탄생

천지창조는 구전신화인 무속신화에, 위인 탄생은 문헌신화인 건국신화에 주로 나타난다.

제주도 무가에 나오는 '천지왕 본풀이'는 닭이 천지인(天地人)을 관할하는 신격(神格)으로 등장한다. 곧 태초의 혼돈상태에서 "천황닭(天皇鷄)이 목을 들고, 지황닭(地皇鷄)이 날개를 치고, 인황닭(人皇鷄)이 꼬리를 쳐 크게 우니, 갑을동방에서 먼동이 트기 시작했다."라 하여, 닭이 천지창조의 주도적인 역할을 담당하고 있다.

만물의 형성 근원인 천지인(天地人)의 삼신(三神)사상은 이미 건국신화에도 나타난다. 환인과 웅녀의 결합에 단군(檀君)이 탄생하게 된다. 이런 삼신사상은 건국신화나 무가의 바탕을 이루고 있다. 따라서 제주도 창세무가(創世巫歌)에서도 닭이 천지인(天地人)과 관련을 지니고 창조신격으로 나타나고 있다.

그리고 닭 관련 지명이 창세 및 홍수설화와 결합된 경우도 있다. 충남 예산군과 홍성군 사이에 있는 닭재산(鷄峯)에는 산제(山祭)와 함께 관련 설화가 전승된다.

이곳의 닭은 대홍수의 혼돈 상태에서 하늘이 선택한 유일한 생명체로서, 강한 생명력을 지닌 존재로 등장한다. 천지개벽에서 살아 남은 닭은 새로운 세상을 여는 고고한 소리로 새롭게 탄생한 것이다.

한편 이육사(李陸士)의 '광야(曠野)'라는 시를 보면 계성의 힘찬 소리가 천지창조와 관련지어 나타난다. 1~2연을 보면, "까마득한 날에/ 하늘이 처음 열리고/ 어디 닭 우는 소리 들렸으랴.// 모든 산맥들이/ 바다를 연모해 휘달릴 때도/ 차마 이곳을 범하던 못 하였으리라."라고 표현하고 있다.

천지개벽이 이루어지는 태초의 순간에, 인간은 존재하지 않았으며, 닭조차 울지 않았다고 표현하고 있다. 광야의 원시성과 신비로움을 표현하면서, 다른 동물이 아니고 닭을 등장시켰다. 비록 닭울음소리조차 들리지 않았다고 표현하였으나, 이 것은 지은이가 닭의 울음소리를 개세(開世) 및 광명(光明)과 관련지었기 때문에 가능하다. 신화에 등장하는 닭의 창세적 성격을 수용한 결과이다.

한편 중국 소수민족 중에서 우리와 관련이 많은 묘족(苗族) 의 경우에도, '해와 달을 만든 양작이신화'의 닭이 천지창조와 관련이 있다. 여기서 수탉이 해와 달을 다시 제자리에 돌아오 게 하는 중요한 역할을 맡는다. 수탉이 혼돈 속에서 천지의 질 서를 이끌어낸다. 이때 닭은 맑은 목청과 부드럽고 친근한 행 동으로 상대를 설득한다. 천상의 존재인 해와 달이 지상의 존 재인 수탉과 조화를 이룬다. 따라서 천지의 조화 속에서 창세 가 이루어진다. 곧 수탉에게 계성(鷄聲)을 통한 창조적 성격을 부여하고 있다.

한편 중국 남부의 푸랑족(布郞族)의 '고미아'신화에도 수탉 이 해와 달을 어둠속에서 나오게 한다. 따라서 묘족과 마찬가 지로 일월(日月)조정의 역할을 수행한다.

결국 우리나라와 중국의 신화에 등장하는 닭은 천지창조를 담당하는 신격(神格), 또는 혼돈을 극복하는 강인한 창조의 주 체로 등장한다. 이것은 계성(鷄聲)이 어둠을 물리치고 광명을 가져오는 창조적 의미로 인식된 데에 연유한다고 볼 수 있다.

한편 닭의 울음, 곧 계성(鷄聲)은 위대한 지도자의 탄생을 알리는 외침으로도 나타난다. 신라는 시조인 박혁거세(朴赫居 世)가 계정(鷄井)에서 태어났기 때문에, 나라 이름을 계림국(鷄 林國)이라고 하였다. 우물은 인간 생존에 필수적인 생명수이기 때문에, 계정(鷄井)의 닭은 개국의 주역을 탄생시킨 성스런 존재이다. 한편 김알지(金閼智)·탈해왕(脫解王)의 탄생도 흰닭의 울음에 의해 이루어진다.

결국 계성(鷄聲)은 천지창조와 개국(開國) 및 위대한 국가 지도자의 탄생을 알리는 상징을 지닌다.

(2) 밝은 세상에 대한 희망

닭울음 소리는 어둠이 물러가고 새 날이 밝았음을 알리는 전환의 울림이다. 따라서 한 해의 시작을 알리는 신성한 개세명(開歲鳴)으로 인식되었다.

우리는 정초에 행운을 불러오는 그림(歲畵)으로 닭을 사용하였다. 정초에 닭그림을 문에 붙이거나, 정월 초하루를 닭날이라 부른 것은 모두 닭을 밝고 풍요로운 한 해의 시작을 알리는 존재로 받아들였기 때문이다.

곧 ≪동국세시기≫에는 정월 초하루에 닭과 호랑이의 그림을 세화(歲畵)로 그려 문 위에 그려 놓는 풍습39)이 있었다. 한편 중국에서는 정월 초하루 날을 '닭날'(鷄日)이라 하였다. 실제로 중국의 세시풍속 관련 문헌인 종름의 ≪형초세시기≫ 정월 초하루의 기록을 보면, "닭의 그림을 문위에 붙이고 그 위에 갈대끈을 매단다. 그리고 그 위에 복숭아 부적을 꽂는다. 그러면 주위의 수많은 귀신이 이것을 두려워 한다."40)고 하였

---

39) 홍석모 편, ≪동국세시기≫, 정월, 元日. "閭巷壁上貼鷄虎畵以禳之"

다. 이런 풍습은 우리와 중국이 유사하게 나타난다.

우리는 닭과 호랑이를 상서로운 동물로 받아들였으며, 또한 재액(災厄)을 물리치는 효과가 있다고 믿었다. 따라서 정초에 닭의 그림과 복숭아 가지를 매달아 잡귀를 쫓아냈다. 그러나 이런 것은 오히려 닭이 새로운 해를 맞아들이는 광명의 존재로서 인식되었기 때문에 가능하다.

한편 닭울음 소리를 통해 그 해 농사의 풍흉을 점치기도 한다. 《동국세시기》의 상원 풍속을 보면, "시골의 풍속에, 정월 보름날 새벽에 닭울음 소리를 통해 점을 치는데, 10번을 넘으면 그 해에 풍년이 들고, 그렇지 못하면 흉년이 든다."41)는 말이 전한다.

닭이 10번 이상 울어야 한다는 것은 결국 많이 울어야 좋다는 뜻이다. 하루의 시작을 알리는 시보(時報)적 성격에다, 한 해의 풍요를 알리는 점풍(占豊)적 성격을 부여한 것이다.

우리의 혼례에서는 신랑을 맞이하는 신부집의 초례상(醮禮床) 위에 산닭(또는 잡은 닭)을 2마리 묶어서 올린다. 여기에서 닭은 광명을 가져다 주는 존재로서, 제 2의 인생을 출발하는 신성한 혼례의 자리에 등장한다.

이것은 닭이 다산성(多産性)을 지니고 있고, 계성에 의해 새로운 삶의 출발을 알린다는 2가지 의미를 지니기 때문이다.

한편 구전설화에서 제시한 '계성(鷄聲)에 의한 명당 획득이

---

40) 宗懍 편, 《荊楚歲時記》, 正月 一日. "帖畵雞戶上懸葦索於其上 揷桃符 其傍百鬼畏之"

41) 홍석모 편, 앞의 책, 上元. "曉頭候鷄 初鳴算其鳴數過十鳴 則占 歲豊 卽鄕里之俗也"

야기'도 주인공이 닭에 의해 삶의 전환을 이룬다. 곧 가난한 주인공에게 부를 가져오게 하여, 현실적 결핍을 극복하고 새로운 삶의 전환을 이루게 된다.

(3) 영혼의 소리

인간은 살아 있을 때에는 육신과 혼이 하나로 일체화되어 있다. 그러나 죽으면 서로 분리된다. 따라서 육신은 사라지고, 영혼만이 남게 된다. 육신은 유한하고 소멸되지만, 영혼은 무한하고 영원하다.

무가에서 닭은 이승과 저승을 넘나드는 영원한 존재로 나타난다. 신화적(神話的) 성격을 지닌 제주도 무가(巫歌) '허웅아기 이야기'에는, "저승닭 울면 이승 오고, 이승닭 울면 저승 가며"[42]라는 말이 나온다. 여기에서 닭은 이승과 저승을 구분해 주지만, 실제로는 저승과 이승을 넘나들게 해 주는 역할을 한다. 닭소리는 영원한 생명력을 지닌 영혼의 소리라고 할 수 있다.

한편 닭은 조상신의 영혼으로 인식되기도 한다. 종묘에서 쓰이는 제기(祭器)인 '계이'(鷄彝)에는 닭이 그려져 있다. 이곳에 조상신의 영혼이 강림하게 되는데, 닭에 조상의 혼이 깃들어 있다고 생각하기 때문이다.

한편 닭은 원통한 영혼의 소리를 대신하기도 한다. 따라서 원한을 풀어주고, 영혼을 저승으로 편안히 인도하는 굿에도

---

42) 진성기, ≪탐라의 신화≫, 평범사, 1980, 151~152쪽.

사용된다.

부안군 위도에서는, 초분(草墳)을 한 후에 ‘중복풀이’를 하는 경우가 있다. 곧 죽은 이의 원한이 후손에게 영향을 미치는 경우, 이때 액운을 풀어주기 위해 산닭을 이용해 굿을 한다. 혼령은 닭소리를 신호로 이승의 미진함을 풀고 저승으로 되돌아간다. 따라서 닭의 울음은 혼령의 소리를 대신한다고 할 수 있다.

한편 익사자의 시신을 찾기 위한 위령(慰靈)굿에서도 닭소리를 통해 굿의 위치를 잡는다. 여기서 닭의 울음소리는 육체와 분리된 혼령의 소리이며, 그 울음에 의해 원혼(冤魂)을 풀어주게 된다.

결국 닭은 이승에서 육체와 분리된 혼령의 소리 자체이거나, 이승과 저승을 서로 연결시켜 주는 역할을 한다.

(4) 삶의 깨달음

닭은 불교에서는 깨달음의 주체이고, 유교에서는 덕성을 지닌 동물로 그려진다. 불전(佛典)에 나오는 ‘수탉의 전생(前生) 이야기’를 보면, 부처가 전생에 수탉으로 태어나서, 닭을 잡아 먹는 매를 훈계한다는 내용이 나온다.[43] 여기서 부처는 전생에 수탉의 왕으로 등장하며, 포악하고 살생을 즐기는 매를 꾸짖고 게송(偈頌)을 지어 상대를 뉘우치게 한다. 절의 문양이나

---

43) 《본생담》 448, <수탉의 전생이야기>. (안길모, 《불교와 세시 풍속》, 명상, 1993, 102쪽.

조각에 닭이 등장하는 것도 깨달음과 관련이 있다.

조선의 고승인 서산대사의 깨달음도 닭소리에 의해 이루어진다. 그는 깨달음을 얻지 못해 지리산 암자를 전전하다가, 마을에서 한낮에 들리는 닭소리를 듣고 모든 의문을 풀게 된다. 곧 주관과 객관의 경계가 없어지면서, 닭의 울음이라는 외부 현상이 그대로 마음의 진성심, 그 자체임을 깨닫게 된다. 따라서 마음의 본자리를 확인하는 오도(悟道)의 경지를 깨닫고 시를 남겼다. 결국 닭 울음소리는 오도의 기연(機緣)이 되었다.[44]

한편 유교에서는 닭을 모든 덕을 갖춘 동물로 인식하였다. 중국 노(魯)나라의 전요(田饒)는 애공(哀公)이 간신들에게 둘러싸여 국사를 그르치자, 참지 못하고 벼슬을 내던지면서 자기 자리에 닭을 천거했다. 그는 닭을 문(文), 무(武), 용(勇), 인(仁), 신(信)의 5덕(德)을 갖춘 완벽한 동물로 묘사하였다. 닭의 외형적 특징과 속성을 미화시켰는데, 이것을 계오덕(鷄五德)이라고 한다. 인간은 닭의 모습에서 완벽한 인간상을 찾아내어, 그 행실을 본받으려고 하였다.

한편 중국의 계명산(鷄鳴山)은 닭이 운다는 명산으로 도를 깨우치는 도장이다. 이곳은 한나라의 일등 공신인 장자방(張子房, 본명이 張良)이 옥통소를 불어 8000명의 제자를 떠나 보낸 곳이다. 그리고 3만戶를 다스리는 제후에 봉하여졌으나, 사양하고 계명산에서 옛 신선을 좇아 도를 닦으며 깨우침을 얻었다는 고사가 있다. 따라서 닭이 우는 명산은 깨달음의 도장이

---

44) 최박광, <닭>, ≪한국문화상징사전≫ 1권, 동아출판사, 1992, 199
     ~200쪽.

며, 우리의 시조에도 계명산의 장자방을 부러워하는 내용을
담은 시가가 나온다.

결국 닭은 불교에서는 부처의 현신(現身)으로서, 깨달음의
주체로 나온다. 따라서 닭소리는 무지한 인간에 대한 깨우침
의 소리이다. 한편 유교에서는 5덕을 갖춘 군자로서, 인간 행
실의 근본이 되는 대상으로 형상화된다.

(5) 이별의 아픔과 그리움

새벽의 닭소리(鷄聲)는 인간에게 만남과 이별의 전환을 가
져온다. 따라서 그리움과 만남의 설렘과 이별의 고통을 교차
하게 한다.

<심청전>에서 심청은 눈 먼 아버지를 위해 팔려가기 전날
밤, 뜬눈으로 날을 세우다가, 새벽 닭 우는 소리에 가슴 저미
는 아픔을 느낀다.

> 이윽고 달기 우니 심청이가 기가 막혀 '닥아닥아 우지마
> 라 반야진관에 맹상군이 아니로다 네가 울면 날이 새고 날
> 이 새면 내가 죽겟다. 죽기는 슬지아느나 으지 읍는 우리
> 부친 어이잇고 가잔말고.' 어느새 동방이 발가오니 ---.[45]

심청은 공양미 삼백석에 팔려 죽음의 길로 떠난다. 그러나
물에 투신하면서 단순히 죽은 것이 아니고, 또 다른 삶으로 재

---

45) 이선유 본, <심청가>, ≪오가전집≫, 대동인쇄소, 1933, 77~78쪽.

생을 이룬다. 따라서 현실의 극심한 가난과 눈 먼 부친으로 인한 고통에서 벗어나서 심황후로 거듭 태어난다.

이때 물은 현실적 고통을 정화(淨化)하는 상징적 의미를 지닌다. 그래서 심청이는 신분의 상승, 가난의 극복, 부친 상봉, 부친의 개안(開眼)이라는 기쁨을 누리게 된다.

결국 심청이가 떠나는 날의 새벽 닭소리는 죽음과 재생이 엇갈리는 교차(交叉)점에 위치한다. 현실의 고통을 벗고 인간다운 삶을 영위하며, 보다 긴 생명력을 얻게 되는 전환의 울림이다.

또한 송강 정철의 '속미인곡(續美人曲)'을 보면, "마음속에 품은 생각을 실컷 아뢰려고 하였더니, 눈물이 쏟아지니 말인들 어찌 하며, 정회도 못 다 풀어 목까지 메이는데, 방정맞은 닭소리에 잠은 어찌 깨었던가? 아, 헛된 일이로다. 이 임은 어디 갔는가?"[46]라고 탄식한다. 무심한 새벽 닭소리가 님과의 이별을 재촉하고 있다.

민요에는 새벽 닭울음소리와 관련해서, 이별의 아픔과 그리움을 담은 노래가 많이 나타난다. 떠나간 임, 시집간 누이, 세상을 떠난 남편·어미·자식에 대한 그리움이 주요 내용을 이루고 있다. 한편 새벽 닭소리는 비밀스런 관계를 갖은 연인들에게는 이별의 시간으로 다가온다. 따라서 닭에게 특별히 부탁해서 이별의 시간을 연장하려고도 한다.

---

46) 무옴의 머근 말솜 슬크장 숣쟈 호니, 눈믈이 바라 나니 말솜인들 어이 호며, 情을 못다호야 목이조차 메여호니, 오뎐된 계성(鷄聲)의 좀은 엇디 씨돗던고. 어와 허사(虛事)로다 이 님이 어듸 간고.

이미 앞에서 다루었지만, 여러 시조에도 민요와 비슷한 내용이 나타난다. 그리움과 헤어짐의 아쉬움이 닭소리를 빌려 표현되고 있다. 새벽 닭소리는 임에 대한 그리움에 밤을 꼬박 세운 작가의 심적 갈등을 표현한다. 임과의 이별이 아쉬워, 새벽 닭이 울지 않기를 염원하는 시조도 있다.

한편 옛 문헌에 새벽 닭소리를 믿다가 일생을 망친 중년 부인의 이야기도 나온다.

　　고양현에 한 선비 집안의 부인이 있었다. 다시 남자를 만나서 재혼하려고 하나, 나이 오십이 넘어서, 얼굴에 주름이 잡히고 머리가 흰 것을 부끄럽게 여겼다.

　　마침 시집가는 날이 닥쳐 매우 걱정이 되었다. 따라서 마음 속으로, 수탉이 새벽이면 잘 울기 때문에, 닭이 울 무렵에 신방에서 나오면 늙고 추한 얼굴을 가리울 수 있으리라 생각하였다.

　　그런데 마침 어린 종놈이 그 닭을 잡아 국을 끓였다. 부인은 새 남편과 즐기다가 늦잠을 잤다. 이미 동창이 밝아 오자, 급해서 옷을 거꾸로 입었다.

　　이때 새 남편이 하얗게 다 늙은 한 노파의 모습을 보고 크게 실망하였다. 여인은 매우 성을 내면서, 종을 심하게 때렸다. 그리고

　　"나를 망친 것은 닭이고, 닭을 망친 것은 너로구나."라고 말하였다.47)

---

47) ≪古今笑叢≫ 271장, 誤我者鷄.

닭소리를 믿고 자신의 나이와 외모를 숨기고 재혼하려던 부인이 그만 늦잠을 자는 바람에 늙고 추한 모습을 드러내고 말았다는 내용이다. 이미 일은 저질러 지고, 뒤늦게 여주인의 속마음을 헤아리지 못한 어린 종을 탓해도 소용없는 일이다.

시보를 알리는 닭의 특성을 이용해, 세월의 흐름을 인위적으로 막을 수 없다는 사실을 교훈적으로 제시한 이야기라 할 수 있다.

결국 새벽 닭울음 소리는 삶의 새출발이나 삶의 전환을 나타내주고 있다. 따라서 새로운 삶의 결합을 이루거나, 삶의 고통을 겪는 사람에게 희망을 주기도 한다. 경우에 따라서는 연인과 헤어지는 고통을 감내할 수밖에 없는 인간의 안타까움을 나타내 주고 있다. 그러나 어두움과 밝음은 끊임없이 반복된다. 따라서 기다림은 새로운 만남으로 승화되며, 이별은 또다른 만남을 이루게 된다.

(6) 살림 밑천과 보신 대상

사위는 백년지객(百年之客)이라 하여, 처가에 가면 융숭한 대접을 받는다. 그런 사위에게 장모는 집안에서 고이 키운 씨암탉을 잡아서 대접한다. 그만큼 닭은 주요한 식용 대상으로 사용되었다. 여성이 한번 혼인하면, 출가외인으로 시집살이를 감내해야 하기 때문에 사위를 잘 대접할 수밖에 없었을 것이다. 그러나 사회가 바뀌면서 이런 인식은 많이 바뀌고, 단지 사위도 자식과 같은 대상으로 여기게 되었다.

한편 시집살이에 얽매여 친정나들이를 하지 못하는 부녀자들이 친정에 근친(覲親)을 가거나, 아니면 중로(中路)에서 반보기를 할 경우에도 닭이 빠지지 않는다. 이때 친정식구를 대접할 귀한 음식으로 닭이 사용되었다.

또한 닭이 혼례식에 등장하는 이유도 계성의 의미와 함께 다산(多産)의 상징성이 크게 작용하였다. 따라서 산란 능력이 있는 닭처럼 두 부부가 부지런히 일해서 집안을 일으키고 풍요롭게 잘 살라는 의미가 내포되어 있다.

그리고 닭은 예전부터 세시음식으로서 중요시되었다. 특히 삼계탕은 여름철 건강식으로서 보신탕과 더불어 대접받는 음식이다. 그 외에 임자수탕, 닭죽, 닭찜, 닭엿, 영계구이 등 수많은 음식방법이 개발되었다.

옛 골계집에 보면, 가난한 집안에서 모처럼 찾아온 친구를 박대해서 무안을 당한 이야기가 전한다. 여기에는 닭이 귀한 손님의 안주로 부각된다.

김선생은 담소를 잘 하였다. 그가 일찌기 친구의 집을 찾아 가자, 그 친구는 술자리를 마련했다. 그런데 친구는 다만 채소와 나물만 안주로 내놓으면서, 먼저 사죄하여 이르기를, "집안이 가난하고 시장이 멀어서 맛있는 안주를 내놓지 못하고, 다만 푸성귀만 내놓아서 부끄럽습니다."고 말하였다.

마침 여러 마리의 닭이 마당에서 어지럽게 모이를 쪼고 있었다. 김선생이 이르기를, "대장부는 천금을 아까워하지 않는 법이오. 마땅히 내가 타고 온 말을 베어서 술안주로 할 것입니다."고 말하였다. 주인이 말하기를 "말을 베면 어떤 것을 타고 돌아가시려오."하니까, "닭을 빌려서 타고 돌아갈 것이오."라고 대답하였다. 주인이 크게 웃고 닭을 잡아서 안주로 내어 놓았다.[48]

닭은 급한 때에는 귀한 손님의 음식으로 제공된다. 육류를 쉽게 준비할 수 없는 시대에 집에서 기르는 닭은 손쉬운 요리의 대상이 된다. 따라서 이것을 마다하고 채소와 나물만을 대접한 친구는 김선생의 재치있는 말솜씨에 크게 무안을 당한다.

결국 닭은 현실적 효용성을 지닌 동물이다. 다산성이 있고, 영양분이 있으며, 기르기 쉽기 때문에, 살림 밑천과 영양식으로서 효용성을 인정받았다.

(7) 강인함과 적극성

닭은 자신의 영역을 지키기 위해서는 매우 용맹스럽다. 특히 수탉은 처자를 보호하기 위해 다른 수탉과 용감히 싸움을 한다. 이런 점을 활용한 것이 닭싸움이다. 직접 수탉을 이용해 닭싸움을 시키는 경우도 있고, 닭싸움을 흉내내어 놀이를 하는 형태도 있다.

---

48) 金先生 善談笑 嘗訪友人家 主人設酌 只佐蔬菜 先謝曰 家貧市遠 絶無兼味 惟淡泊 是愧耳 適有群鷄 亂啄庭 金曰 大丈夫不惜千金 當斬吾馬 佐酒 主人曰 斬馬騎何物而還 金曰 借鷄騎還 主人大笑 殺鷄餉之(서거정 편, ≪태평한화골계전≫)

닭을 이용한 닭싸움은, 수탉의 용감성을 이용해 인간의 투쟁적 욕구를 만족시켜 준다. 그리고 닭싸움놀이는 닭싸움을 모방한 남성의 신체놀이로서, 닭의 감투성을 본떠서 강인한 체력과 지략을 기르는 놀이이다.

그리고 닭잡기놀이는 인간에게 집단의 강인함을 체득하게 한다. 곧 사람들은 살괭이에게 집단적이고 끈기있게 대항하는 닭의 모습을 놀이화시켰다. 이런 편싸움을 통해 감투성을 기르고, 약자의 강인함을 배우게 된다.

속담을 보면, 닭은 거칠고, 아집이 강하며, 배타적인 존재로 그려진다. 닭싸움은 거친 싸움을, 닭고집은 설득할 수 없는 고집을 지칭한다. 한편 산 닭은 길들이기가 어렵고, 텃세가 센 동물로 그려진다. 한편 '달아나거라 달아나거라 하면 오는 것이 무엇이냐?'는 수수께끼에도 닭의 끈기를 특징적으로 표현한다.

닭의 이런 속성 때문에 닭띠는 자기 확신이 강하고, 적극적인 인물로 비쳐진다. 특히 책임 회피를 모르는, 강직하면서, 위엄이 있는 인물이다. 그리고 민첩하고, 솔직한 면도 나타난다.

그러나 내적으로 다소 고집스럽고 보수적인 면도 있다. 한편 다혈질이고 지나치게 수다스러운 속성도 있다. 그리고 자신의 지식과 영리함을 과시하면서 논쟁하고 토론하기를 좋아한다. 또한 남의 눈을 끄는 화려한 직업에도 관심이 있다고 한다.

이런 점에 의해 정초의 첫번째 닭날인 상유일(上酉日)은 근신하는 날로 전해온다. 곧 일을 삼가하며, 모임에 나가지 않고, 출항도 자제한다. 이것은 닭의 적극적이고, 자신만만한 속성이 정초부터 부정적인 모습으로 나타날 것을 염려한 것으로 여겨진다.

결국 수탉의 강인함과 닭의 날렵함을 통해, 인간은 닭에게 적극적이고, 진취적이며, 강인한 상징성을 부여하였다.

(8) 차선책

닭은 신체의 왜소함으로 인해 최선이 아닌 차선으로 비유된다. 특히 외형적 특징으로 인해 꿩, 봉황, 소와 비교의 대상이 된다. 이런 것은 속담에 많이 나타난다.

'꿩 대신 닭'이란 말에서, 꿩은 닭과 같은 조류이지만, 날개가 퇴화되어 날지 못하는 닭에 비해 날 수 있다는 점이 다르다. 특히 농가에서는 꿩을 하늘과 가까운 존재로 인식하여 농기(農旗)의 꼭대기에 깃털을 매달았으며, 꿩을 넣은 음식을 귀하게 여겼다. 그런데 꿩이 귀할 경우, 상대적으로 비교되는 닭을 사용하는 경우도 있다. 한편 닭은 봉황(鳳凰)의 화려함에도 미치지 못한다. 그리고 닭은 '닭 벼슬이 될 망정 쇠꼬리는 되지 마라'는 말에서 보듯, 외형적으로 소와 비교되어, 약자로 표현된다.

그러나 닭이 상대적으로 비하되지만, 최상이 아닌 차선으로서 그 존재 의미는 인정된다. 따라서 미물로서 자기 역할은 충실히 수행하는 동물로 그려진다.

⑼ 잡귀나 요물

닭이 부정적 대상으로 나타나는 경우도 있다. 따라서 병을 불러오는 잡귀이거나, 부정적인 요물로 나오는 경우도 있다.

무속의 치병의례(治病儀禮)인 푸닥거리에는 닭을 사용한다. 닭이 환자의 병을 유발하는 잡귀를 지닌 것으로 여기고, 굿을 한 다음에 이것을 땅에 묻는 의식을 거행한다. 이를 통해 닭이 환자의 액운(厄運)을 대신 가지고 간다고 생각했다.

이것은 정월 보름에 액운이 낀 아이들의 액을 떠나보내기 위해 짚으로 제웅을 만들어 태우는 풍속과 관련이 있다.

한편 닭이 변신하면 부정적인 대상이 된다. 일반적인 동물 변신설화가 인간에게 주로 부정적인 대상으로 나타나듯이, 닭의 경우에도 유사하다. 닭 관련 설화에 보면 닭이 뱀, 귀신, 다른 인간, 다른 닭으로 변신한다. 인간을 해치는 존재로 등장하며, 대부분 성공하지 못하고 인간의 힘에 의해 퇴치된다.

이것은 ‘닭은 3년, 개는 10년 이상 키우지 않는다’는 속설에 근거한다. 닭은 식용으로서 효용성이 있기 때문에 자연사까지 방치하지 않으며, 또한 인간과 가까운 닭이나 개가 오래 되면 동물적 속성을 벗어나는 것으로 생각했기 때문이다.

결국 닭은 인간에게 병을 유발하는 잡귀로 나타나기도 하고, 변신하면 인간을 해치는 부정적 대상으로 상징화되기도 한다.

Ⅷ. 맺음말

우리 민족은 닭에 대해 생태적 특성을 바탕으로, 현실적 효용성, 선악의 속성을 부여했다. 그리고 인간과 비교의 대상으로도 인식하였다. 닭의 등장도 동물 자체로 등장시키거나, 변신시키기도 하였다. 따라서 교훈성, 신앙성, 현실 극복성, 흥미성 등을 부여하였다.

닭에 대한 연구방법은 다양하다. 생태적 특성을 중심으로 한 현실적 효용성, 인식을 바탕으로 한 현실 수용성, 오랜 역사와 문화속에 형성된 상징성, 외국과의 비교를 통한 비교민속, 인식의 근원을 이루는 사상성 등이 있다.

닭의 생물학적 특성을 보면, 닭은 소화기간이 짧고 질병에 강하며 잡식성이라 기르기 쉽다. 그리고 일년에 150~250개의 알을 낳는 다산성을 지니고, 깃털과 높은 대사율로 추위에 강하다. 또한 뼈가 단단하고 가볍지만 날지 못하며, 작지만 근육이 잘 발달해 있다. 특히 호흡기의 명관(鳴管)을 진동해 소리를 내는 특성을 지니고 있다.

현실적 효용성을 보면, 닭은 소화율이 높고 영양이 많아 식용으로서의 효용성이 높으며, 또한 닭의 종류·부위·조리법에 따라 다양하게 약용(藥用)으로 사용되며, 또한 시보(時報) 및 해충 제거의 기능을 지닌다.

종교적 특징을 살펴 보면, 닭은 창세무가에서, 천지창조시 천지인(天地人)을 관할하는 창조신격으로 나온다. 한편 홍수설화에서는 창조의 주체로도 등장한다. 또한 중국의 소수민족인 묘족이나 푸랑족의 설화에도 닭이 일월(日月)을 조정하는 창조의 주체로 나온다.

한편 닭은 혁거세, 김알지·탈해왕 신화에서 위대한 인물의 탄생을 알리는 신성한 소리로도 나타난다.

우리는 정월 닭점에서 계성의 횟수를 통해 미래를 내다봤다. 한편 닭과 관련된 지형과 지명을 명당으로 인식했다. 따라서 계명산(鷄鳴山)은 현인의 깨달음의 장소이며, 지형상 금계가 알을 품은 형(金鷄抱卵形), 닭 둥우리형(鷄巢形), 닭 우는 형(鷄鳴形), 닭이 모이 먹는 형, 닭볏형 등을 명당으로 보았다.

민간신앙에서 닭소리는 원통한 혼령의 소리로 나타나며, 무가에서는 이승과 저승을 연결하는 영혼으로 등장하기도 한다. 한편 푸닥거리에서는 잡귀를 지니고 액을 가져가는 존재로 여겼다.

불교에서는 석가가 전생에 닭의 모습이었다는 것을 내세워 깨달음의 주체로 나타나며, 유학에서는 오덕(五德)을 갖춘 완벽한 존재로 등장한다.

닭 관련 구전설화는 명당 관련 이야기, 변신이야기, 지네 퇴치이야기로 나뉜다. 명당 관련이야기는 풍수설화로서, 닭이 인간에게 명당을 제시해 주는 상서로운 동물로 그려진다. 계성에 의한 명당 획득이야기는 도덕적 교훈성을 수반한다. 따라서 가난하고 도덕적인 사람에게 닭소리에 의한 명당을 제시해 준다. 한편 닭 관련 명당의 혈(穴)을 끊었다는 단혈(斷穴)전설은 비교적 가해자와 피해자가 뚜렷하다. 따라서 지역민과 외지 출신 관리들의 갈등을 반영하고 있다.

닭이 변신한 이야기는 인간에게 부정적으로 묘사된다. 변신의 대상은 개·뱀·지네·귀신으로 나타나며, 변신에 의한 인간 위해(危害)는 대부분 실패한다. 이 과정에서 닭이 스스로 보복하기도 하지만, 여우·뱀·구렁이와 힘을 합쳐 보복을 시도하기도 한다. 부정적 변신은 '닭을 3년이상 키우지 않는다.(鷄不三年)'라는 속설에 의한다. 식용으로서의 효용성이 커서, 자연사까지 방치하지 않으려는 의도가 반영되었다고 볼 수 있다.

지네 퇴치이야기에서 흰닭은 지네를 퇴치해서 절을 수호하는데, 불교를 수호하는 성스런 동물로 등장한다.

결국 닭 관련 구전설화를 보면, 명당이야기는 명당에 대한 강한 집착과 교훈성을 내세운다. 또한 닭의 부정적 변신이야기는 위기를 조성하고, 이의 해결 과정에서 도덕적 교훈성과 결핍된 인간의 욕구 성취를 나타낸다.

민요에 보면, 계성(鷄聲)은 이별의 아픔과 그리움의 안타까움에 잠을 못 이루는 사람에게 고통을 안겨준다. 새벽의 계성은 시집갈 누이, 떠나간 임, 눈 먼 부친, 조상의 영혼과의 아픈 이별의 시간이다. 한편 어린 자식을 남기고 떠난 어머니나 남편에 대한 그리움도 나타난다. 또한 닭은 살림 밑천으로서 처녀의 시집갈 밑천, 근친(覲親)가는 부녀자의 음식으로 중요하다. 한편 암수의 특징을 시집살이를 시키는 시부모의 모습으로 비유하거나, 암수 결합을 남녀 애정에 비유하기도 한다. 한편 일제시대의 항일 및 독립 관련 민요는 개벽과 밝은 세상에 대한 염원을 나타내고 있다.

닭 관련 금기어·길조어를 보면, 우는 시기에 따라 새벽의 계성을 긍정적으로 받아들였으며, 산란 장소에 따라 길흉을 부여했다. 한편 암수의 속성에 따라서 길흉을 점치기도 하였다.

속담에는 닭이 왜소하고, 다소 서투르고, 경박한 존재로 그려지나, 충실한 존재로서 최선 아닌 차선책으로 제시된다. 또한 투계로서 용감하고 거칠면서도 강인한 모습이나, 역으로 배타적이고 고집스런 모습으로 그려지기도 한다. 한편 재산 가치가 있는 소중한 대상으로도 나타난다. 한편 남성 중심의 사회에서 남녀의 차별성을 암수에 비유해서 나타나기도 한다. 닭고기 관련 속담을 보면 누가, 언제, 어떻게 먹느냐에 따라 주술적으로 풀어갔다.

닭 관련 수수께끼는 직유법·은유법 등의 비유법을 많이 활용한다. 닭은 외형적 특성, 달걀은 내외의 이중 구조의 속성을 묻는 경우가 많다. 달걀은 흰자와 노란자의 이중구조를 금·은으로 비유하거나, 황씨와 백씨의 어울리지 않는 공존으로 나타나기도 한다. 한편 닭과 달걀의 관계를 끝없는 순환의 법칙으로 제시하기도 한다.

　세시풍속에서는 정월 보름날 아침의 닭울음 횟수를 통해 한 해의 풍흉을 점치기도 한다. 그리고 첫번째 닭날인 상유일(上酉日)에는 근신하는 날로, 일을 하지 않는 경우가 많다.

　한편 음식으로서 삼계탕, 임자수탕, 닭죽, 닭찜, 영계구이 등은 여름철 보양음식으로 사용되며, 닭엿은 제주도에서 겨울철 보양식품으로 사용된다.

　닭 관련 놀이는 닭싸움과 닭잡기로 나뉜다. 닭싸움은 닭을 이용한 투계의 형태와 닭의 싸움을 사람이 흉내내는 닭싸움놀이로 나뉜다. 전자는 수탉의 용감성을 이용해 인간의 투쟁 욕구를 만족시켜 주며, 후자는 감투성과 체력 및 지략을 기르는 아이들의 놀이이다. 그리고 닭잡기놀이는 살쾡이에 쫓기는 닭을 놀이화해 강자에 대한 약자의 저항의식을 나타낸다. 이 과정에서 놀이적 재미를 느끼고, 단합심을 기르게 된다.

　한편 닭은 음양오행상 음(陰)이고, 금(金)에 해당되며, 시간적으로 오후 5~7시에 해당된다. 따라서 닭띠는 외적으로 자기 확신이 강하고 적극적이나, 내적으로 보수성이 강하며 고집이 센 편이다.

　닭띠는 상생(相生)과 상극(相剋) 원리에 의해 뱀·소띠와 잘 맞고, 용·돼지띠와 어울리는 편이다. 그러나 쥐·개띠와 맞지 않으며, 닭·토끼띠와도 맞지 않는다. 닭 관련 해몽은 길조나 흉조에 대한 현실적인 인식과 큰 차이를 나타내지 않는다.

　닭은 12신상에도 나타난다. 원래 신상은 땅을 지키는 신장이었으나, 불교의 호법신으로 수용되면서 절에 부조로 많이 전한다. 이것이 후에 영혼의 수호신으로 바뀌면서 무덤의 호석(護石)에도 등장한다. 닭 역시 불교 호법신에서 영혼 수호신으로 변모되었다.

앞에 제시한 내용을 토대로 닭의 상징성을 추출하면, 매우 다양하게 나타난다.

창세 및 건국신화에서는 어둠을 물리치는 존재로서 계성의 상징성이 부각되어, '천지창조', '위인 탄생', 세화·명당에서는 '밝은 세상에 대한 희망'의 상징을 지닌다. 한편 현실성이 강한 민요에서는 '이별의 아픔과 그리움'을 많이 담고 있다. 한편 원(冤)풀이 굿에서는 이승을 맴도는 '영혼의 소리'로도 나타난다. 또한 불교·유교·도교에서는 '깨달음의 주체' 또는 '삶의 깨달음'이란 상징으로 나타난다. 한편 민속놀이와 민요에는 '강인함과 적극성', 속담에는 '최선 아닌 차선', 변신설화나 푸닥거리에는 '잡귀나 요물'의 상징성을 지닌다.

대체로 우리 조상들에게 닭은 계성의 상징성과 현실적 효용성으로 인해 긍정적인 의미로 인식되었다. 다만 부정적인 경우는 변신설화나 현실속의 언어생활에서만 나타난다. 다양한 상징성을 갖는 것은 닭이 그만큼 우리와 가까운 존재로서 삶 속에 깊이 자리잡고 있기 때문이다.

민속에 나타난 닭의 모습은 오랜 기간에 걸쳐 닭의 속성을 바탕으로, 인간과의 관계를 통해 형성된 것이다. 이를 통해 한국인의 동물관과 의식구조의 한 단면을 살펴볼 수 있을 것이다.

참고문헌

1. 국내외 자료

《古今笑叢》
《大東野乘》
《東國歲時記》
《隋書》
《三國遺事》
《三國史記》
《三國志》
《洌陽歲時記》
《荊楚歲時記》
《後漢書》
《海東竹枝》
《한국구비문학대계》, Ⅰ-4·8, Ⅲ-2, Ⅵ-2·9·11, Ⅶ-2·11, Ⅷ-2·3,
        한국정신문화연구원.
《한국문화상징사전》 1권, 동아출판사, 1992.
《한국민속대사전》, 민족문화사, 1991.

≪한국민족문화대백과사전≫ 제 2·4·5·6·7·11·14권, 한국정신문
　　　화연구원, 1991.

강명상, ≪중국의 이색풍속≫, 을유문화사, 1995.
고정옥, ≪조선민요연구≫, 수선사, 1949.
≪고사성어사전≫, 학원사, 1982.
김도환 편, ≪한국속담활용사전≫, 한울아카데미, 1993.
김상훈 편, ≪가요집≫ 1·2권, 문예출판사, 1983.
김선풍·리용득 편저, ≪속담이야기≫, 국학자료원, 1993.
김성배 편, ≪한국의 금기어·길조이≫, 정음사, 1975.
김소운 편, ≪조선구전민요집≫, 동경 제일서방, 1993.
리영숙·김광렬 편, ≪일곱자매 －중국민간고사선－≫, 북경 외국
　　　문출판사, 1985.
박연옥 편, ≪중국의 소수민족설화≫, 학민사, 1994.
송재선, ≪우리말 속담 큰사전≫, 서무당, 1983.
이기문 편, ≪속담사전≫, 민중서관, 1964.
임동권 편, ≪한국의 민담≫, 서문당, 1972.
임동권 편, ≪한국민요집≫ 7권, 집문당, 1992.
≪전남의 세시풍속≫, 전라남도, 1988.
진성기, ≪탐라의 신화≫, 평범사, 1980.
최상수 편, ≪한국민간전설집≫, 통문관, 1953.
최상수 편, ≪한국속담집≫, 서문사, 1972.
최상수 편, ≪한국풍속집≫, 서문사, 1972.
최상수 편, ≪한국의 수수께끼≫, 서문당, 1973.
최운식 편, ≪충청남도 민담≫, 집문당, 1980.
최운식 편, ≪한국의 민담≫, 시인사, 1987.
하효길 외, ≪위도의 민속≫ －상·제례·장제 편－, 국립민속박

물관, 1985.

현용준, ≪제주도 신화≫, 서문당, 1976.

覃光廣 외저, 許輝勳·申鉉圭 편역, ≪中國小數民族 宗教信仰≫,
          태학사, 1996.

2. 단행본 및 논문

김광언, ≪풍수지리≫, 대원사, 1993.

김대은 외, ≪풍수지리≫, 우성상사, 1993.

김민정, ≪꿈풀이 복풀이≫, 대성, 1994.

김생수, ≪띠를 보면 그 사람이 보이네≫, 청산, 1994,

김선풍, <속담·수수께끼>, ≪한국민속문학의 이해≫, 집문당,
          1993.

김성배, ≪한국의 민속≫, 집문당, 1980.

김영학, ≪민화≫, 대원사, 1993.

김의숙 외, ≪민속학이란 무엇인가≫, 청문각, 1996.

김정희, ≪신장상≫, 대원사, 1989.

김헌선, ≪한국의 창세신화≫, 길벗, 1994.

김태곤, ≪한국무속연구≫, 집문당, 1985.

민속학회 편, ≪한국민속학의 이해≫, 문학아카데미, 1994.

안길모, ≪불교와 세시풍속≫, 명상, 1993.

안종범, <계봉산제고(鷄峯山祭考)>, ≪평사 민제교수 화갑기념논
          문집≫, 간행위원회, 1990.

오봉국 외, ≪축산학 1≫, 한국방송통신대학, 1991.

이두현 외, ≪한국민속학개설≫, 보성문화사, 1980.

임동권, ≪여성과 민요≫, 집문당, 1984.

임동권, ≪한국민속학논고≫, 집문당, 1984.
임동권, ≪한국세시풍속연구≫, 집문당, 1985.
장장식, ≪한국의 풍수설화 연구≫, 집문당, 1995.
장정룡, ≪한·중 세시풍속 및 가요연구≫, 집문당, 1988.
정형호, <동물민속>, ≪한국민속학의 새로운 인식과 과제≫, 집
　　　　문당, 1996.
최상수, ≪한국의 민속놀이 연구≫, 성문각, 1985.
최창렬, ≪아름다운 민속어원≫, 신아출판사, 1989.
최창조, ≪한국의 풍수사상≫, 민음사, 1984.
韓林, ≪古代人的 宇宙觀≫, 中國 黑龍江 朝鮮民族出版社, 1992.
韓林 저, 이태경 편역, ≪띠≫, 다나기획, 1996.
荔馨, ≪您的屬性 －鷄－≫, 中國 四川과학기술출판사, 1993.

자료편(구전 설화)

　* 아래 자료는 독자의 편의를 위해 일부 군말을 삭제하였으며, 일부 어려운 어휘는 이해의 편의를 위해 괄호로 보충하였다. 자료 수록 순서 및 분류는 본문과 동일하게 하였다. 한편 설화의 제목은 원문에 실린 것을 그대로 옮겨왔다.

1. 계성(鷄聲)에 의한 우연한 명당 획득 이야기

　* 우연히 낮잠을 잔 곳에서, 닭소리를 듣고 그 곳에 묘자리를 써서 부자가 된 이야기(≪한국구비문학대계≫ 6-9, 전남 화순편, 한국정신문화연구원, 427~428쪽. 전남 화순군 이서면 야사리 3구, 1984. 7. 26., 조사 최래옥 외, 제보 김서녀, 여, 84세.)

(닭소리 나는 명당)

김서녀 할머니가 앞 이야기가 끝난 후 곧바로 이 이야기를 계속해서 해 주었다. 영감이 풍수를 조금 하여서 시집온 후에 영감으로부터 들었다고 한다.

어떤 한 사람이 길을 가다가 진틀 밭에 가 냅쭉하게 눕고자와(싶어). 그서(그래서) 가만히 누웠응게 잠이 아심아심 들려고 혀. 참 이상허다하고 아심아심 들라고 헝께 옆에서 '콕콕'하고 닭이 울어. [청중 : 닭도 없는디.] 뭔 닭이 있어. [조사자 : 귀에 그렇게 들졌제요.] 하! 저 어디 가다가 인자 저 일러치면 저 멀리쯤 갔으면 진틀 밭에 어디 질(길) 가상이에 물도 이렇게 나더라에. 짤깍짤깍 물도 나. 그저 모른(마른) 땅 같은게 늘상 그 살라고 그려. 그서 '꽥꽥'하고 닭이 웃어.

"참말로 이상허다."

그러고 그냥 닭 소리만 듣고 와부렸어. 와갖고는 인자 그 안다는 풍수를 데리고 거그(거기)를 갔어. 가갖고,

"하! 내가 여기 누웠응게 닭 우는 소리가 들겨라네. '꽤꽤'하고 닭이 울어라우."

"그러냐."고. 그래서 그 자리를 파봉께 달걀이, 암탉 하나 장탉 하나 달걀이 그렇게 안 생겼간디. 그거, 두 개가 들었드라네, 두 개가 들었어. 그서(그래서), 거기를 파 갖고 암만 진틀 밭인지 몰라도 거기다가 즈그(자기들) 부모 묏자리를 썼어. 그래갖고 부자 되어부렸어. 그래 될라면 우연히 그렇게 돼.

2. 계성(鷄聲)에 의한 적극적 명당 획득 이야기

* 가난한 사람이 계란을 묻어 닭소리가 나는 명당을 염탐하고, 미리 묘자리를 써서 부자가 된 이야기(최운식 편, ≪한국의 민담≫, 시인사, 1988, 169~171쪽. 전북 부안군 부안읍 선은리 3구 664번지. 1972. 8. 22., 조사 최운식, 제보 장기선, 남, 56세.)

(계란이 우는 묘자리)

장성 무슨 면이라구 하던가? 저 거시기 정읍군. 그 사람두 빈한했어. 빈한한디, 한 도사가 들어와서, 집이 조그만 오막살인디, 집에를 찾아와서는, 한 사날(사나흘)을 굶구 있거든. 그래 워쩐 일인가 물르것다구 말여, 그 인자, 가난하게 사는 사람이 뒤를 밟았다 그 말여.

밟고 보니까, 사흘만에 겨란(계란)을 하나 사다 달라고 하더래요. 겨란. 그래서, 묘헌 일이라구. 그래서 인자 동네 돌아다니면서 곯은 달걀을 사다 줬어. 곯은 달걀을 사다 준게로, 계란이라구 주니께로, 곯았는지 뭔지 알 거여?

가꾸(가지고) 산으로 갔다 말여. 산에 가서 — 참 명사든 모냥여. 지관이구. 옳은 지관이구. 그래서, 참 땅을 쿡쿡 파더랴, 호미로. 조그만 호미를 내서루, 파서는 겨란을 묻어. 그 사람이 한참 있는디, 그 사람은 뒤에서 따라가서, 솔포기 밑에서 엿을 봤어.

아, 이느므 시간을 보니께로 달걀이, 닭이 울을 때가 됐는디 말여, 안 울드라 그 말여. 그래서, 파서 갖고는 그대로 왔어.

그 날 저녁에 자고는 그 이튿날, 겨란 하나 더 사다 도라구 말여. 헌게 그때는 옳은, 성한 달걀을 사다 줬다 그 말여. 안 곯은 놈을 사다 주고는 뒤를 따라갔어. 따라가서 가만히 솔포기 밑에서 엿을 보고 있응게로 그 자리 도로 묻거든. 땅에 묻어 놔.

그렇게로 한 시간쯤 되고 있응게 닭이 울더라 말여.

"꼬끼요."

"그러면 그렇지!"

하구, 볼기짝을 뚜드리구 일어나서 그대루 오도래요. 그래서, 그이는 먼저 와 버렸어. 일어나기 전에 닭이 우니께 '그러면 그렇지'하고 볼기짝을 뚜드리구 일어나는 순간에 산으루, 그 참 뛰어서 집으루 와서 있으니께, 오거든.

"워디 갔다 인저 오시나요?"

그러니께,

"나 워디 좀 갔다 와요."

그날 저녁에 잠을 자더니 일찍 떠나더래, 그 사람이. 그래서, 가면서루 그러더래요.

"내가 한 열흘만 있으면 다시 찾아오리다."

간 뒤에 그 사람이 그 자리에다 주이 부모네 장사를 모셔 버렸네. 뫼를 써 버렸어. 그냥.

한 열흘 되니까, 그이가 왔어. 와서는,

"이거 누가 썼냐?"구 말여. 그래,

"사실은 이만 저만해서 내가 참 나무 지게를 지구 댕기면서 본게, 항상 거기가 시양이 들어서 눈도 녹고, 양지 바루도 되고 그래서, 할 수 없이 내가, 이 나무꾼이면 그전에 말여, 작대기 지관두 있더라구 말여. 작대기두 좋은 것이라구 말여. 내가 항상 작대기루 꼽아 놓은 자리라구 말여. 그래서, 거기 갖다가 우리 부모를 모셨다."구. 그러냐구 말여.

"그러나 뫼를 쓰기는 썼어도 응, 그 안대를 잘못했으니 쇠(나침판)를 놔 가지구 잘 해줄 터이니, 뫼를 봉분을 헐어라. 다시 지어 주마."

허니까, 에이 이거 내가 내 자작으루 헌 것이니께 — 무슨 심사를 부릴까 무서워서 —,

"내 자작으루 헌 것잉께 놔 두슈."

"그럴 수가 있느냐 말여. 이것은 당신 자리다 말여. 당신이 임잔디 말여, 심사는 절대루, 그런 심리는 안 가지구 있으니께 말여, 당신 봉분을 헐어라. 헐면은 쇠를 놔서 어느 거시기를(방향을) 잡아 주겠다 말여."

"놔 두라구요."

덮어 놓고 그냥 두라구, 놔 두라구 그러구는 사흘까징 그 집에서 건의를 해두 안 듣거든. 그러니께,

"그러냐구, 안 듣는디는 헐 수 없는디, 당신이 내 맘을 몰라서 허는 것이란 말여."

그러구는 그냥 떠 버렸어.

거기다 묘를 쓰구 말여 자식덜두 몇 형제씩 두구 말여, 두둑 두둑 살림살이가 일어나는디 말여, 일어나는디, 참 호구를 잘 살더라. 그래서, 참 그냥 살 수가 없어서 떴어.

떠가지구는, 그 지관 이름을 알구, 주소를 알아 그 지관을 찾어서 말여, 그 뒤의 대가를 상당히 많이 해주었어.

［채록자 : 쇠를 놓구 다시 잘 해 준다는 거는 무엇이었나요?］

［구연자 : 그렁게, 옳게 헤줄랴구 헸지만서두 먼저 쓴 사

람은 무슨 심리를 부릴까봐 말여 놔두라구 헌거지요.]

　[채록자 : 그럼 다시 했으면 더 잘 됐을지두 모르지 않아요?]

　[구연자 : 그렇지요. 알 수 없지요. 더 잘 됐을지두요.]

3. 닭벼슬바위 유래 이야기

*닭벼슬바위가 있는 마을에 많은 인물이 났으나, 관리가 바위를 깬 후에 마을이 몰락한 이야기(《한국구비문학대계》6-10, 전남 화순편, 한국정신문화연구원, 561~562쪽. 전남 화순군 춘양면 회송 1구, 1948. 2. 27., 조사 최래옥 외, 제보 오찬호, 남, 51세.)

(닭벼슬바위)

옛날에 저기가 벼슬바위가 있어가지고는, 벼슬바위가 얼마나 좋던지, 1담안 2담안 3담안 그랬어. 저기 냇가는, 지금 일을 할라고 그런디, 저기가 방천(냇가의 둑)이 나갖고는 마을에 물이 들어온께 돌을 떨어갖고(깨서 가지고), 관리들이 닭벼슬 그것을 떨어갖고 했어. 그래갖고 그 뒤로는 담안이 이렇게 약해졌어. [조사자 : 닭벼슬바위요? 바위가 닭벼슬처럼 생겼어요?] 잉, 닭벼슬바위, 그 돌을 떼어논 뒤로는 여기가 사람도 별로 안 나고, 그전에는 여기가 인물이 많이 났어. [조사자 : 그러면 닭벼슬바위 정기가 많이 타고 낳나 보죠.] 응, 바위가 없어져 버리고 그 뒤로는 여기가 약해져 버렸제.

4. 닭이 여자로 변신한 이야기

* 오래된 닭이 예쁜 여자로 변신해서, 여우와 공모해 주인을 해치려다 죽은 이야기(임동권, ≪한국의 민담≫, 서문당, 1972, 105~106쪽. 경기도 양주군, 1957년 7월 30일., 조사 임동권, 제보 박씨, 70세.)

(닭귀신)

옛날 어느 곳에 10년 묵은 닭 한 마리가 있었는데, 요술을 부려 밤중에는 주인에게 "문안드립니다." 하고 인사말까지 하곤 하였다.

이상하게 여긴 주인은 어느 날 밤에 몰래 지켜보니까, 이 닭은 재주를 몇 번 넘더니 예쁜 계집이 되는 것이었다. 그래 주인은 둔갑을 한 여인을 쫓아냈더니 산으로 도망을 갔다. 그래서 여우굴로 들어가는 것이었다.

둔갑을 한 닭이 여우에게 청을 하는 것이었다. 여우가 주인 집으로 가서 3번만 울어 주면 닭이 가서 주인에게 원수를 갚는다는 청이었다. 그러자 여우는 "그 청은 어렵잖지만, 내가 울 적에 적두(붉은 팥) 팥잎을 절구에 찧어 귀에다 넣으면 내가 죽는다. 그 점이 염려된다."하는 것이었다. 그 소리를 엿들은 주인은 얼른 도망쳐 왔다.

집으로 와서 재빨리 적두 팥잎을 절구에 넣고 찧어 놓았다가 막 여우가 목을 빼고 울려고 할 순간 여우의 귀에다 넣었더니 여우는 죽고, 닭은 몸을 톡톡 털고 닭장 속으로 들어 갔다. 주인은 닭을 얼른 잡아 먹고, 그 뒤로는 무사히 잘 살았다 한다.

5. 닭이 젊은이로 변신한 이야기

* 젊은이로 변한 닭이 영감으로 변한 지네와 서로 싸우다 모두 죽은 이야기(《한국구비문학대계》 6-2, 전남 함평군, 한국정신문화연구원, 194~198쪽. 전남 함평군 엄다면 번등, 1980. 8. 11., 조사 지춘상, 제보 김정균, 남, 88세.)

(둔갑한 지네와 닭)

온양군수를 가면 백발 백중 죽거든,
〔청중 : 어디가면요?〕
〔제보자 : 온양군수.〕
〔청중 : 아하 온양군수.〕
〔제보자 : 어응.〕
〔청중 : 예.〕
백발백중 죽어, 그런 판인데. 시골서 소 잡어 먹는 사람인데, 하촌(백정) 사람인디. 놈이 똑똑하등가 부데. '내가 여그서 하세(업신여김) 받고, 하촌 말 듣고 살것 멋(뭐가) 있느냐. 내 서울 가서 놀을 수배끼 없구나.' 그래 서울을 떠억 갔단 말이여. 그래 서울을 가서 잣뱅이질(잡놈질)을 허고 댕이먼서(다니면서) 살제. 이리저리 댕이먼서 한 모퉁이를 떠억 가닝게 백발 노인허고 젊은놈하고 싸움을 헌다. 〔청중 : 아하.〕 아 이놈이 떠억,
 "에익 때래 죽일놈 같으니. 젊은 놈이 내 부모를 섬기먼

남의 부모 섬긴다는데. 너, 이놈 젊은 놈이 노인허고 싸와
(싸워). 낫뿐놈의 자식이라.”고.

귓퉁머리(귀와 머리를 합쳐서)깨나 갈려 버렸어. 그러고
는 또 어디로 사알쌀 강께, 그 싸우던 영감을 만났어.

“아까 그 젊은 놈이 그 사람이 아니요?”

“온양골 이방의 집 뒷안에 고목나무 속에서 난 닭이요.”

〔청중 : 닭? 〕

〔제보자 : 어응. 〕

“닭이 수십년 됭게, 둔갑해 가지고 댕기요. 그래서 내가
그 놈을 쥑일라고 허다가 못 쥑이고 그랬소.”

“그래 그러먼 그 닭, 그놈 잡을라먼 엇뜩게 했으면 잡을
것잉가?”

“이방의 딸이 있는디, 닭 저놈이 둔갑해 갖고 와서 간섭
허거든. 그 큰애기가 초저녁에 죽었다 새복(새벽)에사 살어
나. 그러니 낮에 말뚝을 깎었다가 가지고 가서 그 고목나무
구녁 (구멍) 뚫어진디를 쳐 지르고 나무를 쟁이고 불을 질
러 버리면 거그서 디저(죽어) 버린다. 그래야 잡에. 글(그
렇게) 안허면 못 잡는다.”

“아 그러겄다.”

한 귄짝을(쪽을) 떠억 돌아가닝가, 아까 그 젊은 놈을 만났
어.

“아까 그 영감이 사람이 아니요?”

“거 머시란 말잉가?”

“온양골 동헌 대들보 밑에 사는 지네요.”

그 지네하고 닭허고 상극이라.

“그런디, 내가 그 잡어 쥑일라다가, 아 당신이 말게서(말
려서) 내가 못 쥑었소.”

"엇뜩게 허먼 지네를 잡겄느냐?"

"예, 목수를 수십 명을 불러 가지고 집을 뜯고, 그 지네가 나오먼 찍개(집개)로 잡어서 잡제, 다른 것으로는 못잡소."

그러닝까, 이 자가 떠억 온양군수를 가겠다고 지원을 했단 말이여. 아 온양군수를 가먼 백발백중 죽으닝게, 갈 사람이 없거든. 그래 지가 온양군수를 가겠다고 지원을 허닝까.

"아 그러먼 가그라."

그래 온양군수를 갔제. 온양군수를 가 가지고는 동헌에를 들어가지를 않고, 사채를 정허고 있으먼서,

"목수, 목수를 불러라."

헝게, 일국의 목수를 전부 다 불러,

"들지름(들기름)을 구해 오너라."

사방 가에다가 들지름을 배리지오(바르지오).

"대처 동헌을 뜯어라."

아, 동헌을 뜯고 보닝께, 대들보 밑에 가서 크나큰 지네가 있단 말이여.

그래 엇떠게 손을 못대고 사방에서 찍깨로 그놈을 수십 명이 달라들어 찍깨로 집어내서 들지름 솥에다가 기양(그냥) 집어 여(넣어) 버링게 디저 버렸단 말이여.

아, 그래 온양골서 말이여. 군수가 오는 사람은 꼬옥꼭 죽는디, 이사람이 와서 허는 것을 보잉게 영웅이거든. 그래서 인자, 참 영웅이 함불로(함부로) 말도 못허제. 아조 훤허이 다 알 것인디, 함불로 말해서 쓸 것이냐?

하래는(하루는) 이방이 떠억 와서,

"제가 과년된 딸년이 있는디, 초저녁에 죽어 버리먼 새

복(새벽)에사 깨어나요. 그러니 었쩨 그런지 모릅니다. 그러니까, 그것 한나를 살려 주입시요.”

“그래라. 내가 오늘 저녁에는 니 집을 가, 둘러봐야 할 일이여. 그렇게, 내가 나가마.”

떠억 그집을 가서 대문 앞에 가 섰응게, 앗따 엇떤 천병만보가 끄러(끓어) 오능 거 모냥으로 공장(굉장)허거든.

아, 이놈이, 닭이 말이여, 터럭이 전부 군사가 되야,

〔조사자 : 전부 머시 되었어.〕

〔제보자 : 군사가 되았어.〕

〔조사자 : 군사가.〕

〔제보자 : 암 둔갑해서.〕

〔조사자 : 예.〕

떠억 오더이마는,

“문 열어라.”

그렇께,

“문 못 열었다.”

“엇째서 문을 못 열어야.”

그렇께,

“군수영감께서 여그 와 섯으니까, 문을 못 열었다.”

문 열으라고 부르면서,

“절구야!”

“문 못 열었다.”

“그러면 내가 군수 대접으로. 어응 우리는 다 간다.”

하고, 다 갈려 가 버리거든. 군수가 가마이(가만이) 대문 옆에 가서,

“절구야!”

허고 부릉께 매미만헝 것이 붙어 있어. 떠억 잡었다 말이

여. 그래 갖고 주먹 속에 넣서, 따악 차고 옹께,

"니가 머슬(무엇을) 알겄냐? 너는 무슨 정사(政事)가 들어오먼 말이여, 입만 딸싹 해라. 그러먼, 말은 내가 하마."

대치나 여그 정사만 있어먼 말이여. 절구놈이 말 다해 버리어. 영웅 말을 들어. 나라에서 불렀단 말이여. 나라에서 급헌 일이 있으니 좀 불러. 나라에서도 운에(은혜)를 보잉게, 이것이 알기를 기가 맥히게 안단 말이여. 그래서 크게 되았제. 그에 한 십 년 되았등가, 오 년 되었을 때는 절구가 말이여,

"주머니 속에다가 나를 담어갖고 있으닝까 갑갑해 살겄냐? 여러닝게, 바람 좀 쐬게 내놔도라."

그렁게 내 놨등가 부데. 아 이런---,

"나는 나 갈데로 간다 가." 팔딱 튀어 가.

"아이고 절구야!"

잡을라고 허먼,

"아이고 절구야!"

가먼서 봉사를 맨드라 불고 갔제. 나라에서 불러서 물으니, 모릉것 죽는다고, 봉사를 맨드라(만들어) 버리고 가서. 그래서 절구는 천상에서 죄를 받고 지하로 내래 보내먼서 '불쌍헌 사람을 도와주고 오너라.' 하촌 사람이 불쌍헌 사람이거든. 그사람 도와주고, 절구는 갔어. 그렁게, 이 문지키는 것이 절구가 지키는 거야.

〔청중 : 절구가?〕

〔제보자 : 아믄.〕

엇찌 그런고니, 여그 꼭 구신(귀신) 붙었어. 왜 그러나 허먼, 내자식 집이 제마는 아이들이 여섯이여. 가 보먼, 이 문을 천 번 이천 번 열었다, 닫었다, 헐거야. 안 부서져. 이

절구가 지키는 거야. 그렇게, 그 절구가 이 문을 지키는 것
이여. 그렇게, 아그(아이)들이 잡고 내두르고 그렇게, 그질
(그런 짓을) 해도 안 부서져 문이.
　　[조사자 : 다 하셨읍니까?]
　　[제보자 : 어이. (웃음)]
　　[청중 : 낼까지라도 허게야 허세.]

6. 닭이 초립동이로 변신한 이야기

　* 닭이 초립동이로, 개가 중으로 변신해서, 구렁이와 공모해
주인을 해치려다 발각되어 모두 죽은 이야기(≪韓國口碑文學
大系≫ 1-8, 경기도 인천시, 한국정신문화연구원, 128～133쪽.
경기도 인천시 남구 선학동, 1982. 7. 29., 조사 성기열 외, 제
보 양덕환, 남, 65세.)

(개와 닭의 둔갑)

　어떤 사람네가 일전에 말이 있는데, 그 집은 짐승을 꽤
귀했던지(귀여워 했던지) 간에 닭이 여러 해 묵구, 개가 묵
구, 여러 해 묵은 개가 있는데, 자구 나면 아침에 말이 땀
을 쭉 흘렸어. [조사자 : 말이요?] 응. 그 집 말이. 그러니
깐 누가, 타인들이 타군 장난하는지 어쩌는지 몰라서, 몰라
서 마굿간을 자물쇠를 해 잠그구 말이지. 말을 단단히 단속
을 해두 뭐 여전해.
　그래 그 때에 한 사람이, 참 귀신을 봤던지. 그전에 귀신
을 보구 귀신하구 대화한 소릴 잘 듣구 이러는 사람이 많

았어. 그러니깐 글을 배우면 왜 통할 수가 있단 말이지. 지금두 그렇지. 인저 그 짐성(짐승)끼리 그 대화한 것들 외국서나 아는 사람들이 많잖아? 여느, 저 동물원에서두 그 뭐냐? 원장, 그 사육원장, 어떻게 하면 짐승이 어떻게 한다 알구. 그런 뜻이겠지.

한 사람이 인저 옛날엔 그저 가다가 해만 지면, 살아 있는 집에 가서 주인 찾아서,

"하루 저녁 쉬어 가겠다."

그러면 그런 손님은 거절 안 해. 어떤 사람이, 과객이라는 사람은 그저 자기 가진 것 지필묵(紙筆墨) 보따리 요만하게 〔두 손을 약간 벌리면서〕 해서 꾸겨서 질머지군 그냥 맨날 돌아다니는 거야. 그건 선비지, 학자 선비가 그렇게 댕기지. 다른 사람은 그렇게 안 다녀. 그래 어디 가서 학자 만나면 학자하구 대화하구, 농군 만나면 농군하구 대화하구, 그런 사람인데.

그래, 이 사람네 집엘 갔는데. 하루 저녁 잤단 말야. 묵었어. 그 사람하구 주인하구 늦도록 대화를 하구. 그리구서 뉘(누워) 잤는데, 자다가 소피가 마렵단 말야. 소피가 마려설라무네, 나와서 주인은 잠이 들었구, 소변을 보구설라무네 획 돌아다 보니깐. 거 앞에 뜰에서 웬 초립 쓴 사람이 — 어떤 나이에 쓰나 하며는, 십칠살 미만 사람들이 쓰는 거야. — 초립동이가 말을 타구 들어오거든. 손은 그냥 보구선 들어와서, 가만히 이 밤중에 초립동이가 말을 타구서 중을 데리구 들어오기에, '어떤 아이가 손님을 이렇게 늦게 데리고 올까?' 하구서, 문틈으로 가만히 내다 봤어. 바깥에서 무슨 소리가 나. 그래 내다보니까는 그 집 마당에 오드니,

"와서 교대 좀 해라."

하니까는, 말에서 쓱 내리니까는, 그 중이 말을 끌구서, 다른 대문으로 서슴치 않구 들어오거든. 뒤에 띠어 놓구선 그러더니. 그 들어가선 어떻게 행동을 하나 하구 앞문 사이로 안 뜰 아래로 내다보니까, 이 말을 뒤에다 매. 마굿간에다 매더거(매거든). 이 놈들이 펄쩍펄적 재주를 넘드니, 하나는 개가 되서 개집으로 들어가구, 하나는 닭의 해루 후다닥 올라가서 닭이 돼.

"이상도 하다. 괴이하다."

하구서, 이 사람이 그쯤 보구서, 아침에 주인더러 물었어.

"괴히(공연히) 어떻게 되서 말이 저녁에 나가느냐?"

하니까,

"아, 그걸 어떻게 하나?"

그거야, 주인이 그걸루 해서 걱정을 허는데,

"그러냐?"구.

"잘못 봤는지 몰라두, 그렇지 않아두, 마굿간을 단단히 단속을 하는데, 이 말이 저녁에 그렇게 혼이가 나구 한다."

구.

"그러냐?"구.

"그래 내 한 번 관찰해 보겠다."

"그러자."구.

"좀 해 달라."

가지 않구 게(거기) 묵어서, 해가 지구 저녁을 먹구, 가만히 그걸 들을라니깐, 참 열두시 거반(거의) 되니깐, 닭이 해(홰)에서 내리더니 나가니깐, 개가 이 놈이 개장에서 쑥 나와. 개장이나 있나, 옛날에 아주 밑구녁이지. 마루 밑에서 툭 나오더니,

"놀러 가자."구.

"여러 가지 일을 하자."구.

그러더니 이 놈들이, 닭은 초립동이가 되구, 개는 그 중이 된다. 그저 말 끌구 댕기는 마부지. 마부가 되어 가지구, 이 놈이 말을 뚝 끌고 나간다 말야. 거 마굿간이 단단해서 자물통이 잠겼는데, 그것두 문제가 아냐. 저기로 해서 척 하니 나가더니, 글쎄 말을 집어 타더니,

"들로 나가자."구.

나가설라무네, 내다 보니까, 그냥 뜰에 나가서, 기분좋게 말을 타구 달려. 한바탕 달리드니,

"자, 오늘은 가보자."

앞 마당에 썩 들어오더니, 말이 갑자기 죽어(거의 죽을 지경). 아 그러니까,

"가자."

다시 말을 타구 가는데, 이 사람이 뒤따라 갔어. 따라 가니까, 산너머 가더니, 아주 그 돌 괴어 있는 숲 밑에 가설라무네,

"에이 찾아!"

허니까, 그 돌 속 덤불 속에 굴이 있었어. 거기서 큰 구렁이가 나오거든. 나오더니 대화를 하는데,

"하여간 나의 소청(소원)을 하나 들어 달라."고 사정을 해.

"무슨 소청이냐?"

그러니까,

"우리 주인이 우리를 영 천댈 안 해 줘."

허니까, 철갓을 써야 천대가 되는데 철갓을 안 씌워주니,

"어서 소원을 풀어 달라."구.

"그 어떻거문 되느냐?" 하니까,

"우리 주인 없애 달라."구.

"그러냐."구.

"그러면, 없애 주며는 당신의 멕이(먹이)를 좋은 걸 갖다 준다."

그러니까 구랭이가 물어 보는데,

"그건 어렵지 않으나, 해입은 일이 없냐?"

물어,

"그럼 해입은 일 없다."구, 그랬단 말야.

"그래 해 입은 거 없다."구, 하니깐,

"됐다."구.

"그럼 어느 날에 나올래?"

그러니까는,

"아무 날에 온다."구, 약속을 했단 말야.

그래서 먼저 왔어. 와 가지구선 그두, 지뜰끼리 장소를 가구. 날이 밤이 기울어서,

"아, 이 사람을 나서 해 입을 거야."

"아무 날 해야 겠다. 삼 사일 안으루. 그렇지 않으면 죽는다." 그거야.

사람은 태어나서 사(死)에 이르게 되면 자지 않아.

"당신네 식구가 잠이 들문 안 되니까, 전부가 곁에 불을 켜구, 마굿간 근처에 사람이 돌구."

그 사람이 교대루 자지 않구서 지키는 거지. 막 불을 켜 놓구 왔다 갔다. 사람 눈을 피해야 할 텐데, 닭하구 개하구 사람 눈을 피할 수 있어야지. 삼일을 지냈는데, 그 째(때)에,

"개 닭 죽여라."말야.

"여태 오래 길렀는데, 내 말대루 안 하면, 너 죽어버리니까 죽이라."구.

개 닭을 죽여 버렸어. 죽이구서는, 내쳐갖구서, 그 날 저녁 기다리는데, 아주 담력 신(센) 사람들을 - 머리가 동이만 하구, 길이가 한 십미터 되는, 몇 발 되는 큰 구렁이가 뎀벼두 능히 놀래지 않구 당할 사람이어야 된다, 그거야. 그러니, 그 집 아들 하나, 힘이 시어(세). 또 하인 하나이 굉장히 센 사람이야. 그 사람들이 맡겠다고 말야. 그래 자기 아버지를 위해서 맡는 거야. 두 사람이 있으면서 하나이 그냥,

"바가지를 들구 섰다가, 처음에 퍽 끼없고, 낭중(나중)에 끼없으라."구.

"내가 맡겠다."구.

"그래 상대는 뱀이야. 그렇게 할 자신이 있냐?"

"자신있다."구.

그래 저의 집 망하구, 저의 아버지 죽는데니. 이에 아버지는 다른 방에 들어가 있구. 그 대문 안 양쪽에다, 해일 넷이 갔다설라무네. 기달리고 있으니까, 밤중이 되니까 소낙비 몰아드는 소리가 냅다 내더니, 별안간에 '탁'하니, 마당에서 멈추더라 그거야. 멈추는데, 이 놈이 벌써 해이믄 잘못 탔거든. 뱀은 되돌아서 가지 않구, 자기 목적을 달성하려니까 설마하구서 더 들어오는 디. 놈을 끼없기 좋을 만한 데서, 떠 가지구 있다가, 뱀한테 바가자 퍼서 끼없더니, 동이 뒤엎혔으니 떨어져 나가 죽었다 이거야. 그러니깐 큰 구렁이 죽구. 그 사람이 인제 무사해서 힘이 그렇게 필요한 것이다. 그래 내 개가 십년이 넘으믄 도습을 한다. 닭이 삼년이믄 도습(변신)을 한다. 그래서 닭과 개는 오래 키우지

말아라. 그래 그전에 그랬어.

7. 닭이 귀신으로 변신한 이야기

* 젊은이가, 귀신으로 변신해서 인간을 잡아먹는 오래된 닭을 퇴치한 이야기(《한국구비문학대계》 7-11, 경북 군위군, 한국정신문화연구원, 468~479쪽. 경북 군위군 효령면 장군 3동, 1982. 7. 28., 조사 최정여 외, 제보 김한수, 남, 60세.)

(고목 속의 묵은 닭의 퇴치)

옛날에 조실부모한 소년이 살았읍니다. 그래서 의지할 곳이 없어서, 삼촌 양주 밑에서 같이 이래 있었는데, 그래서 같이 이래(이렇게) 있어보이(보니), 삼촌 숙모 구박이 나날이 심해져가고, 이래서 도저히 여서는 살 수가 없더라.

이래서 자기가 어린 소년 맘에, 즉 말하자면 삼촌집을 벗어나서 도망을 쳤지. 이래서 정처없이 가는데, 소년이 어린 몸이 되다보이께네, 뭐 아무 지향도 모리고(모르고), 또 아는 것도 없고, 이래서 지망없이 가는 도중, 미칠(며칠) 동안 걸음을 걸어서 어느 산골에 다다르이, 해가 썩 빠져서 그만 일몰이 됐는데, 캄캄하지, 갈 곳 방향조차 몰래서 그곳을 떡 머물어서 밤 고개를 넘바다(넘어다) 보고 앉아 있으이, 어딘가 산골에서 불이 이래 환하게 보이는 집이 하나 나타나서, 그래서 저기는 민가가 사이께네 저곳을 내가 한 번 찾아가봐야 되겠다. 찾아가이께네, 옛날 오두막 집이 한 채 떡 있는데, 산곡이거든요. 그래 참 한 노인이 모발이 허

여이신(하얀) 어른이 떡 나타나고 와가,

"니 어짠 소년인데 이 밤 늦게 이런 곳을 찾아오느냐?"

"예, 저는 정처없이 가는 몸으로 이곳을 가다보이, 이꺼정(여기까지) 다다랐읍니다."

그래 둘이 저녁에 떡 앉아서 드가이께네(들어가니까),

"그, 산중 감자밥이라도 해가주고, 니 한 술 먹어라."

참 배 고픈데 한 술 먹고, 둘이 앉아가주 소년과 노인이 이얘기 하는데, 노인이 먼저 이얘기 하기를,

"나는 이 세상이, 마, 싫다. 이래서 이 심곡(深谷)에 앉아 가지고 팥밭을 쪼사먹고 세월을 보내는 사람이다. 니는 무엇이고?"

"저는 이 소년몸으로 조실부모하고 사회에 살았으나, 역시 이 세상이 어지러워서 정처없이 이래 떠나오는 길입니다."

이라이께네, 그래서 노인이 하는 말씀이,

"그래, 그럼 니와 나와 동(同)한 이치이께네, 나하고 둘이 여어서(여기서) 이 산곡서 한 번 살아보자."

그래 거어서(거기서), 인제 산전 사는 데, 감자를 숨가 먹고(심어 먹고), 옥수수를 숨가 먹고, 논때기 캐야 옛날 구식 손바닥만한 거. 무식한 말로, 이런 도가리 저 밑 도가리 부치가주고, 일 년에 쌀 생산되는 양이 다 호박돌에 찧이봐도 대두 한두 말 정도빼끼 안 나오는 이런 시대거든요.

그래가지고, 거어서 자기가 한 팔구세 되가주고 한 십 해를 노인 밑에서, 그 십 해. 그 노인도 학자라요. 그래 이 소년이 착해서, 이 소년도 이 참 안타까운, 이런 정도가 아인가 싶거든. 그래 자기가 아는 대로 공부를 갈치고 열심히 둘이 팥밭을 쪼사가면서 산곡에 살았어요.

그래가지고 이 사람이 나이 십구세 되서, 한 십 년 그래 살고, 자기가 십구세 당도하이께네, 가마 생각해 보이께네, 그 옛날에 남자가 십오세만 되면 호패를 찬다 캤는데 '내가 나이 십구세 되도록 말이지, 이 산곡에 앉아가주고 이 세상사회를 모른다면, 내가 도저히 남아로서 말이지이, 일이 되겠나.' 이래서 한 날 그 노인을 친절히 불러서 이 얘기를 적당히 말씀을 드렸어요.

"저 어르신네, 그런게 아이고, 지도(저도) 여게 와가주고 한 십여 해를 말이지이, 어르신네와 같이 덕택에 공부도 잘 배우고 농사도 짓는 걸 알고 이랬으니. 금년엔 고만 저도 사회로 한 번 나가봐야 되겠심더."

그래 산곡에만 있을 기 아이고, 그래. 거 가마 노인이 생각디마,

"그래 거 참 니 말이 참 옳은 말이다. 니도 어연간 십 년을 여어서 나하고 같이 산곡에 지냈드라만, 이제 니 나이 십구세 됐으이께네, 니도 이제 사회에 나가가주고 어느 정도 갈길을 찾아야 안 되겠나."

그래 싱낙(승낙)을 떡 해 주거든요. 동시에 그 노인이 하는 말이,

"가며는 니가 그저 갈기 아이라. 지금 우리가 여 앉아가주고 저 십 여년 동안 서로 농사지 가주고 같이 일해서 살았는 거는 틀림없는데, 오늘날까지 해봐도, 토지가 좁고 이 산 능곡이라서 생산되는게 없어서 별 수입은 없으나마나, 그래, 논농사를 그대로 지었는 기이 쌀이 전부 말이지, 총 생산량이 한 대두 두 말쯤 되이께네, 니가 이왕 갈파이며는 내가 쌀 대두 한 말 쯤은 니 주고 한 말은 내가 먹겠다. 니가 한 말을 짊어지고 갈 길을 잘 찾아 가거라."

그래서 싱낙하고 쌀 한 말 주거든요. 그래 짊어지고, 어느 산골에서는 무촌(無村)이 많고 사람 사는 곳이 적어서, 가다 혹은 자기 손수 밥 지어 먹을 기구도 없고, 혹 생쌀도 먹고, 이래가주고 여러 날 걸어가지고, 가는 도중인데, 그래 수일간 걸어가다 보이께네.

어느 날 한 곳을 떡 다다르이께네, 거의 일몰이 되고 밤이 어둡기 시작하는데, 갈 곳이 없고, 장성한 청년으로써 별로 겁나는 기 없으만도, 그래도 그 산골에서 은근히 참 슬픈 마음이 들고, 또 옛날 자기 과거 생각해 보고, 또 지금 현재 당한 것도 마음이 안돼서.

한 번 이래 어두침침한 밤을 살펴보니, 어느 거 앞에 보이 말이지이. 고개 하나 가로막히 있는데. 그래 인자 산곡 올라서면 말이지이, 세상에 별천지가 안 나오겠나 싶어서 억지로 참 기운없는 어덥은(어두운) 길을 찾아서 그 산골을 떡 올라섰다 이거라요. 참 넘어서이 보이께네, 참 사방 평지로써 이래 편편하게 보이는데, 여어는 이 누가 자릴 잡아도 큰 대인이 살고 부자가 날 장소인데도 불구하고, 무인적하이 참 이상하다, 이래 싶어서, 가마(가만이) 이래 살펴보이께네, 한군데 불이 이래가 쫌 뻗치는 기 있어요. 그래 인적이 있으니께네 한번 찾아가야 안 되겠나?

그래 그 곳을 슬슬 찾아가이께네, 그 바닥에 턱 들어서이께네, 기와집이 말이지이, 옛날 거 우랑차기 층층히 쌓여 있고, 보이(보니) 지대가 상당히 넓게 되있고, 여기는 옛날에 우리 정승이 살아도 훌륭한 터인데도 인가가 고요하노. 이래 이상타 싶어. 내가 위급하니 그 집을 떡 다다렀어.

가보이께네, 그 안에 불은 써(켜) 났는데, 그 밑에 직접 당(당도) 해보이 불도 안 보이고 정신이 하나도 없어. 어디

가 뭐 요량을 못하겠어요. 이래가주고 그라고 보이께네, 집은 이래 큰 집인데, 거 참 대문을 튼튼히 해 달아놓고, 이거 큰일이다 싶은데, 사람 인적이 없어 이상타 싶어서.

그래서 인자 암만 문을 뚜디니(두드려도) 주인이 와서 대답을 해야지요. '이거 안 됐다. 나도 위급하이 말이지이. 어느 집에 사람 없는 집은 없이이, 넘어가가주고 주인을 한번 찾아봐야 되겠다.' 이런 의욕으로써 담을 휘떡 넘어가주고 떡 넘어서이, 충충히 대문이 열두 대문이라요. 그래가지고 그 열두 대문을 전부 힘으로 다 타넘어 갔어요.

타넘어 가가지고 막바지 가이께, 그 안에 큰 우람한 기와집에서, 이래 불도 환하이 써있고, 아주 대갓집이고, 옛날 양반집겉고, 돈 많은 사람 집겉은데, 사람이 인적이 없어요. 그래가지고 '거 참 이상하다' 싶어서, 그래도 자기가 남의 집에 울담을 뛰넘어 왔이이 말이지이, 도둑빼끼 지내지 못하이께네, 첫째는 주인을 찾아야겠다.

"주인 계시오? 계시오?"

전부 말 없어요. 그래 한번 이래, 저짝 한번 이래. 대갓집은 집이 너리거든요. 저 짝 썩 내보이께네, 어떤 처녀가 나이 한 칠팔구세 된 그런, 옛날 뒷머리 땋고 이래 한 분이 떡 지내가는데, 보이 참 그 인물이 일등미인이요. 참 미색이라. 그래 있는 데도 대답을 하지 않는다 이기라요. 자기가 그때 염치불구하고 싹 들어서, 정식 인사를 하이께, 그분이 그 때는 말이지이, 떡 도돌아(되돌아) 나오디마는, 하는 말이,

"그래 어데 오신 손님입니까?"

"나는 길가는 과객입니다."

"그래시요. 그럼 들오이소."

그래 드가이께네,

"그래 잠깐만 여기 기다려 주이소. 내 저녁 진지 채려가 드리겠임더."

그래 자기도 미안하지만서도, 저녁을 줄라카이 저녁을 먹어놓고, 내가 배가 고프이, 먹어논 후에라면, 그 이야기 가 안 나오겠나. 그래서, 부엌에 나가디이 말이지, 식사를 그 뭐 대갓집이다 보이, 다 준비는 돼 있는 입장인께, 새 상을 떡 채려가주고 한 상을 떡 해주거든요. 그래 자기도 여러 날 노독(路毒)에서 말이지이 곤란 받았는데, 저녁을 참 맛있게 먹었어요.

먹고 이래 떡 앉아 있으께네, 그때사 그 처녀가 아주 안 색이 고르지 못하게 아주 죽을 상으로, 이 도령 앞에 턱 꿇 어앉디이 말이지이,

"도령님, 다름이 아이고, 지가 오신 손님을 저녁 진지 접 대를 하긴 했읍니다만도, 저녁을 자셨으이께네, 이 집을 떠 나서 장소를 피해가지고, 오늘밤을 유하도록 하이소."

그래 인제,

"저녁을 묵고나서, 이 큰 집에서 해필 다른데 가라 칼(가 라고 할) 필요가 뭐 있고? 내가 뚝 밑에 자고가도 자고갈 거인데, 그럼 댁에는 어떠한 입장으로서, 이 큰 대갓집이 고요합니까?"

이래 물으이께네, 그래 그 사람이 안색없이(안색이 형편 없이) 하는 말이,

"지가 그러면 이 최초 근본 이얘기를 하겠입니더. 우리 가 여어서 양친 선대꺼정 전부 다 살았는 입장인데. 왠지 요 근세에 와가주고 우리 조부님, 조모님 전부 다 귀신도 모르게 잡아가고, 우리 오빠들과 형제들 다 잡아가고, 오늘

저녀어(저녁) 제 혼자치만 여(여기) 남았는데, 오늘 저녁 지가 마지막 갈판인데 말이지이. 만약 내가 가는 거는, 우리 집안이 망해도 좋은데, 당신이 여 있다 대로(대신에) 젊은 청춘에 목숨 날리는 기(것이) 안 원통하겠오? 그러니 부디 오늘 저녁 이 자리만큼은 피해 주이소?"

이라거덩. 그래 남자 가마이 생각해 보이, '그래 이 집에 옛날에 뭐 사무이라커디 이게 틀림없구나.' 이래 싶어서,

"그러면 그거는 걱정하지 마고, 나도 오늘 저녁 고집으로 기어코 여 자고 가겠소."

"그럼 당신 목숨을 안 애낄라면, 죽은 거 겁 안 내면, 여기 자고 가이소."

그 대답을 딱 하고 헤었뿌고, 자기는 딱 모르겠다 이거라요.

그래 있는데 가마 생각해 보이께네, 야 이거 뭐인가 이 집안에, 큰 대갓집에서 뭐 안 있겠나 싶어서, 그래서 자기는 그 쪽 바아(방에) 앉았고, 이 남자가 저녁에 생각해 보이께네, 뭐가 있기는 있는 모양인데, 옛날 미신스런 말이지 이 싶어서, 그래 저녁 묵고 앉아가지고,

"그러면, 당신이 오늘 저녁 죽게 될 참이면, 내가 대신 죽든지, 당신이 죽든지 간에, 둘 중에 하나는 죽는 거 틀림없는데. 그럼 내가 먼저 죽을지, 당신 먼저 죽을지 모르겠는데, 당신이 벽장에다 몸을 은신해 올라가이소. 올라가면, 여깄다(여기 있다가) 내가 죽어도 괘한으니(괜찮으니) 걱정 말고 올라 가이소."

여자가 그 말을 듣고 자기는 벽장에 갇히어 올라갔다. 이 남자는 웃통 홀떡 벗고 눈을 딱 불씨이 앉아 책을 이리고(읽고) 앉으니께네. 그래가 기척없이 한 밤중 열두시 정

각쭘 되이께네, 삽작걸에서 뭐 우루루 천둥소리 하디이 말이지 뭐,

"대문 열어라. 이 얼렁(빨리) 드가자."

이카고 야단이라요. 한 두 사람 소리 아이고, 여러 백 사람 소리 나고, 이거 무신 귀신 천둥소리겉이 말이라. 그래가지고 '야 이거 참 별일이다.' 그래갖고 참 자기는 듣지 않고, 앉아갖고, 그 전에 산중에서 노인한테 배왔는 경, 글만 읽고, 저 혼자 앉아가주고 한참 글 읽고 앉았는데, 그 내중에 마지막 문을 떡 열고 들오이디만도, 아, 저거끼리 모디 앉아가주고 마다아(마당) 쭉 돌아서디만도,

"이거 그전에는 이런 소리 안 듣기디, 오늘 저녁 참 별 희안한 소리가 다 듣기는구나."

. 그 앉아 귀신 경문 읽는 소리 해롭거던. 화(化)했는 그런 물건들은,

"이 참 오늘 저녁 참 이상한 소리 다 듣기는구나. 뭐가 이카고 앉았노?"

얼른 제일 끝티이 사람 보고,

"니가 문 한 번 열어봐라. 뭐가 저카노?"

드가 보이께네. 어떤 청년이 떡 앉아가지고, 웃통을 헐렁 벗고, 이리 귀신 경에다, 이런 귀신 쫓는 축복을 외아제끼고, 구학문을 갖다 쫓아 이리는데(읽는데) 보이께네, 참 아주 용기시러워. 이래서 안청에 겁이 나, 꼼짝을 못하고, '미안합니다.' 그래 그제사 떡 문을 나서이께네, 그 중에 대장이 떡 앉아가주고 하는 말이,

"그래야 이놈아, 거 뭐 있는데, 니가 대체 드가가(들어가기를) 겁을 내가지고. 그놈을 못 잡고 그냥 돌아오느냐?"

이라께네,

"아이고, 가보이마. 안치가 떨려서 말도 못 하겠입니다."
그래. 그 담(다음)한테 떡 보내이께네. 이 사람 그래 놓고
도, 뭐 왔는가 싶어서 계속 글을 읽고 앉았는데. 아이 머리
두나(둘이나) 가진 사람이 턱 오디(오더니) 말이지이 문을
열어,

"이 방 안, 오늘 저녁 무슨 소리 없는데, 뭐가 이카느
냐?"

카미 말이지이, 또 마리에 앉아가, 이거 들다 보디만도,
귀신이 말이지이,

"아이고 마 선생 왔읍니까?"

또 문을 여닫디. 그래 네나 대가리 시나, 네나, 여덜나까
지(대가리가 세 개, 네 개, 여덟 개까지) 다 온다 이기라 말
이지요. 이래가주고 마지막 떡 와 보디만. 그 사람 보이, 정
신없이 앉아가주고. 거 참, 청년이 용기로써 말이지, 야꾸
(기세가) 죽어. 그냥 돌아와 가주고,

"자, 오늘 저녁엔 우리가 볼 일 못 본다. 이 집 처녀를
잡으러 왔디이, 허사니 말이지이, 우리 이제 그냥 돌아가
자."

"야 아무거시야 문 열어라."

"문 닫자."

카디마(하더니만), 우우 갔뿌고(가 버리고) 없거던. 그래
이 사람이, 야 그거 참 괴이한 일이다. 그 때 글을 멈추고
그 벽장에 잡아 났는 주인 처녀를, 문을 한 번 떡 열어보이
께네 자물시가 뻐덩뻐덩 한기라.

그래 인자 자기가 꺼내가주고, 찬물을 막 갖다 냉차를
씨기가지고, 정신을 채려서 돌려가지고, 그래서 미음을 꿇
이고(끓이고), 그 사람 몸을 구해주고, 자기도 앉아가주고,

또 그런 기회가 오까 싶어, 염려가 돼가주고, 그래 잠을 잤
다 이거라요. 그래가지고 그 다음날 일나가지고 처녀한테
묻기를,

"그래 여보, 대관절 당신이 엊저녁 마지막 이얘기라 들
었는데, 그래 이 집엔 전에 자기 선조때 무신 이력이 없었
어요? 혹은 무슨 짐승을 많이 먹었던가, 그렇지 않으면 터
가 거시다든가, 또 혹은 어떤 그런 거 없입니까?"

이래 물으께네, 그 때 그 처녀가 완전하이 궁난을 깨우
쳤다 말이지이. 정신이 돌아왔거던요. 그래가지고 그 처녀
가 하는 이얘기가,

"다름이 아이고, 지가 날 때 우리 조부님께서 양계를 마
이 했다 이기라요. 닭을 이래 많이 믹었는데, 그것빼끼 몰
랐는데, 다른 건 없읍니다."
이러거든.

"아, 그래요. 그러머는 잘 알겠다."

이라고. 그래서 자기가 손수로 일나서 말이지이. 가마이
(가만이) 지대를 보이께네, 참 아주 지대도 광야하고, 또 어
느 집을 봐도 아주 큰 부잣집, 대갓집터이요. 뭐 이 큰 좋
은 장소에서, 이런 대갓집이 망한 때는 무엇인가 미심스럽
고, 뭐가 안 있겠느냐? 손수 일나가지고 그 지방을 전부 조
사를 함(한번) 해봤어요.

한번 해보이께네, 암말도 안 하고, 자기가 한군데 가이께
네, 고목이 한 나무 있는데, [청중 : 뭐가 있어?] 큰 고목나
무요. 고목이라요. 요새 아름으로 안으만, 한 및(몇) 아름
될만한 큰 고목이 말이지이. 한 나무 외딴 들판에 떡 서있
는데, 사람이 갈 그런 장소도 아이고. 이런데도 한 나무 서
있는데.

그래 그곳을 딱 찾아가 보이께네, 그 남게(나무에) 둥근 띠비 따개져가주고, 껍띠이는 살았고, 속은 빕니다. 이런데 그 나무 근처 가이께네, 뭐가 '구구구구' 소리가 나는데, 영판 닭소리라요. '하아! 이거 참 이상하구나.' 자기 한 번 가마이 딜다(들여다) 보이께네, 그 안에 닭이 수백 마리 있는 걸애요. 그래서 이 닭이 말이지, 옛날에 아마 그런 말이 있읍니꺼 뭐 닭은 문자로 잡아 '견불삼년, 구불오년' 그렇다는데, 아 닭이 화(化)해가지고 저녁으로 변동을 하는구나.

이래서 집에 와가지고, 그 처녀한테 묻기를,

"여보소, 이 집안에, 이 대갓 집에서 고추를 가진 것이 있읍니까?"

하고 물으이께네,

"아이고, 고추야, 우리집에 구할 수 있읍니다."

그라거든,

"그러면 고치를 말이지이, 두어 가마쯤 돌라."

이라이께네,

"아이 그거야 고바아(庫房) 문 열고 드리겠임더."

그래서 고추를 두어 가마쯤 갖다가, 나무로 져다가, 고목나무 안에 구녕 뚫핀 입구에다 턱 놓고, 고추를 밀어 옇어서, 불을 싸질렀어요. 그래 고추 연기가 독한 결과, 그 안에 있는 닭을 수백 마리 전부 다 전멸을 씨깄브던(시켜 버렸단) 말이라.

그래가주고 그날 저녁 이래, 처녀도 위기를 모면했고, 자기도 그날 저녁 처녀의 말 들어볼 때논, 어렵은 상태에 있는 데도 자기들도 인제 참 잘됐고. 이래서, 또 그런 기회가 오까 싶어서, 그 색시를 은신을 씨기고, 자기는 그 옛날에 산중에 앉았는 노인 선비한테 배왔는 학문을 계속 읽고, 이래 밤새도록 가도, 개미가 한 마리도 안 나와요.

그래서 그 여자와 결혼해가주고, 그 너른 집에 앉아가지
고, 큰 대갓집을 능히 자기 힘으로 늘리고, 부부가 돼가지
고 잘 살고, 자손만대에 말이지, 큰 성과를 했답니다.

8. 닭이 뱀으로 단순 변신한 이야기

* 오래된 닭이 실종된 후에 두엄더미에서 뱀으로 변해 간
이야기(≪한국구비문학대계≫ 7-2, 경북 월성군, 한국정신문화
연구원, 241∼242쪽. 경북 월성군 외동면 석계 2리 웃돌깨,
1979. 4. 6., 조사 임재해 외, 제보 김석기, 남, 67세.)

(계불삼년 구불십년, 鷄不三年 狗不十年)

저기 구불 십년이요, 계불 삼년이라꼬. 〔청중 : 그래, 구
불삼녀이요, 개는〕 그리 맞다고 봐야돼. 왜 맞노 하만 저
기 재넘어 디리꼴 가는데. 이놈 가을에, 저 닭 한마리가 흔
적없이 일깠부렀는기라(잃어버렸는기라). 도둑케 먹은 사람
도 안 말도 안 하이 모르겠고. 실갱이(삵쾡이) 물어 갔는가
머, 이래 짐작하고 있었는데.

그러이 이때 쯤 됐던 모양이라. 봄 해동해가주고, 거름을
이래 닐라고 보니까, 닭 털이 오래 빠져가 있거던. 그래 후
비 내이 까네, 벌써 반은 배암(뱀)이 되가 있더래. 〔청중 :
아하!〕 반이 배암이 돼가 있고. 뒤에 털이가, 닭 털이가,
이래 발견했데. 그건 오래되지도 아(아니) 한 일이라. 〔청
중 : 그래 계불 삼녀이요, 구불 십녀이라?〕 그러게 계불

삼녀이라는 것이, 달은(닭은) 오래 먹이는 것이 못되고, 이내 키와서 잡아 먹는 기 맞다고 할 수 있다.

〔조사자 : 그러이까, 닭은 삼년이상 키우만 안 되고, 개는 십년이상 키우만 안〕 예.

〔청중 : 개는 십년이상 키우만 안 되고.〕

〔조사자 : 개는 십년 넘기 돼만, 뭐가 됩니까?〕 그러요? 십년 너기 되며는, 저기 잡아 팔라고 이래 하만. 미리 여기 앉아 있던 것으로 알아요. 저놈 사람 말을 듣는지 우애는지(어쩌는지) 실궁실궁 갔베러여. 그러니 개는 오래 먹이만 좋지 못하다. 결국에 주인의 은혜를 갚아 주는 것이 아이라, 오래 오래 믹이만(먹이면) 앙화(殃禍)가 온다 이런 말이 있어. 〔청중 : 앙화래.〕 앙화라. 그런 거는 듣지 못해도, 이 전설 들으만, 개도 주인의 은혜를 갚아준다, 이런 말은 들었는데.

9. 닭이 뱀으로 변신해서 보복한 이야기

* 오래된 암탉이 짚속에서 구렁이(대망이)로 변해 주인의 갈고리에 찍혀 죽자, 나중에 물고기 속에 쇠갈고리를 넣어서 앙갚음하려다 실패한 이야기(≪한국구비문학대계≫ 8-2, 경남 거제군, 한국정신문화연구원, 170~171쪽. 경남 거제군 일운면 망치리 망치, 1979. 8. 7., 조사 정상박 외, 제보 송복금, 여, 58세.)

〈늙은 닭〉

　우리 친정 큰집에, 밥술이나 묵구(먹고) 지냈는데, 챗배
(불을 켜서 멸치 떼를 유인하여 키같이 생긴 그물로 잡는
배)어장을 했더라 쿠데(하데요). 닭은 삼 년을 안 놓아주고,
개는 오 년을 안 놔준다 안 합디까?

　암탉이 한 마리 없더라 캐. 본깨네, 암탉이 한 마리 없어
서러, 여러 날을 찾아 본께, 저 집동(짚더미) 속에 있더라
캐. 집동 속에 있는데, 닭 대가리가 구렁이 대가리가 돼 있
고, 몸떵이는 닭이 돼 가 있더라 캐. 대명이(대망이)가 돼가
있어서, 그 놈을 갖고 요고(갈고리) 갖고 꽉 찍어서, 발망
고랑이라 쿠는(하는) 거다가(거기다가) 내 베렀는데.

　그래 그 날 저녁에 멸(멸치)로 잡은께. 채로 놔 가지고
멸을 안 잡아가는 가배? 채로 멸을 잡은께, 큰 망애(망숭
어)가 한 마리 들었드라 캐.

　그래 그 망애 잡아 와서로 밤참을 안 하는 가배? 밤참을
해 갖고, 선주라고 대가리를 떠서, 끊어서 선주 앞에 갖다
가, 먼저 드렸던 모양이라. 그 얼쭈(거의) 묵어 간께, 밤참
이라고 동무들(선원)과 다 묵었지. 묵어 간께, 뭐 그 쇠(요
고의 쇠끝) 그기(그것이) 당그랑 하더라 안 카나? 그 망애
대가리 끄트머리 〔청중 : 요고는 뿌사졌던가?〕 응, 뿌사졌
어(부러뜨려졌어). 시껍(기겁)을 하고 혼이 나고. 뿌사졌어.
그래서 그 다 묵지 말아. 이기 참말로 놀랠 일 아이가? 무
슨 앙금(앙갚음)을 할라고 독살을 하던가(못 살게 굴던가)?

　그래서 그 국으로 시방 정순네 집이다, 정순네 집 모팅
이(모퉁이), 그게 시방까지도 그 꺼끄렁 딸나무 나거든. 그
국으로 홀팍 퍼서러, 것다가(거기다가) 언덕에다가 부우뺐
더라 쿠데.

그 어덕에다 부운데서는 그 꺼끄렁 딸 나고, 달롱개(달래) 그기 그리 나아. 시방꺼정(지금까지) 거기 그리 나아. 그런 그기 한 번 봤재.

10. 닭이 지네로 변신해 보복한 이야기

* 젊은 과부가 닭을 못살게 굴자, 오래된 검은 닭이 과부의 아이와 지네로 변신해서 해칠려다가 죽게 된 이야기(≪한국구비문학대계≫ 8-3, 경남 진양군, 한국정신문화연구원, 204~206쪽. 경남 진양군 수곡면 사곡리 식실, 1980. 8. 6., 조사 류종목 외, 제보 박순악, 여, 68세.)

(지네가 된 닭)

옛날 청춘 과부가 혼자서 삼시로(살면서), 검은 닭을 키우는데 한 육 년을 키았어요. 육 년을 키움시로 안을라(알을 품으려 해도) 캐도 후차(쫓아) 내루고(내리고), 알 싸악 뺏들어 가지고 저거가(과부가) 삶아 묵고. 또 안을라고 알 두 개 놓고(낳고) 품고 앉았이면, 싹 후차내고 저거가 싹 까 묵고. 삶아가 반찬하고. 한분은(한 번은) 저거 닭히(닭이) 죽어삐리요. 죽어삐리더이.

여자가, 과부가 아아로(아이를) 배(임신해서), '이상하다?' 배가 부르니 무슨 병인가 싶어서 있어도, 아무 요량은(짐작은) 없고, 배가 쪼짝쪼작(차츰차츰) 부르디(부르더니), 아이구 놓은께네(낳으니까) 머슴아더라 캐요.

일구월장(日就月將)하이 머슴아가 커는데, 재주도 좋아.

한번은 상쟁이가(관상장이) 그 집 살방(사립문)을 지낼 때 보이(보니), 아아(아이)가 책보따리---. 〔말을 바꾸어서〕 서제(서당) 갈라꼬. 요새처럼 핵교(학교)가 있나? 서재 갈라꼬, 〔옆에 책보를 끼는 시늉을 하며〕 책 요래가, 따악 살방아 나오더니, 우리 겉으먼 ---. 〔사립문쪽을 가리키며〕 요런 살뱅이 요던(여기던) 기라. 집지스랑(지붕 기슭) 있는데. 어디 시부룩시부룩(시부적시부적) 해 쌓디(쌓더니). 고마 지네가 발발발 돼(되어) 갖고, 지붕 용마루 밑에 따악 눕더라네. 누웠다가 인자 때 되머(되면), 올 때가 되머, 그래 둔갑을 해가(해서) 오는 기라.

그란 께, 저 그 상쟁이가 그라는(그러는) 기라, 그 동네 들어가서, 상쟁이가,

"저 기운 센 대종(대장), 팬수(대장장이) 말이다. 팬수로 대엣(대여섯) 사람 구하소."

그래 그 팬수가 찝게로 ---. 찝게 그 안 커나(크나)? 그 성양쟁이(대장장이) ---. 그래 그 과부로 보고,

"보이소 보이소. 자기가 우쨌거나(어쨌거나), 동네 지름(기름)을 좀 구하라."고.

요새 겉으머(같으면) 석유 지름 쌔앳지만도(많지마는), 옛날에 쬐께이(조금) 떠 내 갖고 가매이(가마솥)다가, 마당 아다가 장작불을 처 놓고, 가매 마당에 내 놓고 버글버글 꾫이라(끓이라) 쿠는기라(하는거라). 그래 '와 그라요?' 쿠이. 낭죄(나중에) 보머 알쪼(알 만한 사연)가 있은께네 그라라(그렇게 하라) 쿠는 기라.

그래 새다리(사다리)로 얻어다 놓고, 이약을 하고, 용모름을(용마루를) 걷고, 고마(양손으로 집는 시늉을 하며) 그 찝게로 가지고, 이래 찝었어. 대엣이(5~6명) 그 놈을 찝어

갖고 여어(여기) 내려와서, 여따다가(여기다가) 지름 끓는
데다가 탁 옇어(넣어) 갖고 삶아가 내 삐리더란다.
　그 앙물할라꼬(앙갚음하려고) 지네가, 과부 앙물할라꼬.
그래 갖고, 그 상쟁이가 들어서 그 집을 밝혔어(밝게 했어).
그래 안 했이먼, 자아무울(잡아 먹을) 꺼 아이가(아닌가)?
밤에 내려와서, 싸악 감고 누워서 그 과부 녹하(녹여) 묵는
기라. 〔조사자 : 웃음〕 녹하 묵을 낀데, 지네가 되에 갖
고, 그 상쟁이가 동네 팬수를 고마 대엣 사람 구해 가지고
그랬다쿠데. 〔조사자가 상쟁이가 무어냐고 질문하자 관상
쟁이라고 대답한다.〕

11. 수탉으로 변신한 나무꾼 이야기

　* 나무꾼이 천상으로 올라간 처자식을 그리워하며 날마다
하늘을 보고 울다가, 죽은 후에 수탉이 된 이야기(≪한국구비
문학대계≫ 3-2, 충북 청주시, 한국정신문화연구원, 250~258
쪽. 충북 청주시 탑동 280번지 탑동경로당, 1980. 8. 25., 조사
김영진, 제보 이근식, 남, 60세)

(닭이 높은 데서 우는 유래)

　옛날 옛날에 아득한 옛날에 백두산 기슭에 어머니하구
아들하구 살구 있드래요. 그런데 어떻게 생활을 하느냐 하
면은, 그 아들이 산골에 들어가서 매일같이 나무만 해다가
팔아서 그날 그날 생활을 허구 있는데, 하루는 나무를 가서
한 짐을 해서 딱 허니 이렇게 해 놓구, 바위가 이렇게 〔손

으로 방을 가리키며] 앉아서 놀 만한 바위가 옆에가 있는
디, 거기서 인자 쉬느라구 있으니께루, 사슴 한 마리가 어
디서 뛰어 오더니,

"포수가 바로 뒤에 쫓아 오니까, 나 좀 숨겨 주실 수 없
어요?"
라고. 나무꾼한테 그러니께,

"아 그러냐?"구.

"그러면 내가 이 나무에다 숨기구 감쪽같이 헐테니께루,
나무짐 속으루 들어가라."구.

그렇게 해서 숨었단 말이유. 그리구 솔이 우거지고 그런
산중이라, 솔을 떠서 덮어주고 그랬단 말유. 그래서 한 담
배 한 대 정도 못 있으니께루, 바루 포수들이 쫓아와서 그
나무꾼 보고 묻는 거유.

"여기 사슴 한 마리가 금방 요리(여기로) 왔는디 못 보셨
냐?"구.

"아니라"구.

"못 봤다."구.

"아니, 내가 봤는데, 나두 잡을려구 이렇게 [양팔로 잡는
시늉을 하며] 허니께, 저 숲속으로 그냥 쑥 허니 들어가 버
리더라."구.

동쪽이 됐든 북쪽이 됐든 이렇게 [손을 내밀어 가르키
며] 가르치면서,

"저리 쑥 들어 갔다."구.

그러니 그냥 포수는 갔단 말이유. 가구서 한참 있다가,
간 지가 얼마 됐으니께루,

"잘 어디로 가라."구.

아 이렇게 해두, 사슴은 참말로 절을 몇 번 하면서,

“내가 어느 땐가는 이 공을 갚을팅게루 그리 알라.”구.

그러니께 그 나무꾼은,

“아, 그런 소리 담에나 하시구, 어서 빨리 가라. 포수가 다시 여기 돌아 올지 모르니까 그렇게 하라.”구.

그래서 인자 보냈단 말이유. 보내구 나서, 그러구선 밤낮 그 사람은 나무를 해다 파는 직업인데유. 그 근처를 다니면서 밤낮 나무를 해유. 그러는디아, 그 때 --- 꿩이 나타나 가지구서, 그냥 이렇게 나무를 한 짐을 해 놓구, 이렇게 [손을 어깨에 대구 구부리며] 받쳐놓구 있는디. 꿩이 피두둥하니, 옆에서 나무꾼이 깜짝 놀랬어유. 그래서 이렇게 [고개를 돌이면서] 보니께루 꿩은 어디로 날렀는지, 소리는 났는데 어디로 간 곳이 없구, 사슴이 또 나타났다 이거여. 아, 그래가지구선,

“전번에 그 공을 십분지 일할이라도 갚을려구 이렇게 왔다.”구.

“아 그러냐? 뭘 그런걸 갖고 그러느냐?”구.

나무꾼이 그러니까, 그 사슴이 있다가,

“나 시키는 대루만 꼭 허시라, 그러면 괜찮을거라.”구.

“그럼, 그러마.”구.

“소원이 뭣이냐?”구.

그렇게,

“나는 아무 소원두 없다. 나는 매일같이 이렇게 나무짐이나 해다가 그날 그날 생활을 허니께루, 무슨 걱정이 있겠냐?”구.

그러니께 그 사슴이 있다가,

“아니유. 내가 생각한 바, 소원이 꼭 있을 것이유. 그러니 하여튼 나한테 숙이지 말구 얘기 허시유.”

아, 이렇게 하두 해 싸니께루, 그 나무꾼 총각이 장가를 못 갔던가 봐요, 그때까지. 그렇게 그런 얘길 했시유. 허니께루,

"그러냐? 그럴 것 같다."구.

그 사슴이 그렇게 해유. 이 나무꾼은 가만히 있는디, 사슴이,

"나 허라는대루 하라."구.

"어떻게 해야 옳랴?"구.

그러니께루,

"해가 질 무렵, 산이 이렇게 있는대, 그 산 날맹이(고개마루)를 올라가면, 커다란 연못이 있으니게루, 그 옆에 가서, 바루 거기 뵈지 않게끄름 한 쪽으로 숨어 있으문, 하늘에서 선녀들이 서이(셋), 삼남매가 내려와서 거기서 목욕을 허구, 이렇게 올라가구 그란다. 그러니게루, 거기 숨어 있다가, 다 목욕허구 올라간 연후에, 제일 맨 나중에 올라가는 그 여자 처녀옷을 감추라."구.

이렇게 했단 말유. 감추라구 그러면서,

"그러면 그 여자가 옷을 찾을려구 헐 것 아니냐? 그러면 그양 내버려 두라. 내버려 두구서는, 거기서 하는 거동만 보라."구.

그렇게 시키는데루 했단 말이유. 허구선,

"한참 거기서 그러구 저러구, 울구 어찌구 허다가서, 지친 연후에는 나타나서 '왜 이렇게 이 험한 산중에서 이렇게 혼자 울구 있느냐?' 이렇게 나타나라."구.

그러믄서 얘기를 했단 말이유. 그래서,

"아 그렇게 허겠다."구.

그러구선 거기를 해질 그럭(무렵)에 올라 갔어유. 그러니

까 해가 막 떨어진게루, 아닌게 아니라 선녀들이 서히 쭉
허니 내려 오더니, 그냥 연못에서 목욕을 허구, 다 올라 가
는디, 그 막내딸이죠, 말하자면 세째 끝잉께, 목욕을 하구
나와서 옷을 입을려구 하는디, 옷이 즈 언니들 옷은 있는디
없단 말이유. 자기 옷은. 아, 그래서 그냥 찾다 찾다 못해
서 찾을 도리가 없고, 슬프구 그러닝게 앉아서 우는 거유.
그럴 적에 이 나무꾼이 나타나서,
　"아, 이런 참 깊은 산중에서 울구 있느냐?"구.
　그러니께루, 그런 얘기를 죽 하믄서,
　"내 옷을 못 봤느냐?"구.
　"난 이레 나무하러 왔다가, 이렇게 가는 길이라."구.
　이렇게 핑계를 댔어요. 그렇게 허니게루, 그 처녀가, 그
선녀가 뭐라고 허는고 하니,
　"나는 인자 하늘나라도 못 가구, 이 땅에서 외롭게 살겠
다."구.
　그렇게 얘기 허니께루, 그 나무꾼이,
　"그럴 것 없이 우리 집에 가서 나허구 같이 살자."구.
　그러니게루, 처녀가 그 산중에서 그냥 죽는 것보다 낫게
생겼거든. 그래, 그냥 따러 왔어유. 그래 내려와 가지구선,
참 이렇게 사는디. 울며 집에 옹게, 나무꾼의 즈(자기) 어머
니 되시는 양반이 있는디, 여간 반가 허갔시유? 그래서 그
렇게 사는디, 참말로 기가 먹히게 잘 살었시유. 아 그렇게
허구서는 있는디. 이 나무꾼은 생활이 나무해서 팔어서 이
렇게 밤낮 생활허니께, 밤낮 나무를 다니는디. 무슨 소리가
나구 허더니, 바람이 느닷없이 일어나구 그러더니, 아 그
사슴이 느닷없이 또 나타났어유. 그러더니만은,
　"나 허라는 대로 했냐?"구.

"했다."구.

"그러면은 담에도(다음에도) 문제가 있으니께, 이번 한 번만 고대루만 허면은 당신은 장래 괜찮을 것이유. 그러니 이번에 나 허라는 대루 하시유. 지금 당신이 저 선녀들 의복을 감쪽같이 안뵈게 잘 감추었냐?"구.

그러니께,

"아 잘 감췄다."구.

"그러면은 아들 셋 넷 낳도록은 그 옷을 절대루 있는 티도 말구 내놓지 마슈."

그랬단 말유.

"아 그럼 그렇게 허겠다."구.

아, 그러구선은 그 말만 듣구서는 나무를 해 가지구 와서, 하여간 몇 십년을 살었던지 간에 아들 셋을 낳았시유. 셋을 낳구 넷 가량 뱃더라 이거유. 그랬었는디 그 채소밭을 매려 갔드니만. 아 참, 그 사는 동안은 여간 참 재밌게 살구. 오래 됐으닝게, 인제 무슨 얘기를 해두 괜찮을라나, 어쩔라나 하구서는 망설이다가, 해(해 지기) 전에는 얘기를 안 했어유. 않구서는 일을 하구 밤에 들어와서, 씻고 식사를 허구, 거의 잘 시간이 됐더라 이거유. 지금으로 말하면 밤 한 시경이나 그렇게 됐는디. 아, 그 선녀가 자기 남편보고 얘기를 하는 거유.

"참, 내 옷을 엇다가 누가 어떻게 했는가. 한 번 구경이나 했으면 좋겠다."구.

아, 이렇게 허니께루, 그 나무꾼이 생각헐 적에 벌써 아들을 셋이나 낳구, 이렇게 오랜 세월을 넘어가구 그랬는디, 참 양심이 저기하거든요(찔리거든요). 그러기 때무,

"내가 잘 뒀다. 그걸 뭘 헐려구 그러냐?"구.

그러니게,

"하여튼 구경이나 해 보자."구.

그래, 여자가 자꾸 꼬시는 거유. 그래서 그 옷을 내줬어유.

"여기 있노라."구.

장독 속에다 깊이 깊이 넣놨어요. 그래서 내 주니까,

"한 번 입어나 보야것다."구.

즈 신랑한테 그랬더란 말이유.

"아, 입어보라."구.

이렇게 입구서는, 그 옷을 입구서는,

"배깥에 좀 바람을 쐬러 나가야것다."구.

이렇게 나갔단말유. 인자 방문두 열구, 이렇게 나갔시유. 올라 가더니 단 5분도 안 되어서, 그냥 이렇게, 높이 뜬 비행기같이 보일 정도로 막 올라갔단 말이여.

"아이구 인자 나는 죽었다."

이렇게 그냥 한탄을 하는데, 올라가 가지구선, 영 올라갔어. 그 날개 옷만 입으면 그냥 올라 가는거요. 그래 인자 할 수 없지. 그래 사슴이 넷 낳도록 까지는 그 옷을 내놓지 말라고 했는데 옷을 내 놨으니, 그냥 돌아가요. 그때라도 하늘만 쳐다보고 있다가선 헐 수 없다 하구선. 아이구 그만, 이 이야기를 빼먹었구먼. 〔머리를 긁적거린다.〕

그 아들 말이유. 그 난 아들들을 하나는 여기다 〔왼쪽 겨드랑이를 가르키며〕 끼고, 하나는 여기다 〔오른쪽 겨드랑이를 가르키며〕 끼고, 하나는 등에다 업구, 그렇게 하구선 다 데리고 올라가 버렸어. 그 날개 옷을 입구.

아, 그래서 생으로 죽을 수 없구, 그래두 그 나무가 거시기(직업)라 밤나(밤낮) 나무를 댕기구, 하늘만 쳐다보구 참

낙심을 하고 다니는데, 또 하루는 나무를 한짐해서 이렇게
놓고 쉬고 있노라니께, 그 사슴이 또 나타났어유. 나타나
가지구선 뭐라고 하니,

"아, 나 하라는대로 하라니까 않고서, 그렇게 저기(한탄)
하느냐? 그냥 못살이를 하더니만 난 이제 모른다."구.

그냥 갈려구 한단 말이여. 그때 나무꾼이 사슴한테 사정
을 했어요.

"아이구 한번만 어떻게 볼 수 없느냐?"구.

말하자면 자기 처를 뵈여 줄 수 없겠느냐구, 사정을 해
샀구(계속 하고), 그랬단 말이유. 그런께루,

"그러면은 이번 저기면(어기면) 다시는 저기(도움) 안 했
테니께루, 나 하라는대로 하라."구.

이래서 인저,

"그럭겠다."구.

그 사슴이 했어유.

"어느 땐가는 저 하늘나라에서 처되는 사람이 며칠날 당
신들 집에 밤에 몇시경에 내려 올거여. 그러면 그때 함께
올라 가라."구.

그래서 그 날짜를 기다리고 있는데, 참 왔는데 그게 뭐
여? 뭐 하늘 나라에서 용마(龍馬)라고 그랬든가? 뭔 말을
타고 내려오면 그냥 순식간에 내려 온데요. 보던 안하고,
우리가 알 수 없지만. [웃으면서] 내려 와선, 그 말을 타고
갔어유. 올라가서 보니까, 아들도 많이 크고, 색씨도 좋아
라하고, 참 편신하고, 이 땅 하고는 하늘하고는 천지차이라
더니. 거기 가니까 정말 세상이 더 좋을 수 없구, 참 좋더
래요. 그래서 거기서 한참을 [청중 : "극락세계로 갔구먼"
한다.] 사는데, 이 나무꾼이 가만히 생각해니까 늙은 어머

니를 이렇게 혼자 두고 와서 아무리 호화롭고 좋은 생활을
한다 해도 참 걱정이거든요. 그래서 그냥 즈(자기) 처보고
이야기를 했어유.

　"아다시피 어머니가 지금 깊은 산기슭에서 혼자 사는데,
내가 다시금 오더래도 한 번만 보고 올라 왔으면 좋겠다."
고. 그러니께, 그 처가,

　"그건 안 되는데, 안 되는데---."
하면서 잠잠하게 그레더래요. 그런데 참 그 신랑이 하도 낙
심하고, 식사도 잘 않구, 걱정을 하구 있으니께,

　"그라면 꼭 갖다 오는데, 나 시키는대로 꼭 해야 한다.구.

　"그럼 그렇게 하겠다."구.

　그런데 그저 자기 처가 먼저번에 타고 내려 왔던 말을
끌고 오더래요.

　"이 말을 타면은 그냥 순식간에 내려 가는디, 내려가서
그 집 마당에 가 딱 설테니까니루, 이 말에서 땅바닥에 발
을 대지 말고 말 신장에 앉아서 어머니한테 대충 애기하고
인사나 하고 올라오라."구.

　그렇게 해서 내려 보냈는데, 말을 타고 앉았는데, 자기가
생각하더라도 눈깜박할 사이에 자기 마당에 와 떨어지거
든. 그래서 그 색씨가 시키는대로 내리지 않고, 말 위에 앉
아서 자기 어머니한테 인사를 하면서,

　"난 이 땅에 내릴 수가 없다구. 내릴 것 같으면 저 하늘
나라에 다시 올라 갈 수 없니께 그렇다."구.

　하면서, 그 소시때(어린 시절)에 나무 댕기면서, 식사하
는 중에 먹기가 곤란하셨잖어요? 그런데 그 나무꾼이 호박
죽을 좋와 했었드래요. 그래서 막 인사를 하고 갈려구 하는
판인디, 자기 어머니가 부엌에 들어가면서,

"지금 호박죽이 다 끓었으니께, 너 그렇게 맛있게 먹던 호박죽이나 한 그릇 먹고 가라."구.

그래 약간 좀 멈췄어요. 자기 어머니 소원이라구. 그래서 떠다 가서, 참 끓기만 했지 좀 식어야 하는데, 그 뜨거운 것을 이렇게 [손을 내밀면서] 떠다가 주니께루, 말 안장에서 이렇게 [손을 내밀면서] 받았어요. 받아 가지구 말 안장에 이렇게 [숟가락질 시늉을 하면서] 먹는데, 손도 뜨겁지, 입도 뜨겁지 하니까, 그냥 놓쳐 버렸어요. 그릇을 놓쳐 버리니께, 그 말이 안 뜨겁겠어유? 호박죽 끓는 것을 꽉 놓쳐 버렸으니. 그러니께 소리를 벽력같이 막 질러대니까, 혼자 주인을 버리고 그냥 올라가 버렸잖어요.

올라가 버리니까 다시는 못 만나고 그랬는데, 이 나무꾼은 밤낮 이렇게 [고개를 들고] 하늘만 쳐다 보다가, 이제 죽을 병이 들었이유. 그러는데 그냥 죽어 버렸어유, 그 병을 앓다가. 그랬는데 지금 닭 여기 돌아 댕기잖어? 닭들이 저기를 비롯해서 나온 말인가 모르지만, 하늘만 쳐다 보다가 죽었다는 그 형우(모습)에 따라서, 닭이 저기 높은 데서, 어디 울적에나 평지에서 울적에도 하늘만 쳐다보고 운다는 이치가 여기에 있다는 거래유. [웃는다]

12. 흰 닭이 지네를 퇴치하고 절을 구한 이야기

*지네가 계림사(鷄林寺)라는 절을 퇴락시키자, 흰 닭이 죽음을 무릅쓰고 지네와 싸워 절과 스님을 구한 이야기(최상수 편, 《한국민간전설집》, 통문관, 1958, 352~353쪽. 1936년 8월,

조사 최상수, 제보 장연 계림사 주지).

(계림사의 흰닭)

고려조의 불교가 왕성하였을 때의 일이었다. 황해도 장연군(長淵郡)에 있는 계림사(鷄林寺) 절에는 수많은 승려가 있었다. 절 부근에는 매일 아침 운무가 끼고 날마다 승려 한 사람이 없어지므로, 많은 승려들은 그 괴이함에 공포를 느꼈다.

이렇게 하여 나중에 남아 있던 중은 5사람이 되었다. 어느 날 밤의 일이었다. 홀연히 백발 노인이 어디서부터인지 머리맡에 나타나, 흰 닭 두 마리를 가지고 와서 말하기를, "이 2마리의 흰 닭을 잘 기를 것 같으면, 나중에 이 절의 괴이한 수수께끼가 풀릴 것이다."하였다.

이로부터 5사람의 중은 번갈아 가면서 이 흰 닭에 모이를 주어 잘 기르고 있었는데, 그런 중에 절의 괴이도 없어졌고, 해를 지나 흰 닭도 수가 늘어 나중에 그 수는 백마리가 되었다.

그런데 여기에 이상한 일이 생겼다. 그것은 닭을 울타리 밖에 내 놓으면, 매일 저녁 닭 주둥이에 피가 묻어 있었다. 이것을 본 승려들은 모두 놀라서 이튿날 아침 그 흰 닭을 따라가니까 흰 닭은 얼마 안 가서 산 수풀 속 지함(地陷)으로 들어갔다. 승려들은 지함 속을 들여다 보니까, 그 속에는 커다란 지네가 떼를 지어 살고 있었다. 들어간 흰 닭은 곧 지네와 싸워서 피를 빨리면서도 이것을 쪼아 먹어, 흰 닭은 마침내 이것을 모두 죽였다.

이것을 보고 난 승려들은 그 많은 승려가 죽은 괴이를 알 수 있었다. 그런 후로 계림사 절에서는 끊임없이 많은 닭을 기른다고 한다.

13. 수탉이 해와 달을 구름 속에서 나오게 한 이야기

    * 줄거리 : 양작이 어둠 속에서 해를 9개, 달을 8개 만들었다. 그러나 너무 뜨거워지자, 활과 화살을 만들어 각각 한 개씩 남기고 쏘아 떨어뜨렸다. 그런데 나머지 하나 남은 해와 달이 겁이 나서 구름 속에 숨어버렸다. 양작은 얼룩암소와 비룡마를 보냈으나, 해와 달은 그들의 거친 모습을 보고 나오지 않았다. 마지막으로 수탉을 보내자, 닭의 부드러운 울음소리와 겸손한 모습에 감동해 다시 하늘 가운데로 나왔다. 이때 해가 먼저 나오고 달이 나중에 나와서, 낮과 밤이 이루어졌다.
    이것은 중국 남쪽에 주로 사는 묘족(苗族)에게 전승되는 설화이다.(박연옥 편, ≪중국소수민족설화집≫, 학민사, 1994, 268~270쪽.)

(해와 달을 만든 양작)

    멀고도 먼 옛날이었다. 하늘에는 해와 달이 없었다. 그러므로 인간세상은 온통 까막나라였고, 일년사시절 몹시 추웠다.
    빛과 열을 얻기 위하여 총명한 양작은 돌판 아홉개를 쪼아 해를 아홉개 만들었고, 돌판 여덟개를 쪼아 달을 여덟개 만들었다. 이어 그는 해 아홉개와 달 여덟개를 힘껏 하늘에 올렸다.

삽시간에 광명이 암흑을 몰아냈고, 더위가 추위를 몰아냈다. 인간세상은 금빛 찬란한 세계로 변하였다.

이때로부터 하늘에는 해 아홉개와 달 여덟개가 번갈아 뱅뱅 돌아갔다. 불같은 해가 땅을 지지듯 따갑게 내리쪼이자 초목은 누렇게 되었다. 그리하여 세상에는 마앙나무 한 그루만 살아 남았다. 다른 수목들은 다 햇볕에 타 죽고 말았다.

이 정경을 본 양작은 이 마앙나무를 베어, 나무줄기로는 활을 만들고 가지로는 살을 만들어 해 여덟개와 달 일곱개를 겨누고 연이어 활을 힘껏 쏘았다. 순식간에 해와 달이 금접시와 은접시처럼 연달아 하늘에서 찰랑찰랑 땅에 떨어졌다.

각각 하나씩 남은 해와 달은 일이 상서롭지 못한 것을 보고 먹구름 속에 숨어들어 감히 얼굴도 내밀지 못하였다.

이때 하늘과 땅은 또다시 어두워졌다.

양작은 고개를 들어 한참 올려다보더니 ‘히쭉’ 웃으며, 혼자말로 중얼거렸다.

“괜찮아, 이제 해와 달을 모셔 내오면 될테니깐.”

양작은 처음에 얼룩암소를 보내어 해와 달을 모셔오게 하였다. 얼룩암소는 하늘에 올라가 뽀족한 두 뿔을 곧추 세우고 두 눈을 둥그렇게 치뜬채 해와 달을 향하여 연속 세 번이나 영각(암소 찾는 황소의 긴 울음소리)을 뽑았다.

영각소리를 듣고 해가 살그머니 구름층을 뚫고나와 내다보며 달에게 말하였다.

“얼룩암소가 하늘에 왔는데, 영각소리가 거칠고 머리에 비수 두자루를 꽂고 있다. 살기등등한 게 좋은 심보를 품은 것같지 않다. 빨리 달아나자!"

그들 둘은 구름층을 뚫고 하늘가로 날아가 꽁꽁 숨어버렸다.

오래 지나도 얼룩암소가 돌아오지 않자 양작은 또 비룡마더러 해와 달을 모셔오라고 당부하였다. 비룡마는 하늘에 올라가자 고개를 척 뒤로 제끼고 꼬리를 쳐들고 발굽으로 땅을 뚜벅이며 입을 쩍 벌리고 해와 달을 향하여 세번이나 호용소리를 쳤다.

하늘가에 숨은 해는 부름소리를 듣고 머리를 약간 내밀고 몰래 훔쳐보며 달에게 말하였다.

"비룡마도 얼룩암소처럼 매우 흉측하게 생겼구나. 빨리 숨어버리자."

이번에 그들은 큰 산 밑에 들어가 가뭇없이 숨어버렸다.

비룡마도 이윽토록 돌아오지 않는 걸 본 양작은 한참 생각에 잠겼다가 이번에는 수탉을 불러다가 당부하였다.

"넌 그래도 성미가 온화하고 처사가 점잖지. 이번에 네가 한번 하늘에 갔다오렴."

수탉은 빙긋 웃으며 머리를 끄덕이고나서 하늘로 날아올라갔다. 수탉은 채색구름 위에 올라가 허리를 구부리고 고개를 숙인 채 두 눈으로 앞을 주시하며 웃음을 머금고 우아한 목청으로 울었다.

"꼬-끼-오-."

해는 친절하고도 달콤한 부름소리를 듣고 달이 말리는 것도 뿌리치고 산꼭대기를 향하여 느릿느릿 기어올라갔다. 바로 수탉이 세번째로 홰를 칠 때, 해는 끝내 산꼭대기에 올라섰다.

해는 열정적이고, 겸손하고, 성근(성실·근면)한 수탉을 보자, 너무나 감동되어 산 아래에 숨어있는 달을 향해 소리를 질렀다.

"얘, 수탉이 우릴 데리러 왔구나. 무서워말고, 어서 나오너라."

그래도 달은 산 아래에 서서 감히 자리를 옮기지 못하였다.해가 또 달을 보고 말하였다.

"네가 겁이 나거든 내가 한 걸음 앞설게. 만약 내가 앞에서 아무 일도 없게 되면, 그때 네가 뒤따라 오너라."

말을 마친 해는 빙그레 웃으며 산꼭대기를 떠나 하늘 공중에 올라갔다.

하루 지나 달은 해가 무사한 걸 보자, 산꼭대기에 올라 해의 발자국을 따라 뒤쫓아 갔다. 그러다보니 해가 걷는 시간은 낮이었고, 달이 걷는 시간은 밤이었다. 쫓아가고 쫓아오면서 달은 오늘까지도 계속 해를 쫓아다니고 있다.

해와 달은 수탉의 은정에 보답하려고 금빗을 만들어 수탉에게 주었다. 수탉은 이 금빗을 아주 귀중히 여겨 날마다 머리 위에 꽂고 다녔다. 그 빗등을 아래로 하고, 빗살을 위로 한 채 지금까지도 계속 그 금빗을 머리 위에 꽂고 있다.

이때로부터 하늘과 땅 사이에는 영원히 대를 이어 빛과 열이 차 넘쳤다.

14. 수탉이 해와 달을 굴 속에서 나오게 한 이야기

*줄거리 : 거인 신선인 '고미아'가 '서우'를 이용해 천지와 생명체를 창조하였다. 그런데 고미아와 적대적이던 9자매의 해와 10형제의 달이 시샘을 하고 불볕을 쏟아내어 온갖 것을 녹여버렸다. 고미아는 활과 화살을 만들어 하나씩만 남기고 모두 떨어뜨렸다. 남은 해와 달이 동굴 속에 숨어서 나오지 않자, 다시 암흑의 세상이 되었다. 해와 달은 고미아가 보낸 여러 짐승이 아무리 간청해도 굴 앞에서 나오지 않았다. 그러나 수탉의 부드럽고 아름다운 울음소리에 감동해서 다시 세상에 나오게 되었다. 이후 약속대로 수탉의 울음소리에 맞춰 계속 나오면서, 만물이 자리를 잡아 태평한 세상이 되었다.

이것은 중국 남쪽 운남성에 주로 사는 푸랑족(布朗族)에게 전승되는 설화이다.(리영숙·김광렬 편, ≪일곱자매≫ - 중국 민간고사선 -, 북경 외국문출판사, 1985, 101~109쪽)

(고미아)

전하는 말에 의하면 머나먼 옛날에는 하늘도 없고, 땅도 없고, 초목과 인간은 더구나 없었으며, 가는 곳마다 둥둥 떠다니는 먹장 같은 구름안개 뿐이었다고 한다. 거인 신선 '고미아'와 그의 12아들은 천지를 개벽하고 만물을 창조할 큰 뜻을 품고 하늘과 땅을 만들 자재를 구하기 위하여 한 시도 쉬지 않고 부지런히 돌아다녔다.

그때 큰 '서우' 한 마리가 구름을 벗삼고 안개와 동무하여 드넓은 공간에서 자유로이 돌아다니고 있었다.

그 서우를 발견한 고미아는 서우의 가죽을 벗겨 하늘을 만들고, 아름다운 구름을 하늘에 박아 반짝반짝 빛이 나게 하였다. 그리고 서우의 고기를 땅으로 변하게 하고, 서우의 뼈를 돌로, 서우의 피를 물로, 서우의 털을 여러가지 꽃과 풀과 나무로 변하게 하였다. 마지막으로 그들은 서우의 뇌수를 사람으로 변하게 하고, 서우의 골수를 여러가지 날짐승·길짐승·벌레·물고기로 변하게 하였다.

그런데 공중에 높이 걸려있는 하늘이 버텨주는 물건이 없어서 무너져 내리면 어떻게 하겠는가? 아래 허공에 드리워 있는 땅이 받쳐주는 물건이 없어서 뒤틀어지면 어떻게 하겠는가? 총명한 고미아는 그것을 방지할 방법을 생각해 내었다.

그들은 서우의 네 다리를 4개의 큰 기둥으로 변하게 하여 땅의 동서남북 네귀퉁이에 세워서 하늘을 버티도록 하였다. 그리고 큰 자라를 한 마리 잡아다 땅을 받치게 하였다. 그런데 큰 자라는 이 일을 하기 싫어서 늘 도망치려 하였다. 큰 자라가 몸을 조금만 움직이기만 하면 온 대지는 곧 요동을 했다.

자라가 도망치는 것을 방비하기 위해 고미아는 가장 충직한 금닭 한마리를 파견하여 그를 지키게 하였다. 큰 자라가 움직이기만 하면 금닭은 곧 그의 눈을 쪼았다. 때로는 금닭이 너무 피곤하여 눈을 좀 붙이면 자라는 곧 몸을 움직여 지진이 일어나곤 하였다. 이럴 때면 사람들은 얼른 모이를 주어 금닭을 깨웠다.

이제는 하늘도 끄떡없고 땅도 든든하게 되었다. 하늘에는 아름다운 구름이 비껴있고, 한쌍의 밝은 별(전하는 말에 의하면 최초에는 별이 한쌍밖에 없었는데, 후에 와서 많게 되었다고 한다.)이 반짝반짝 빛을 내고 있으며, 땅에서는 사람들이 즐겁게 일하고 있다. 그리고 공중에서 새들이 날고, 꽃숲에서 벌들이 노래부르며, 산에서 노루들이 뛰놀고, 물속에서 고기들이 헤엄치고 ---. 이 광활한 천지는 얼마나 사랑스러운가! 고미아와 그의 아들들은 즐겁게 웃었다.

그러나 호사다마라고 불행한 일이 그 뒤를 따랐다. 언제나 고미아와 맞서오던 해 아홉 자매와 달 열 형제는 고미아의 성공을 달갑게 여기지 않았으며, 천지를 개벽한 그의 업적을 파괴하려 했다. 그들은 고미아가 개척한 천지에 몰려와서 열의 힘을 모아 끊임없이 불볕을 내려쏟음으로써 대지의 모든 것을 죄다 없애버리려 했다.

아름다운 꽃구름은 색깔이 변하고, 반짝거리던 별들은 빛을 잃었으며, 땅은 말라서 거북등같이 갈라 터졌다. 곡식들은 말라죽고, 꽃과 풀과 나무들은 시들어 버렸으며, 돌도 볕에 녹아버렸다.(지금도 매운자파에 있는 너럭바위 위에는 그때 사람들과 소들이 밟아놓은 발자국들이 남아 있다.) 그리고 불볕에 게의 머리가 녹아 떨어지고, 물고기의 혀가 녹아버렸으며 뱀의 발이 없어지고, 청개구리의 꼬리가 떨어졌다. 그래서 지금까지도 게는 머리가 없고, 물고기는 혀가 없으며, 뱀은 발이 없고, 청개구리는 꼬리가 없다.

고미아는 밖으로 나가려 해도 너무 더워서 나갈 수가 없었다. 그는 밀랍을 대갓에 발라서 쓰고 해를 가렸다. 그런데 문을 나서니 밀랍이 곧 햇볕에 녹아서 그의 눈속으로 방울방울 흘러 들어갔다. 그는 뜨겁다 못해 펄펄 뛰면서 화를 냈다.

"내 네놈들을 쏴서 떨어뜨리지 않으면 천지를 개벽한 호걸이 아니다."

  고미아는 삼림 속에 들어가 물푸레나무를 찍어다 활을 만들고, 골짜기에 내려가 등나무줄기를 베어다 활시위를 만들었으며, 또 대숲에 들어가서 대나무를 찍어다 화살을 깎아 만든 다음, 그 끝에다 독이 있는 용담수를 발랐다.

  활과 화살을 준비한 고미아는 녹아 흐르는 쇠덩이처럼 뜨거운 돌을 밟으며, 끓어 오르는 물처럼 뜨거운 강물을 건너, 땀을 비오듯 흘리면서 천신만고 끝에 마침내 가장 높은 한 산봉우리에 올라섰다.

  해 자매와 달 형제들은 저들의 재간을 뽐내면서 불꽃이 섞인 열기를 대량으로 지면에 내뿜고 있었다. 산꼭대기에 올라선 고미아는 증오와 분노로 가슴을 불태우며, 미처 땀을 훔치고 숨을 돌릴 사이도 없이, 시위에 화살을 먹여 해를 겨누고 힘껏 잡아당겼다. 천지를 뒤흔드는 요란한 소리와 함께 해가 명중되어 불꽃을 튕기며 산비탈 아래로 굴러 떨어졌다.

  남은 8개의 해와 10개의 달은 더욱더 미친듯이 날뛰었다. 그들은 다같이 고미아를 향하여 대들며 그를 태워 죽이려 했다. 연이어 두번째, 세번째 --- 화살이 쌩쌩 공중으로 날아갔다. 해와 달이 하나하나 명중되어 떨어졌다. 하늘에서 대줄기같은 피비가 쏟아져 내리며, 땅도 많이 서늘해졌다. 시들었던 곡식과 나무들이 되살아나고, 꽃들도 도로 피어났다. 해와 달의 피가 땅에 떨어져 땅을 붉게 물들이고, 나뭇잎에 떨어져 나뭇잎을 붉게 물들였으며, 꽃에 떨어져 꽃잎을 붉게 물들이고, 흰 솔개의 발을 붉게 물들였다.

  하늘에는 이제 해 하나와 달 하나밖에 남지 않았다. 그들은 자기의 형제자매들이 하나하나 화살에 맞아 죽는 것을 보고, 기겁을 해서 급히 몸을 돌려 도망을 쳤다. 이때 고미아는 벌써 기진맥진하여 두 팔이 나른해졌지만, 아직 분노가 채 가시지 않아서 가까스로 힘을 모아, 마지막 달을 향하여 18번째 화살을 쏘았다. 그러나 고미아가 기진맥진해 버린데다가, 달이 너무 빨리 달아났으므로 달을 맞히지 못하고 옆으로 스쳐 지나갔다. 질겁을 한 달은 온몸에 식은 땀이 쭉 나고 소름이 쪽 끼쳤다. 이때부터 달은 열을 내지 못하였다. 도망을 간 해와 달은 고미아의 화살에 겁을 먹고 가만히 숨어서 다시는 얼굴을 내밀지 못했다.

그렇게 되자, 하늘에 해와 달이 없어져 땅에 광명과 온기가 없게 되었다. 그리하여 대지는 암흑과 추위의 세계로 되어 버렸다. 낮과 밤이 따로 없고 강물이 흐르지 않았으며, 나무가지가 움직이지 않았다. 사람들은 하는 수없이 소뿔에 등불을 켜달고 밭을 갈아야 하였으며, 바깥출입도 금(金)·죽(竹)지팡이를 짚고 다녀야만 했다.

어떻게 그냥 암흑과 추위 속에서만 나날을 보낼 수 있겠는가? 고미아는 숨어버린 해와 달을 찾아서 그들에게 이 사랑스런 대지를 위해 복무하도록 해야겠다고 생각했다. 그는 제비를 보내어, 해와 달의 행방을 알아보도록 했다.

며칠이 지나 제비가 돌아와 고미아에게 보고했다.

"천지의 맨 동쪽변두리에 큰 석굴이 하나 있는데, 해와 달이 그 속에 숨어 있습니다."

고미아는 온갖 날짐승과 길짐승들을 모아놓고 해를 청해올 일을 의논했다. 모두들 고미아의 주장에 찬성해, 고생을 마다하고 머나먼 곳에 가 해를 청해오겠다고 나섰다. 오직 검은 자고(鷓鴣)새와 흰 자고새만이 가지 않겠다고 했다. 검은 자고새는 궁둥이를 빨갛게 물들여 가지고 끙끙 앓는 소리를 내며, 좌중(座中)을 얼렸다.

　"이걸 좀 보세요. 저는 배앓이에 걸려서 궁둥이가 다 벌개지도록 설사를 하고 있어요. 날지 못할 것 같으니 가지 않겠어요."

　흰 자고새도 머리에 흰 물감을 발라가지고 훌적훌적 울면서 말했다.

　"보세요. 저는 아버지, 어머니가 세상을 뜨셔서 아직까지 상복을 입고 있는 중이에요. 먼 길을 떠날 수 없으니 가지 않겠어요."

　이때부터 검은 자고새의 빨간 궁둥이와 흰 자고새의 흰 머리는 영원히 이기적이고 게으르고 고생을 두려워하는 상징으로 되어, 뭇 짐승들의 조소와 저주를 받게 되었다.

　해를 청하러 가는 일행은 보무(步武) 당당하게 길을 떠났다. 제비가 옆에서 길을 안내하고, 반디벌레들이 길을 밝혀주며 그 뒤를 따랐다. 공중에서 나는 날짐승들은 목소리가 우렁차고 말재간이 좋은 수탉이 인솔하고, 땅에서 뛰는 길짐승들은 용맹하고, 건장하고, 힘이 센 맷돼지가 인솔했다. 고미아는 해가 그를 겁내기 때문에 가지 않았다.

　석굴 속에 숨어있는 해와 달은 이미 한쌍의 부부가 되어 있었다. 그들은 밤낮으로 걱정이 태산같았다. 이대로 세월이 오래 가면 굴속에서 답답하고 먹을 것이 없어서 죽어버릴 것이고, 그렇다고 밖으로 나간다면 고미아의 화살에 맞아 죽을까봐 두려웠다. 뾰족한 수가 없게 된 그들은 서로 끌어 안고 통곡만 했다. 그들이 한창 근심에 싸여 있는데, 문득 밖에서 떠들썩하는 소리가 들려왔다. 그들은 더욱 간이 콩알만해져서 한 구석에 옹송거리고 앉아 숨도 크게 내쉬지 못했다.

해를 청하러 온 대열은 굴 앞에 이르렀다. 그들은 너나 없이 다투어 해를 부르며 간청했지만, 석굴 안에서는 아무런 동정도 없었다.

이때 수탉이 한걸음 앞으로 나서며 떠들어대는 그들을 제지시키고 아름다운 깃을 퍼덕이더니 목을 길게 빼들고 '꼬끼오 꼬끼오'하고 외쳤다.

> 밝디밝은 햇님이여
> 아름다운 달님이여
> 어서 빨리 나오시여
> 열과 빛을 주옵소서!

수탉의 목소리는 얼마나 간절하고 부드럽고 아름답고 감동적인지 몰랐다. 그제야 해와 달은 저으기 마음을 터놓고 대답했다.

> 숨막혀 죽더라도 굶어서 죽더라도
> 고미아의 화살에 맞아 죽고싶진 않네!
> 우리가 굴속에서 나간다 하더라도
> 그 누가 우리에게 먹을걸 주리요?

이에 모두들 한결같이 대답했다.

> 그대들이 청함은 고미아의 뜻이거니
> 고미아는 그대들을 쏴죽이지 않으리
> 거룩하신 고미아의 귀여운 따님이
> 그대들께 조석으로 음식을 대접하리!

그러나 해와 달은 고미아가 자기네들을 용서하리라는 것을 믿지 않았기 때문에 여전히 굴밖으로 나오지 않았다. 그래서 모두가 또 좋은 말로 달랬지만, 역시 소용없었다. 나중에 수탉이 나서서 해와 달을 향해 보증을 섰다.

"그럼 이렇게 하십시오. 앞으로는 내가 부르면 나오시고, 부르지 않으면 나오지 마십시오. 그러면 위험이 없을 겁니다."

그리고 그들의 의심을 풀기 위하여 수탉은 나무옹이를 하나 쪼개어(부랑족의 습관에는 약속을 맺을 때, 언약의 불변을 표시하기 위하여 나무옹이를 쪼개여 한쪽씩 가진다.) 절반은 굴 속의 해와 달에게 던져주고 절반은 자기 머리에 얹었다. 그리하여 오늘 수탉의 대가리에는 큰 볏이 있게 되었다.

그때부터 수탉은 매일 아침 일찍 일어나서 해를 불렀는데, 만일 어느 한 마리라도 그 직책을 다하지 않으면 사람들은 곧 그를 죽여버렸다.

고미아의 딸 고미싸피마는 매일매일 해와 달을 먹이며 길렀다. 그는 하루에 세번씩 변하는데, 아침에는 어여쁜 처녀로 변하고, 점심때는 아름답고 튼튼한 색시로 변하고, 저녁에는 백발이 성성한 할머니로 변하였다. 그는 진종일 쉬임없이 돌아다니면서 금즙으로 해를 먹이고, 은즙으로 달을 먹였다.

나중에 그들은 고미아의 부탁대로 해는 낮에 나오고, 달은 밤에 나오도록 하였으며, 매달 초와 말 저녁에 석굴에서 서로 만나게 하였다. 나이 젊은 색시인 해는 담이 작아 저녁이면 겁을 내었으므로, 낮에 나오도록 하였다.

그런데 밝은 낮이라고 부끄럼을 타서, 달이 해에게 수놓는 바늘을 한 봉지 주며, 누가 그의 얼굴을 보면 바늘로 보는 이의 눈을 찌르라고 알려 주었다.

이렇게 모든 의논을 다하고 나서, 해와 달은 곧 굴밖으로 나올 준비를 했다. 그런데 큰 바위돌이 굴문을 꽉 막고 있어서 그들은 나올 수가 없었다. 모두들 달려들어 밀고 당기고 하였지만, 돌은 끄떡도 하지 않았다. 그러자 맷돼지가 큰 귀를 흔들며 자진해 나섰다.

"여러분, 물러서시오. 내가 한 번 치워 보겠소."

맷돼지가 주둥이로 큰 돌을 힘껏 미니, 과연 돌이 한쪽으로 밀려났다.

그러자 해와 달이 나와, 낮과 밤이 뚜렷이 갈라지고, 대지에 광명과 온기가 넘치게 되었다. 해가 산비탈을 비추니 온갖 길짐승들이 나와서 들판을 뛰어다니고, 해가 삼림 속을 비추니 온갖 날짐승들이 나와서 노래를 부렀으며, 해가 강물을 비추니 물고기들이 나와서 헤엄을 쳤다.

해가 바깥어른(아버지)들을 비추니 바깥어른들이 나와서 쟁기들을 손질하고, 해가 어머니들을 비추니 어머니들이 나와서 실을 자았다. 해가 젊은 이들을 비추니 젊은이들이 들판에 나가 일을 하고, 해가 처녀들을 비추니 처녀들이 산에 올라가 나무를 했으며, 해가 아이들을 비추니 아이들이 나와서 소를 쳤다.

저녁이 되자 휘영청 밝은 달이 솟아올랐다. 달이 늙은이들을 비추니 늙은이들이 즐겁게 이야기꽃을 피우고, 달이 어린이들을 비추니 젊은이들이 쌍쌍이 나와 사람들의 심금을 울리는 피리를 불고, 듣기 좋게 호궁(胡弓, 동양의 현악기로 중국의 호금이나 우리의 해금 따위)을 켰다.

만물이 생명과 즐거움과 희망을 얻게 되었다. 그리하여
더욱 사랑스럽게 되었다.